A Politização
dos Direitos Humanos

Coleção Estudos
Dirigida por J. Guinsburg

Equipe de realização – Edição de Texto: Luiz Henrique Soares; Revisão: Jonathan Busato; Sobrecapa: Sergio Kon; Produção: Ricardo W. Neves, Sergio Kon e Raquel Fernandes Abranches.

Benoni Belli

A POLITIZAÇÃO
DOS DIREITOS HUMANOS
O CONSELHO DE DIREITOS HUMANOS
DAS NAÇÕES UNIDAS E AS RESOLUÇÕES
SOBRE PAÍSES

Dados Internacionais de Catalogação na Publicação (CIP)
(Câmara Brasileira do Livro, SP, Brasil)

Belli, Benoni
A politização dos direitos humanos: o Conselho
de Direitos Humanos das Nações Unidas e as resoluções
sobre países / Benoni Belli. – São Paulo : Perspectiva, 2009. –
(Estudos; 270)

Bibliografia.
ISBN 978-85-273-0864-9

1. Direitos humanos 2. Nações Unidas. Conselho
e Direitos Humanos 3. Nações Unidas - Resoluções
I. Título. II. Série.

09-07030   CDD-323

Índices para catálogo sistemático:
1. Direitos humanos : Resoluções da ONU:
Ciência política   323

Direitos reservados à
EDITORA PERSPECTIVA S.A.

Av. Brigadeiro Luís Antônio, 3025
01401-000 São Paulo SP Brasil
Telefax: (011) 3885-8388
www.editoraperspectiva.com.br

2009

Sumário

Agradecimentos. XI

OS DIREITOS HUMANOS ENTRE A POLÍTICA E O DIREITO
INTERNACIONAL 1

1. O ESTABELECIMENTO DE PADRÕES INTERNACIONAIS
   DE DIREITOS HUMANOS: OBRIGAÇÕES TEÓRICAS E
   SOBERANIA ESTATAL 23

   Os Direitos Humanos na Fundação da ONU 29

   O ECOSOC e a Criação da CDH 34

   A Declaração Universal dos Direitos Humanos e
   os Pactos Internacionais de Direitos Civis e Políticos
   e de Direitos Econômicos, Sociais e Culturais 41

2. O INÍCIO DA IMPLEMENTAÇÃO: OS DIREITOS HUMANOS
EM TEMPOS DE GUERRA FRIA 55

Os Direitos Humanos e a Guerra Fria:
A "Competição" entre Direitos Civis e Políticos
e Direitos Econômicos, Sociais e Culturais 59

Primórdios do Monitoramento
e o Recebimento de Queixas sobre Violações
de Direitos Humanos 66

A CDH e as Primeiras Resoluções sobre Países:
Limites e Alcances da Condenação Moral
por Violações dos Direitos Humanos 73

3. DO OTIMISMO À DECEPÇÃO: OS DIREITOS HUMANOS
NO PÓS-GUERRA FRIA 89

A Conferência de Viena sobre Direitos Humanos:
A "Competição" entre Universalidade
dos Direitos Humanos e Particularismos
Históricos e Culturais 96

A Proliferação de Resoluções sobre Países:
Politização por Adição e por Subtração 104

O 11 de Setembro de 2001 e a Luta Antiterrorista:
O Fim das Ilusões e a Hegemonia Realista
no Tratamento dos Direitos Humanos 113

4. A CRIAÇÃO DO CONSELHO DE DIREITOS HUMANOS:
RUMO AO FIM DA POLITIZAÇÃO? 129

A Ineficácia da CDH: Consenso sobre a
Necessidade da Reforma 136

Resoluções sobre Países Somente por Consenso? ...144

O Mecanismo de Revisão Periódica Universal,
as Resoluções sobre Países e a Ineficácia
do Sistema de Recebimento de Queixas da
Resolução 1503 do ECOSOC 154

5. O BRASIL NA CDH E NO CONSELHO DE DIREITOS
   HUMANOS 169

   O Brasil e o Compromisso com a Causa dos
   Direitos Humanos 176

   Resoluções sobre Países e o Brasil:
   Perfil Adotado pela Delegação Brasileira 188

   A "Bilateralização" do Tratamento Multilateral
   dos Direitos Humanos 204

6. CONCLUSÕES E PROPOSTAS 217

   Relatório Global, Relatores Temáticos e Novo
   Procedimento 1503: Integração das Distintas
   Vertentes de Monitoramento 222

   Parâmetros para Resoluções sobre Países:
   Autocontenção dos Patrocinadores e Cooperação
   dos Países-Alvo 235

   Papel do Brasil na Reforma do Sistema:
   Liderança pelo Exemplo 243

ANEXOS 259

   I. Resolução 60/251 da Assembleia Geral
      das Nações Unidas 259

   II. Projetos de Resolução sobre Países na
       CDH (1967-2005) 265

   III. Mandatos Relativos a Países (1967-2007) 269

   IV. Posição do Brasil em Votações de Projetos
       sobre Países na CDH (2001-2005) 270

Bibliografia e Fontes 271

Agradecimentos

Aos amigos José Augusto Lindgren Alves e Sérgio França Danese, pelo privilégio de discutir temas relacionados às questões de direitos humanos e política externa e pelo apoio constante e o estímulo intelectual que tornaram a tarefa de escrever este trabalho mais agradável e recompensadora.

A todos os entrevistados listados na seção "Bibliografia e Fontes", em particular aos embaixadores Gilberto Vergne Saboia e Sérgio de Abreu e Lima Florencio Sobrinho, ao professor Paulo Sérgio Pinheiro, à embaixadora Ana Lucy Gentil Cabral Petersen e à senhora Lucia Nader, cujos depoimentos pessoais contribuíram para iluminar distintos aspectos do objeto de estudo.

Aos colegas da Divisão de Direitos Humanos do Ministério das Relações Exteriores, em especial à conselheira Márcia Adorno e aos secretários Carlos Eduardo da Cunha Oliveira e Christiano Sávio Figuerôa, pela paciência e boa vontade em atender a meus pedidos de acesso a documentos, relatórios e expedientes oficiais. Nessa mesma linha, agradeço a ajuda do secretário Murilo Vieira Komniski, da Delegação do Brasil em Genebra.

A Cláudia, minha mulher, e a nossos filhos, Bruno e Beatriz, pela compreensão e paciência ao longo da elaboração deste trabalho.

Dedico este trabalho à memória de Alexandre Kotzias Peixoto, amigo querido, diplomata brilhante e figura humana extraordinária, na esperança de que seu exemplo de generosidade e humanismo encontre nas linhas que seguem um justo, ainda que modesto, tributo.

Nota explicativa: Este livro constitui versão ligeiramente modificada de minha tese de Curso de Altos Estudos (CAE) apresentada no primeiro semestre de 2008 ao Instituto Rio Branco do Ministério das Relações Exteriores. As opiniões aqui expressas são obviamente de minha inteira responsabilidade, não refletindo necessariamente posições oficiais do Itamaraty.

Os Direitos Humanos entre a Política e o Direito Internacional

A Comissão de Direitos Humanos das Nações Unidas (CDH) terminou seus dias desacreditada. No dia 27 de março de 2006, realizou sua 62ª e última sessão. Transcorridos cerca de sessenta anos de sua criação, a CDH foi responsável pela negociação de instrumentos internacionais que deram a configuração atual ao sistema de proteção dos direitos humanos das Nações Unidas. Além disso, desempenhou papel ativo no monitoramento de obrigações dos Estados em matéria de direitos humanos, dando contribuição histórica para o combate ao colonialismo, para a superação do *apartheid* e para a conquista da democracia na América Latina[1]. Não obstante, sua

---

1 Entende-se por monitoramento, de maneira geral, a ação de verificar a implementação, pelos Estados membros, de suas obrigações em matéria de direitos humanos. Ao longo dos anos, como será visto nos próximos capítulos, a Comissão de Direitos Humanos dotou-se de distintos instrumentos para desempenhar a tarefa de monitoramento. Por meio de decisões e resoluções, não apenas chamou a atenção da comunidade internacional para situações de violações flagrantes de direitos humanos em distintas regiões do mundo, mas instituiu também mecanismos ou procedimentos especiais (grupos de trabalho, relatores especiais, representantes especiais) para estudar os problemas e sugerir formas de solucioná-los. Os procedimentos especiais dividem-se em temáticos ou relativos a países. Os temáticos produzem relatórios sobre problemas sem limitação do escopo geográfico (os exemplos clássicos são o

2 A POLITIZAÇÃO DOS DIREITOS HUMANOS

última sessão não propiciou um balanço desapaixonado dos erros e acertos, mas foi antes um ato protocolar de pouco mais de duas horas que selou o fim de uma era. Representou, portanto, a formalização da decisão da Assembleia Geral de pôr fim à cdh e substituí-la por um novo Conselho de Direitos Humanos. A justificativa: a cdh havia-se dissipado em meio à politização excessiva de suas decisões, abraçado a seletividade e, consequentemente, perdido autoridade e legitimidade. De qualquer forma, foi um fim melancólico para a Comissão que, entre outras proezas, fora responsável pela negociação da Declaração Universal dos Direitos Humanos de 1948, um marco na história do século xx e uma nota política e jurídica clara de resposta às atrocidades que haviam culminado na Segunda Guerra Mundial.

Em parte, esse anticlímax se explica pelo "consenso negativo" em torno da aparente incapacidade crescente da cdh de tomar decisões isentas e objetivas. Esse consenso foi-se formando aos poucos, mas acabou cristalizado em informes oficiais, discursos e outras manifestações, provenientes tanto do secretário-geral da onu quanto dos Estados membros, além de emanar de informes e declarações de peritos independentes, de organizações não governamentais e da imprensa. As razões desse consenso, como será visto no capítulo 4, derivaram da percepção generalizada da politização e da seletividade da cdh, sobretudo no exame das situações de direitos humanos em países, ainda que os exemplos concretos escolhidos para ilustrar esse "desvio" variassem de acordo com o ator que se pronunciava sobre o assunto. A melancolia do final da cdh também pode ser explicada pela criação do Conselho de Direitos Humanos no dia 15 de março de 2006 através da resolução 60/251, adotada pela Assembleia Geral da onu por 170 votos a favor, quatro contra (eua, Israel, Ilhas Marshall e Palau) e três abstenções (Irã, Belarus e Venezuela). O Conselho surgia com a missão de revisar todo o sistema estabelecido

grupo de trabalho sobre desaparecimentos forçados e os relatores sobre execuções extrajudiciais e sobre tortura), enquanto os procedimentos por países lançam luzes sobre a situação do país em relação ao qual possuem mandato para examinar.

pela antiga Comissão, o que teve o efeito natural de desviar as atenções para o trabalho negociador que se anunciava[2].

Tendo presentes os antecedentes remotos e mais imediatos do tratamento internacional dos direitos humanos, este trabalho analisará as perspectivas do Conselho de Direitos Humanos de romper com o que foi encarado como claro padrão de politização e seletividade[3] que teria caracterizado a análise, pela antiga CDH, da situação dos direitos humanos em países. O Conselho, que substituiu a CDH, foi produto da tentativa de reforma abrangente das Nações Unidas levada a cabo pelo ex--secretário-geral Kofi Annan. O novo organismo nasceu com o mandato para realizar a revisão dos mecanismos estabelecidos pela CDH com vistas a criar um sistema de monitoramento mais eficaz[4] e, na medida do possível, menos parcial. Para

2 O parágrafo operativo 6 da resolução 60/251 estabelece o seguinte: "o conselho assumirá, revisará e, no que for necessário, aprimorará e racionalizará todos os mandatos, mecanismos, funções e responsabilidades da Comissão de Direitos Humanos visando manter um sistema de procedimentos especiais, recomendações de peritos e um procedimento de denúncia; o Conselho concluirá esta revisão no prazo de um ano após sua primeira sessão". A íntegra da resolução 60/251 encontra-se reproduzida no Anexo I infra, p. 259.

3 No jargão diplomático, a politização tem uma conotação negativa e diz respeito à interferência de uma certa concepção da política (entendida como disputa pelo poder e defesa de interesses egoístas) no processo de tomada de decisões dos órgãos multilaterais de direitos humanos. A seletividade é uma das formas pelas quais essa politização se manifesta e consiste na escolha arbitrária dos alvos do monitoramento internacional e dos países que não terão sua situação examinada, independentemente da preocupação real com a observância dos direitos humanos e liberdades fundamentais. Isso não quer dizer que as decisões dos órgãos intergovernamentais tais como a CDH e o novo Conselho possam abstrair a política. Na verdade, conforme será enfatizado ao longo deste trabalho, tais decisões são inerentemente políticas, mas o que se deve discutir é a busca de fórmulas que permitam pautá-las por normas e práticas aceitas e compartilhadas, de modo a dotá-las de maior legitimidade e limitar seu uso para avançar agenda individual em disputas cujo objetivo principal não é a proteção dos direitos humanos, mas a maximização de poder e influência.

4 O monitoramento antes realizado pela CDH e agora pelo Conselho lança mão dos chamados mecanismos extraconvencionais (temáticos ou por país, conforme mencionados na nota 1 supra), ou seja, instituídos não por tratados, mas por decisões desses órgãos. Enquanto os mecanismos convencionais para a proteção dos direitos humanos derivam de tratados internacionais que definem sua composição, competência e formas de atuação, os extraconvencionais são em geral mais flexíveis e dependem, normalmente, de renovação periódica de seus mandatos por meio de resoluções. A diferença principal em relação ao alcance do monitoramento é basicamente a de que os mecanismos convencionais supervisionam a aplicação dos dispositivos da convenção

4 A POLITIZAÇÃO DOS DIREITOS HUMANOS

alcançar esse objetivo, o Conselho deveria dedicar-se, entre outras tarefas, à reflexão acerca dos mecanismos de controle e supervisão da situação de direitos humanos nos distintos países. As chamadas resoluções sobre países foram historicamente o instrumento principal para lidar com situações caracterizadas por violações sistemáticas e generalizadas dos direitos humanos[5]. Embora esse instrumento tenha sempre padecido de denúncias de politização, nos últimos anos sua credibilidade se viu ainda mais comprometida pelo aumento perceptível do grau de confrontação e pela evidência de que seus patrocinadores transformaram-no em veículo para avançar uma agenda política particular e seus interesses geopolíticos, poupando aliados de críticas e procurando condenar os adversários, enquanto a preocupação real com os direitos humanos se viu frequentemente relegada a segundo plano[6].

ou do tratado em questão pelos Estados que se tornaram partes e, portanto, se submeteram a esse tipo de monitoramento. Os mecanismos extraconvencionais, por seu turno, não possuem essa limitação, podendo examinar a situação de todos os Estados membros da ONU sem exceção, tendo por base jurídica a Carta da ONU. Os mecanismos convencionais de monitoramento são conhecidos em inglês pelo termo "treaty bodies", que pode também ser traduzido como "órgãos de tratados". Os mecanismos extraconvencionais tomam a forma principalmente de Grupos de Trabalho, relatores e representantes especiais e peritos independentes. Maiores informações sobre a criação de mecanismos extraconvencionais de monitoramento e sua mecânica de funcionamento são fornecidas no capítulo 2.

5 As resoluções sobre países variam muito em conteúdo e propósito, podendo adotar linguagem mais ou menos condenatória, reconhecer avanços e/ou deplorar retrocessos na situação dos direitos humanos. De qualquer forma, o fato de um país ser objeto de resolução específica tem sido encarado como uma repreenda moral que, em regra, acarreta constrangimentos para o governo em questão. Essas resoluções, mesmo quando relativamente brandas, representam um reconhecimento da existência de situações preocupantes que merecem a atenção da comunidade internacional. As resoluções sobre países podem ser consideradas, em si mesmas, uma forma de monitoramento *latu sensu*, uma vez que contêm juízos sobre a situação de países e, na maioria das vezes, fazem solicitações ou exortam os governos a tomarem medidas para prevenir e/ou remediar abusos e violações dos direitos humanos. O monitoramento *stricto sensu*, contudo, é o realizado por mecanismos independentes, inclusive os relatores especiais criados por resoluções com a missão de se debruçarem sobre as situações no terreno e oferecerem análise e recomendações tanto para o Estado monitorado quanto para outros atores relevantes.

6 Andrew Hurrell resume da seguinte forma o problema com que se defronta o sistema de direitos humanos em seu esforço por recuperar credibilidade e autoridade: "Está […] claro quão difícil tem sido isolar o sistema de objetivos cruzados de política externa e da habilidade das grandes potências de eximir-se

OS DIREITOS HUMANOS ENTRE A POLÍTICA E O DIREITO INTERNACIONAL 5

A criação do Conselho abriria a possibilidade, senão de eliminar completamente, ao menos de minimizar a prática da politização e da seletividade, para o que seria importante criar um sistema de adoção de resoluções sobre países mais isento e objetivo. O presente trabalho procurará explorar essa possibilidade, analisando tanto os obstáculos para sua concretização quanto as suas chances de êxito, com ênfase no papel que pode desempenhar o Brasil no aperfeiçoamento do sistema. Para tanto, terá em mente a seguinte pergunta: o fim da CDH representa realmente o início de uma era de maior justiça no exame das situações de direitos humanos em todo o mundo? A resposta dependerá da capacidade do novo Conselho de Direitos Humanos de não apenas evitar os erros do passado, mas também de levar em conta os acertos e avanços que a CDH deixa como legado. O início do funcionamento do Conselho de Direitos Humanos, cuja primeira sessão ocorreu em 19 de junho de 2006, suscitou um debate sobre os caminhos que o novo órgão deverá percorrer para evitar os erros pretéritos. No entanto, tais erros podem servir não apenas como estímulo para corrigir o rumo, mas também de desculpa para o conservadorismo e a apatia, como se a única maneira de acabar com a doença (a politização) fosse matar o doente (um sistema de monitoramento digno desse nome).

Como se pretende demonstrar ao longo deste trabalho, há os que defendem o *status quo*, ou seja, a reprodução de um sistema de condenação rotineira e arbitrária de países por meio de resoluções adotadas pelo novo Conselho, enquanto outros, em uma posição diametralmente oposta, procuram minar na prática a legitimidade da preocupação internacional com a situação dos direitos humanos em qualquer país sob o pretexto de acabar com a politização. Ambos os extremos inviabilizam uma verdadeira "síntese superadora" dos trabalhos da CDH. Essa oposição entre dois grupos de países, o primeiro formado

do escrutínio [...] O problema do duplo padrão, do comportamento egoísta disfarçado sob a veste do idealismo, de escolher apenas aqueles casos que servem a outros interesses, politicos ou econômicos, tudo isso permanece muito evidente e ameaça minar qualquer reinvindicação de coerência normativa que o sistema possa ter", ver Power, Principles and Prudence: Protecting Human Rights in a Deeply Divided World, em T. Dunnee; N. Wheeler, *Human Rights in Global Politics*, p. 283 e 284.

pelos patrocinadores tradicionais de resoluções condenatórias (sobretudo a União Europeia, os EUA e o Canadá) e o segundo integrado pelos alvos reais ou potenciais dessas resoluções (em geral países em desenvolvimento de diferentes regiões, em particular da Ásia e da África), gerou uma insatisfação generalizada com os trabalhos da antiga CDH. Enquanto os primeiros se queixavam da articulação dos países alvos de projetos de resolução e seus aliados ou simpatizantes contra as condenações, os segundos procuravam ressaltar a fragilidade de um sistema de aferição da situação dos direitos humanos que depende de juízes autonomeados. Essa polarização, que de certa forma existiu em distintos formatos ao longo da história da CDH, se viu exacerbada em seus últimos anos de vida.

Essa batalha gerou o descontentamento generalizado que acabou levando à dissolução da CDH em nome da necessidade de um "novo começo" do sistema de direitos humanos da ONU. A criação do Conselho de Direitos Humanos, tomada com base em sugestão do secretário-geral, partiu desse consenso "negativo". Ainda que a avaliação a respeito das razões do desprestígio da CDH variasse sobremaneira, todos concordavam que era necessário algum ajuste. Este tomou a forma de um Conselho vinculado à Assembleia Geral, e não ao Conselho Econômico e Social (como era o caso da CDH), de modo a aumentar a legitimidade do novo órgão. Além disso, criou-se a obrigação, teórica ao menos, de que os futuros membros do Conselho tenham um histórico de defesa ativa dos direitos humanos. Mais importante, entre as tarefas que o Conselho recebeu está a de realizar uma revisão periódica universal do cumprimento por todos os Estados membros de suas obrigações em matéria de direitos humanos, além da já mencionada revisão dos mandatos herdados da CDH.

O momento atual, portanto, é o da tomada de decisões que darão os contornos finais ao Conselho e definirão seu papel no curto e no médio prazos. O trabalho pretende investigar a possibilidade de se evitarem os piores erros da CDH sem abrir mão dos acertos. Para tanto, será necessário, primeiramente, olhar a história da CDH para avaliar sua contribuição real à causa dos direitos humanos. Em seguida, deve-se fazer um inventário das principais fontes de politização e da forma

OS DIREITOS HUMANOS ENTRE A POLÍTICA E O DIREITO INTERNACIONAL   7

que ela assumiu historicamente nas distintas fases da Comissão. O diagnóstico e a identificação dessas fontes que alimentam a politização serviriam para desmistificar argumentos que vêm sendo utilizados, seja para defender as condenações sistemáticas, automáticas e rotineiras de países pré-selecionados, seja para acarretar o sepultamento definitivo de qualquer mecanismo de monitoramento com capacidade de singularizar situações mais graves. Finalmente, será útil explorar algumas ideias sobre a possibilidade de reforma do sistema da CDH, aproveitando o fato de que o Conselho de Direitos Humanos iniciou uma revisão ampla dos procedimentos especiais, além de se preparar para colocar em marcha a referida revisão periódica universal dos Estados membros.

A questão principal que deve interessar a países como o Brasil, que se notabilizam por real interesse no fortalecimento do sistema de proteção internacional de direitos humanos – uma política de Estado que responde a uma articulação da sociedade civil e a um imperativo da própria história nacional –, é a de encontrar linhas de ação diplomática que levem à adoção de procedimentos capazes de impor limites à politização do tratamento da situação dos direitos humanos no mundo, sem que para isso a comunidade internacional tenha de abandonar o instrumento da pressão política, que se manifesta na condenação de práticas abusivas da dignidade humana e no efeito de constrangimento moral e político que dela decorre. Dito de outro modo, a meta de países como o Brasil, inclusive em função de seus compromissos internos, não pode ser o de eliminar por completo a pressão política, cuja função foi e continuará a ser importante para a proteção dos direitos humanos, mas criar instrumentos que condicionem essa pressão ao tratamento mais objetivo possível das situações.

O relatório global (antiga proposta brasileira), a reforma do procedimento confidencial para recebimento e tramitação de queixas de violações sistemáticas de direitos humanos, o reforço do papel dos relatores e dos procedimentos especiais temáticos no exame de situações de violações graves e o novo mecanismo de revisão periódica universal deveriam convergir para a apresentação, aos membros do Conselho de Direitos Humanos, de um quadro abrangente e acurado das situações

8 A POLITIZAÇÃO DOS DIREITOS HUMANOS

no terreno, mas que não confunda a busca constante da imparcialidade e da isenção com a neutralidade (ou mesmo as suas formas mais perversas, a indiferença e a conivência por omissão) diante das violações e abusos dos direitos humanos. Esses instrumentos poderiam, se concebida sua atuação de maneira integrada, pautar o pronunciamento político sobre determinadas situações em países específicos, aumentando as chances de fortalecer a objetividade do sistema e, portanto, a própria causa dos direitos humanos. Este trabalho buscará argumentos para demonstrar que as resoluções sobre países poderiam vincular-se ou emanar dessas diferentes vertentes de monitoramento, depois de esgotados alguns passos e realizados gestos no sentido da cooperação, deixando assim de responder, na medida do possível, apenas ou predominantemente às iniciativas de patrocinadores individuais. Ao explorar esse caminho, o presente livro buscará sugerir linhas de ação que contribuam para o fortalecimento do sistema universal de monitoramento de direitos humanos por meio da recuperação da credibilidade das resoluções condenatórias de países por violações aos direitos humanos e procurará refletir sobre a viabilidade de se alcançar um sistema mais isento, incluindo um mecanismo de revisão periódica universal eficaz, definido pelo ministro Celso Amorim como "um dos maiores desafios" do novo órgão e também como uma sinalização na direção de uma mudança salutar com relação à politização e à seletividade[7]. No mesmo pronunciamento, o ministro resume a posição brasileira assentada na matéria:

Há anos, o Brasil tem defendido um enfoque verdadeiramente universal, equilibrado e imparcial dos direitos humanos em nível mundial, por meio de um relatório global a ser preparado por uma equipe imparcial de especialistas das Nações Unidas – homens e mulheres de reputação inquestionável – com base em critérios e parâmetros multilateralmente definidos.

---

7 Discurso do Ministro de Estado das Relações Exteriores, Embaixador Celso Amorim, no Segmento de Alto Nível da Primeira Sessão do Conselho de Direitos Humanos, Genebra, 19 jun. 2006, disponível em: <http://www.mre.gov.br/portugues/politica_externa/discurso_detalhe.asp?ID_DISCURSO=2859>.

Todos os 191 membros da Assembleia Geral deveriam estar sujeitos à revisão em bases iguais. Esta revisão não deveria identificar apenas as dificuldades, mas também assinalar as boas práticas que mereçam apoio e disseminação.

Resoluções sobre países ocorreriam apenas em casos excepcionais de flagrantes violações, em situações que sejam graves e urgentes[8].

O movimento em prol de um papel mais ativo para a ONU no campo dos direitos humanos foi em grande parte impulsionado pelos movimentos sociais em vários países, incluindo o Brasil. Os Estados responderam não apenas a cálculos políticos das camadas dirigentes – se bem que parte das elites burocráticas nos países desenvolvidos viu nos direitos humanos uma oportunidade adicional de "molestar" adversários políticos –, mas também à mobilização contra a opressão e o autoritarismo em distintos quadrantes do mundo. O papel mais importante que se procurou conferir à ONU nesse campo foi muito mais do que mero resultado de uma "razão instrumental", que via nos direitos humanos uma arma da luta política e ideológica contra o comunismo, no passado, ou contra países que, nos dias de hoje, ousam opor-se às potências ocidentais. Representou a busca de garantias contra abusos cometidos ao abrigo do princípio da não intervenção em assuntos internos e o surgimento do indivíduo como sujeito de direitos na cena internacional. Nunca é demais lembrar o impulso dado à causa dos direitos humanos pelas evidências trazidas à tona durante a Segunda Guerra Mundial: o genocídio, a perseguição de minorias, o uso da tortura, as agressões militares contra populações civis, os abusos de todo tipo cometidos pelas ditaduras do Eixo.

As decisões dos governos no sentido de fortalecer ou de minar os mecanismos de monitoramento são em grande parte produto das relações de força internas, cujo equilíbrio cambiante ora favorece a visão tributária da vertente libertária dos direitos humanos, ora cede terreno à utilização instrumental dos direitos humanos como parte da política de poder. É essa dimensão libertária que precisa ser resgatada nos trabalhos

8 Idem.

do Conselho de Direitos Humanos, incluindo seu mecanismo de revisão global e a preparação de resoluções sobre países, para que os mecanismos de supervisão ganhem credibilidade e sirvam de instrumento adicional da realização dos direitos humanos em todo o mundo. Ao Brasil, país que se caracteriza pelo compromisso consistente com a universalidade dos direitos humanos e pela luta contra a seletividade e a politização, talvez caiba um papel central, ao lado de outros países latino--americanos e demais países dotados de visões semelhantes, de modo a aportar ideias e propostas concretas para fortalecer a objetividade do exame da situação mundial dos direitos humanos. O objetivo da atuação brasileira seria o de encontrar a melhor tradução diplomática para a projeção de valores e interesses nacionais no campo dos direitos humanos, com a consciência de que o aperfeiçoamento do sistema de direitos humanos da ONU é um objetivo em que esses valores e interesses convergem e se reforçam mutuamente.

A escolha do tema abordado neste livro justifica-se, portanto, tanto pelo histórico do Brasil como país ativo no seio da CDH quanto por ter sido eleito para integrar o novo Conselho de Direitos Humanos, onde tem tomado decisões acerca do futuro do sistema e não poderá permanecer indiferente ao tratamento a ser conferido às resoluções sobre países. Este trabalho concentrará o esforço de análise sobre essas resoluções e sobre o papel dos relatores especiais e peritos independentes para países, mas não deixará de referir-se a outros mecanismos convencionais e extraconvencionais cujo trabalho de implementação de padrões de direitos humanos tem impacto sobre as decisões do conselho. No entanto, o escopo do trabalho não permitirá analisar em pormenores as atividades de relatores temáticos do conselho, o trabalho desenvolvido pela Subcomissão de Promoção e Proteção dos Direitos Humanos (antiga Subcomissão de Prevenção da Discriminação e Proteção das Minorias), substituída na reforma pelo Comitê Assessor do Conselho, e a jurisprudência dos vários comitês de supervisão de tratados (*treaty bodies*). As decisões da Assembleia Geral e do ECOSOC (Conselho Econômico e Social, da sigla em inglês) na matéria serão examinadas apenas quando ajudarem a entender o funcionamento da CDH e do novo

Conselho[9]. Tampouco é intenção analisar os sistemas regionais de proteção e promoção dos direitos humanos, que constituem um mundo à parte e obedecem a lógicas próprias.

O foco do trabalho estará centrado no papel do Conselho de Direitos Humanos na proteção desses direitos e o encaminhamento que reservará à questão dos direitos humanos em países, tema que pode ser considerado fonte de tensão por ser particularmente sujeito à manipulação, à seletividade e à politização. Como minimizar esses inconvenientes sem criar um sistema de monitoramento anódino é a pergunta fundamental que este livro levará em conta e em relação à qual pretende contribuir para a busca de uma resposta adequada a partir de um ponto de vista brasileiro. Não é essa uma pergunta retórica ou acadêmica, mas sim um imperativo que se coloca diante da política externa brasileira no atual momento de definições e de revisão dos mecanismos da antiga CDH. Trata-se de uma pergunta que permanecerá relevante durante o processo de consolidação das instituições do Conselho nos próximos anos. Este trabalho visa a ensejar reflexão nutrida pela tradição diplomática brasileira, pelas aspirações da sociedade e pelas obrigações derivadas da Constituição Federal e dos tratados internacionais, com vistas a contribuir para responder aquela pergunta, que nos será fatalmente colocada em função de ter o Brasil um país ativo no sistema de direitos humanos da ONU, possuir uma sociedade civil engajada na questão e

9 Também a Terceira Comissão da Assembleia Geral, e não apenas a CDH ou o atual Conselho, adota resoluções sobre a situação dos direitos humanos em países. No passado, houve grande duplicação, com patrocinadores escolhendo repetir resoluções adotadas anteriormente na CDH como forma de garantir a chancela do órgão de participação universal, em que todos os Estados membros são chamados a pronunciar-se. A lógica da criação do novo Conselho de Direitos Humanos, como principal órgão intergovernamental encarregado especificamente da promoção e proteção dos direitos humanos, aconselharia o abandono ou, pelo menos, a diminuição da adoção de resoluções dessa natureza no âmbito da Assembleia Geral. Trata-se de uma discussão que prossegue e cujo desfecho dependerá, em grande medida, da capacidade do novo Conselho de dar tratamento adequado às resoluções sobre países. Por essa razão, o presente trabalho se concentra na questão do encaminhamento dessas resoluções no Conselho, partindo do pressuposto de que seu êxito na matéria tenderá a repercutir positivamente sobre todo o sistema, inclusive nas práticas dos patrocinadores e eventuais países alvos dessas iniciativas no seio da Assembleia Geral.

estar decidido a enfrentar os seus próprios problemas na área dos direitos humanos.

Este trabalho foi estruturado em seis capítulos. Os três primeiros permitirão colocar em perspectiva histórica o problema da politização e da seletividade das resoluções sobre países. O capítulo 1 será dedicado ao que se poderia denominar a fase inicial de elaboração de normas e obrigações de direitos humanos no sistema da ONU. O capítulo 2 terá como foco central os primórdios da chamada fase de "implementação" dos direitos humanos por meio de mecanismos de monitoramento que foram criados progressivamente. Esse capítulo descreverá a adoção de decisões do ECOSOC e da CDH que permitiram o recebimento de denúncias de violações graves e sistemáticas dos direitos humanos, bem como analisará as primeiras resoluções sobre países e a nomeação de relatores especiais. O capítulo 3 analisará o contexto da implementação dos direitos humanos no período pós-Guerra Fria, descrevendo a passagem do relativo otimismo inicial à decepção praticamente generalizada quanto à possibilidade de que o sistema da ONU pudesse ter um impacto real na melhora da situação dos direitos humanos nos diferentes países. Analisará igualmente o novo padrão de adoção de resoluções sobre países e a postura adotada por diferentes grupos de países nesse particular, procurando revelar as principais fontes da politização e da seletividade no tratamento do tema. Na parte final, o capítulo buscará avaliar o impacto dos ataques terroristas de 11 de setembro de 2001. O capítulo 4 tratará dos antecedentes imediatos da criação do Conselho de Direitos Humanos e das justificativas para a tomada dessa decisão. Além disso, ressaltará as razões do descontentamento com os trabalhos da antiga CDH e a cristalização das propostas de reforma no novo mandato para o Conselho de Direitos Humanos. O capítulo 5 terá por objetivo principal analisar o perfil da delegação brasileira no seio do sistema de direitos humanos da ONU e os interesses que estão em jogo, da perspectiva nacional, no processo de reforma em curso. O capítulo tentará demonstrar os riscos que instrumentos politizados e seletivos de supervisão dos direitos humanos relativos a países acarretam para os interesses brasileiros e defenderá a ideia segundo a qual a busca de

OS DIREITOS HUMANOS ENTRE A POLÍTICA E O DIREITO INTERNACIONAL   13

um caminho que minimize a seletividade e a politização, sem abandonar o instrumento da pressão política incorporada em resoluções e na nomeação de relatores especiais, corresponde aos compromissos do Brasil em matéria de direitos humanos; e que essa linha de ação constitui a via para minimizar o risco de que posições adotadas no Conselho sobre resoluções relativas a países causem prejuízos irreparáveis às relações bilaterais do Brasil com seus parceiros (patrocinadores ou alvos de resoluções sobre países). O capítulo 6, finalmente, estará centrado na viabilização prática da ideia defendida no capítulo anterior sobre a necessidade de uma reforma do sistema que seja capaz de criar parâmetros para a adoção de resoluções sobre países, reduzindo tanto quanto possível o arbítrio dos patrocinadores tradicionais ou as manobras e eventuais barganhas no nível bilateral por parte tanto desses patrocinadores quanto dos países que são visados por projetos condenatórios. O capítulo final pressupõe que o descrédito da antiga CDH deve servir de estímulo para realizar uma revisão ambiciosa do exame de situações de países, a fonte mais importante de tensão e de disputas que tendem a semear o ceticismo quanto à capacidade da ONU de dar respostas satisfatórias aos dilemas da politização e da seletividade.

* * *

Antes de passar aos capítulos anunciados, é importante realizar um passo prévio para identificar elementos teóricos gerais que podem iluminar a análise. Não se pretende, no entanto, transformar esta introdução em um capítulo teórico, buscando em seguida submeter a realidade empírica a um arcabouço analítico previamente estabelecido. Ao contrário, a introdução identificará determinadas linhas gerais de investigação teórica existentes, mas não para erigi-las em camisa de força, e sim para que possam ser apropriadas e aprofundadas de maneira pragmática e no que couber ao longo da exposição. A apropriação pragmática da teoria para buscar a inteligibilidade dos dados não é uma via de mão única, mas funciona também no sentido contrário. O testemunho dos atores envolvidos nas negociações, a análise de discursos e de posições oficiais, a fala de membros de entidades não governamentais, os dados quantitativos levantados, entre outros aspectos empíricos da pesquisa, podem tornar menos relevantes determinadas teorias ou pôr por terra certos postulados abstratos ou analíticos. Nesse sentido, a pesquisa tentará evitar tanto o equívoco de moldar a realidade ao arcabouço teórico pré--determinado quanto o erro igualmente grave de tomar os dados empíricos como autoevidentes.

O tratamento da questão dos direitos humanos em foros políticos, integrados por Estados, tais como a antiga CDH e o novo Conselho de Direitos Humanos, comporta uma tensão permanente entre duas abordagens analíticas. A consolidação de um *corpus juris* de instrumentos internacionais, declaratórios ou vinculantes, na área dos direitos humanos impôs limites e obrigações que passaram a pautar o comportamento dos Estados. A abordagem jurídica, portanto, tende a ressaltar esses constrangimentos à livre ação dos Estados e aponta a inovação representada pela elevação do indivíduo à condição de sujeito de direito na cena internacional. A consolidação de normas de direito internacional dos direitos humanos, portanto, significaria a superação da noção de soberania absoluta identificada com o Tratado de Westfália de 1648. O tratamento dispensado aos indivíduos e grupos deixou de ser matéria de exclusiva competência do Estado em questão e tornou-se objeto de uma espécie de tutela internacional. Os tratados de direitos humanos, longe de regularem interesses recíprocos entre Estados, visaram à proteção de valores superiores, gerando o que alguns observadores denominaram a "humanização" do direito internacional[10].

Os foros políticos atuaram historicamente na conformação de normas e na supervisão de implementação dos direitos humanos. Isso significa que os Estados responsáveis pela definição de padrões internacionais nessa área são também, sob muitos aspectos, encarregados de velar pela sua implementação. Em outras palavras, são ao mesmo tempo "juízes e partes". Essa situação, embora se veja atenuada por meio de mecanismos integrados por peritos independentes ou no

10 Ver, por exemplo, A. A. Cançado Trindade, *A Humanização do Direito Internacional*.

caso dos chamados órgãos convencionais de monitoramento (*treaty bodies*), atinge sua máxima expressão nos julgamentos contidos em resoluções – adotadas na antiga CDH, no atual Conselho e na AGNU (Assembleia Geral das Nações Unidas) – sobre direitos humanos em países específicos. A referida tensão deriva da aparente contradição entre a lógica normativa – própria do direito e baseada na universalidade dos postulados endereçados à comunidade de Estados, sem distinções entre seus membros – e a lógica da política e das negociações entre Estados soberanos, cujos comportamentos não são assimiláveis ao do juiz imparcial que subsume o caso particular à norma geral e, ao fazê-lo, vela pela igualdade perante a lei.

Os valores, princípios gerais e as obrigações na área dos direitos humanos atingiram um alto grau de institucionalização internacional e não podem ser ignorados por nenhum Estado. No entanto, a dimensão normativa, assentada na ideia de igualdade e justiça, não se traduz automaticamente em decisões equânimes nos órgãos políticos interestatais, pela óbvia razão de que os interesses reais ou percebidos dos Estados encarregados de supervisionar a implementação dos direitos humanos em tais foros não necessariamente coincidirão com os valores que eles próprios dizem professar e em nome dos quais tomam decisões e adotam resoluções. Mesmo os Estados democráticos e dotados de sociedades civis fortes e organizadas em defesa dos direitos humanos padecem dessa limitação estrutural, derivada não de uma suposta ontologia realista que se expressa em cálculos utilitários para maximizar poder e segurança, mas porque o Estado expressa uma condensação de relações de força entre distintos interesses e objetivos nacionais nem sempre totalmente coerentes e inteiramente compatíveis.

As resoluções sobre países são particularmente controversas em função dessa tensão entre as dimensões normativa e política do tratamento dos direitos humanos em foros multilaterais. Isso não equivale a endossar a visão pessimista, própria da tradição da escola realista em relações internacionais, que tende a descartar os postulados jurídicos no campo dos direitos humanos como utopia irrealizável ou, pior, como expressão do cinismo de Estados interessados em avançar uma agenda política egoísta. Além de conter uma insensibilidade

16   A POLITIZAÇÃO DOS DIREITOS HUMANOS

para a experiência histórica, em que as atrocidades cometidas em momentos de colapso moral das sociedades exigiram e justificaram a edificação do sistema de proteção dos direitos humanos, a visão realista tradicional, que resume os objetivos nacionais à busca de poder e segurança, enseja um erro epistemológico de graves consequências práticas. O realismo, em suas versões mais cruas, como nos escritos de Morgenthau[11], retira a dimensão moral das relações entre Estados, assimilando uma possibilidade real baseada em fatos históricos prévios com a própria essência do sistema internacional.

Os Estados podem pautar-se por preocupações com os direitos humanos. Não existe uma impossibilidade para que assim ajam em função da estrutura do sistema internacional, da distribuição mundial de poder ou da situação de anarquia em que se encontram no âmbito internacional. A questão que se coloca, no caso da CDH e do novo Conselho, é criar condições para que o pronunciamento desses órgãos dependa menos da coincidência apenas casual entre valores professados e interesses que prevaleçam em um dado momento. Para tanto, a dimensão política, que jamais poderá ser totalmente eliminada, pode ser levada a autolimitar-se, instituindo mecanismos mais objetivos de avaliação da situação em países que permitam elevar o grau de legitimidade das decisões dos órgãos interestatais no campo dos direitos humanos. Dito de outro modo, é possível reduzir a esfera do arbítrio dos Estados no julgamento de seus pares, diminuindo a possibilidade do uso interessado e egoísta do sistema ou a dependência excessiva da coincidência fortuita entre valores e interesses para que as decisões sejam consideradas justas e legítimas.

A legitimidade e a autoridade de um órgão como o Conselho de Direitos Humanos depende da percepção de que ele é capaz de tomar decisões baseadas em um senso de justiça e igualdade, aproximando e compatibilizando, sem confundi--las, as dimensões jurídica e política de seu trabalho. Essa legitimidade será tanto maior quanto mais isentos parecerem os pronunciamentos sobre países determinados. Para tanto, o poder não pode ditar o direito de maneira arbitrária. A

11   Ver seu texto clássico *Politics among Nations*.

compatibilização das duas referidas dimensões somente faz sentido se o poder e o direito não se condensarem do mesmo polo. Para fazer um paralelo com as reflexões de Claude Lefort sobre a democracia, a evolução que conduziu à política democrática dependeu do questionamento de um poder acima da sociedade incorporado na instituição monárquica. De acordo com o autor, "para ser legítimo, o poder deve doravante ser conforme ao direito e, deste, ele não detém o princípio"[12].

A exemplo do que ocorre no nível nacional em contextos democráticos, o poder encarnado nas resoluções de organismos multilaterais também precisa de um mecanismo que garanta reconhecimento, autoridade e legitimidade às decisões tomadas em nome da coletividade e dos princípios gerais normativos. Dito de outro modo, o poder precisa ser legitimado por algo que lhe seja exterior e do qual não detenha o princípio; do contrário, esse poder corre o risco de desacreditar-se, tomando decisões vistas como imposição de interesses particulares. O papel dos direitos humanos na afirmação da democracia no nível nacional oferece um exemplo para a configuração de órgãos multilaterais que se aproximem do ideal democrático. Ao reforçar as credenciais e o papel dos mecanismos independentes, cuja mecânica de funcionamento se aproxima do modo de operar do raciocínio jurídico e da aplicação igualitária da lei, cria-se a possibilidade de guiar as decisões por parâmetros multilateralmente aceitos e menos arbitrários. O direito, no caso, não se substitui à política, mas, como na função desempenhada pelos direitos humanos no âmbito doméstico, cria as condições que possibilitam uma política legítima.

O polo que toma decisões (a maioria dos Estados que vota a favor de uma resolução dessa natureza e, por consequência, o próprio órgão multilateral) pode fortalecer o sistema de proteção dos direitos humanos se buscar a legitimidade no direito produzido democraticamente na esfera multilateral. Caso insista em justificar suas decisões por meio de argumentos autorreferenciados, contribuirá para abrir um flanco para o questionamento da injustiça de medidas que traduzem a vontade de deter o princípio do direito ou, o que dá no mesmo,

12 *Pensando o Político*, p. 48.

subordinar o direito ao poder. Para que seja possível instituir mecanismos que tornem as escolhas e decisões menos arbitrárias, assegurando que as resoluções sobre países adquiram maior legitimidade e sirvam aos propósitos de avançar a causa dos direitos humanos, é preciso que os Estados levem a sério a política democrática multilateral, abrindo mão de parte de seu controle sobre o processo em nome da legitimidade e da credibilidade. Deve-se inspirar, para tanto, na reflexão de Habermas, para quem os direitos humanos, além de ter um valor intrínseco, possuem também um valor instrumental para a formação democrática da vontade[13].

Será necessário integrar no processo decisório que conduz às resoluções sobre países um papel proeminente para os mecanismos que derivam sua força da lógica jurídica aceita por todos os Estados na determinação dos fatos e na identificação de falhas na implementação dos direitos humanos. Essa talvez seja a chave para impedir que a controvérsia em torno das resoluções sobre países leve a uma de duas opções igualmente inaceitáveis: a. o estabelecimento de uma rotina de condenações de países, que continuará sendo considerada seletiva e politizada e tenderá a desacreditar o trabalho do novo Conselho, sem engajar os países que são alvos de resoluções em uma mudança de seu comportamento; ou b. a criação de um sistema que, em nome da cooperação e do consenso, inviabilize a adoção de resoluções sobre países, garantindo a mesma ineficácia e descrédito que supostamente pretende combater. Essas duas opções estão por trás da controvérsia atual sobre a implementação dos direitos humanos por órgãos como o Conselho. Conforme nota Richard Falk, "[a] controvérsia sobre a implementação continuará sem dúvida a suscitar preocupações sobre se os direitos humanos são um veículo para a intervenção ou se a oposição à intervenção é um pretexto para encobrir comportamentos abusivos e assim evitar prestação de contas no âmbito internacional"[14].

13 Para Habermas, "o nexo interno, procurado entre os direitos humanos e a soberania popular, consiste [...] no fato de que os direitos humanos institucionalizam as condições de comunicação para a formação da vontade política racional", *A Constelação Pós-Nacional*, p. 148.
14 *Human Rights Horizons*, p. 53.

Essa controvérsia, assim como a tensão mencionada, não deve ser encarada como uma oposição irreconciliável entre duas visões sobre a realidade internacional, uma que crê na força das instituições e no poder demiúrgico das normas e outra que encara tais normas como uma espécie de epifenômeno da estrutura de relações de poder e força. No campo das relações internacionais, os direitos humanos não seriam absolutos que eliminariam o espaço da política, mas constituiriam uma "linguagem comum" sem a qual a interlocução se vê bloqueada por falta de legitimidade. A essa visão dos direitos humanos como uma pré-condição ou uma credencial para cada Estado participar plenamente das deliberações internacionais soma-se, por analogia, a necessidade de que o direito também paute o processo decisório interestatal, cuja legitimidade dependerá igualmente da percepção de sua conformidade ao direito e não aos interesses particulares dos que conseguiram impor sua vontade.

Como nota Michael Ignatieff, os direitos humanos criam, na melhor das hipóteses, um quadro ou conjunto comum de pontos de referência que ajudam diferentes partes a deliberar juntas, sem que isso constitua por si só garantia de que acordos serão necessariamente alcançados. De qualquer forma, a linguagem de direitos humanos serviria para lembrar-nos de que certos abusos são intoleráveis e de que certas desculpas para tais abusos são inaceitáveis[15]. Essa concepção não coloca os direitos humanos acima da política, antes os integra ao mundo da política como elemento cuja ausência retira legitimidade dos esforços deliberativos. Mas Ignatieff se refere a cada Estado em particular, cuja capacidade de interlocução e legitimidade individual se vê afetada caso não respeite os direitos humanos ou, o que dá no mesmo, se o exercício das prerrogativas de sua soberania nacional se fizer à custa desses direitos. O que se sugere aqui, contudo, é a transposição desse mesmo raciocínio para o funcionamento de órgãos multilaterais de direitos humanos. Também eles derivam sua legitimidade da capacidade de basear decisões coletivas na lógica do direito, para que assim deixem de representar o simples confronto de

---

15 Cf. *Human Rights as Politics and Idolatry*, p. 20-22.

interesses nacionais estreitamente concebidos ou o fruto da luta entre blocos de países, perpetuando um sistema que não consegue livrar-se do estigma seja de favorecer a condenação somente de adversários fracos de países poderosos, seja de permitir a subtração de países do exercício de supervisão e eventual condenação pelo recurso ao argumento da soberania e da não interferência em assuntos internos.

Ao longo do trabalho, essas questões de fundo, aqui apenas esboçadas brevemente, voltarão a ser evocadas e aprofundadas no contexto da análise histórica da evolução do sistema de direitos humanos da ONU e das possibilidades que o novo Conselho oferece para uma reforma que supere os erros da CDH sem descartar suas contribuições positivas. Não é intenção oferecer uma resposta definitiva aos dilemas aqui identificados, cuja solução, sempre parcial e cambiante, depende não somente das reformas que o Conselho aportará aos mecanismos de proteção de direitos humanos, mas também de inúmeros fatores cuja análise pormenorizada escapa aos propósitos e ao escopo deste livro, entre eles a complexa inter-relação entre as conjunturas políticas domésticas nos principais atores e suas posições mais ou menos unilaterais na cena internacional (e isso vale tanto para Estados poderosos quanto para os mais fracos); o papel da sociedade civil e sua capacidade de mobilizar os Estados e influenciar suas posições nos foros multilaterais de direitos humanos; o efeito dos regimes regionais de direitos humanos (aos quais determinados Estados estão vinculados) sobre as propostas defendidas na ONU; e o impacto das posições adotadas em outros foros sobre a crispação ou a distensão do clima negociador na área de direitos humanos.

Esses e outros fatores serão tratados de forma incidental, sempre que puderem lançar luzes sobre a análise das grandes tendências ou fornecerem chaves explicativas particularmente úteis. O foco é preciso e está delimitado pela preocupação de sugerir linhas de ação diplomática para o encaminhamento do tema das resoluções sobre países. A argumentação assenta-se sobre dois pressupostos fundamentais. O primeiro é o de que a busca de vias para encaminhar a questão das resoluções sobre países constitui hoje o nó górdio que precisa ser desatado para que o novo Conselho não constitua apenas um arremedo de reforma, uma nova aparência para o sistema de direitos humanos sem alteração real ou substancial de sua essência. O segundo consiste em tentar demonstrar a importância de que se reveste para o Brasil a implementação de nova dinâmica na apresentação de resoluções sobre países que assegure a legitimidade e a autoridade do Conselho, não apenas porque esse objetivo corresponde aos valores e às aspirações da sociedade (cada vez mais organizada e atenta às posições adotadas pela diplomacia nos foros multilaterais de direitos humanos), mas também porque essa é a forma de impedir que a politização excessiva no tratamento do tema contamine as relações do país com seus parceiros e cause prejuízos aos objetivos perseguidos pela política externa brasileira em outras esferas de nossa inserção internacional.

1. O Estabelecimento de Padrões Internacionais de Direitos Humanos:

obrigações teóricas e soberania estatal

Conforme anunciado na introdução, este capítulo será dedicado ao que se poderia denominar a fase inicial de elaboração de normas e obrigações de direitos humanos no sistema da ONU. Antes que as resoluções sobre países e mecanismos de monitoramento como os relatores especiais entrassem em cena, era necessário não somente entronizar os direitos humanos na Carta das Nações Unidas, mas também defini-los por meio de instrumentos internacionais, tanto declarações quanto tratados e convenções. A consolidação institucional do sistema de direitos humanos da ONU coincidiu com a atribuição ao Conselho Econômico e Social (ECOSOC) e, especialmente, a seu órgão subsidiário principal nesse campo, a Comissão de Direitos Humanos (CDH), a tarefa de definição de padrões internacionais de direitos humanos que todos os Estados deveriam observar. Como será visto no próximo capítulo, foi apenas a partir do final da década de 1960 (e o surgimento de grande número de novos Estados com a segunda grande onda de descolonização certamente foi decisiva para isso) que se inaugurou a fase de implementação ou de monitoramento das obrigações dos Estados em matéria de direitos humanos.

O "abstencionismo" das primeiras décadas, caracterizado pela recusa de tratar de casos concretos de violações e abusos dos direitos humanos, daria lugar, gradualmente, ao monitoramento das obrigações assumidas, com ênfase no exame de situações que revelavam padrão consistente de violações de tais direitos.

"Abstencionismo" e "intervencionismo" são apontados por Lindgren Alves como os termos utilizados normalmente para designar as fases do sistema de direitos humanos da ONU, em geral, e da CDH, em particular. Quanto à CDH, como nota Lindgren, os seus trabalhos costumam ser divididos em três fases: a de redação de normas gerais (1947 a 1954); a da promoção de valores através de seminários, cursos, publicações (1955 a 1966); e a de iniciativas para a proteção dos direitos (a partir de 1967). De acordo com o autor:

> As duas primeiras fases correspondem ao extenso período "abstencionista", a terceira, que prossegue no presente, constitui, em contraposição aos vinte primeiros anos, o período "intervencionista". Foi, contudo, apenas a partir de meados da década de 70 que a CDH passou a utilizar mecanismos de controle com possibilidades de incidir mais diretamente no mundo real[1].

O monitoramento por meio de decisões e resoluções da CDH, tal como veio a se configurar, não teria sido possível sem o lançamento de uma base legal prévia. Não resta dúvida, porém, de que o estabelecimento de padrões e a tarefa de supervisão poderiam ter sido desencadeados simultaneamente, até porque a Carta das Nações Unidas dava margem a uma interpretação mais generosa em direção aos interesses das vítimas de abusos. Não foi o que acabou acontecendo. De fato, o trauma causado pelos crimes do nazifascismo havia garantido aos direitos humanos um lugar na Carta. A evidência de que as violações maciças de direitos humanos desempenharam o seu papel no processo que levou à Segunda Guerra Mundial

---

1 *Os Direitos Humanos como Tema Global*, p. 6. Para evitar confusões acerca da coerção e do uso da força, que não fazem parte do universo do sistema de direitos humanos da ONU, é preferível evitar a expressão "intervencionismo", lançando mão de termos como monitoramento ou supervisão para designar a fase que tem início em 1967.

O ESTABELECIMENTO DE PADRÕES INTERNACIONAIS DE DIREITOS HUMANOS   25

era irrefutável e não poderia deixar de ter efeito sobre o comportamento das principais potências nos momentos finais do conflito e no imediato pós-Guerra. Não obstante, o reconhecimento da importância dos direitos humanos para os propósitos das Nações Unidas e para a prevenção de novas ameaças à paz e à segurança não foi suficiente para que, nos primórdios da ONU, os Estados aceitassem a flexibilização do controle sobre assuntos considerados internos. Por essa razão, a aceitação de obrigações na área dos direitos humanos, ao permanecer no nível genérico e teórico de princípios quase etéreos, pôde conviver com a preocupação mundana da preservação da noção tradicional de soberania absoluta, invocada para evitar o exame do tratamento que os Estados conferiam às pessoas sob sua jurisdição.

Não se deve minimizar, contudo, a transcendência dos primeiros passos, ainda que tímidos, que permitiram a incorporação dos direitos humanos na Carta e, em seguida, a sua explicitação na Declaração Universal dos Direitos Humanos e nos instrumentos negociados nas décadas seguintes. Ainda que com dissincronia temporal em relação aos testemunhos e análises filosóficas sobre a ruptura representada pelo totalitarismo, a consolidação progressiva dos direitos humanos, vista com o benefício do distanciamento histórico, representou evolução inédita que transformaria de maneira substancial tanto o direito quanto a política internacional, ao elevar os indivíduos à condição de sujeitos de direito no plano internacional. Essa mudança, porém, não foi revolução concentrada no tempo, comparável à imagem da tomada de assalto do Palácio de Inverno, mas processo lento e gradual, que, em certa medida, estende-se até os dias de hoje. O primeiro percalço que essa "revolução" teve de enfrentar foi a resistência das grandes potências logo após o fim da Segunda Guerra em função de seus calcanhares-de-aquiles na área dos direitos humanos: a discriminação racial no sul dos EUA, a supressão da democracia e os *gulags* da União Soviética stalinista, a insistência britânica de manter seu Império colonial. Diante desses flancos abertos, a soberania como proteção contra questionamento de políticas com impacto nos direitos humanos continuava a ser noção altamente valorizada, ainda que fosse necessário, diante do ineditismo do Holocausto, render homenagem retórica aos direitos da pessoa humana. O que não se esperava é que essa homenagem do vício à virtude contivesse o germe da mudança que, sob muitos aspectos, sepultaria a ordem westfaliana das relações internacionais.

A noção moderna de que os indivíduos gozam de direitos inalienáveis não é invenção do século xx. Ela possui raízes mais remotas e se tornou força motriz das revoluções francesa e americana no século xviii, quando a ideia de direitos já havia invadido a teoria política pela pena dos contratualistas como Hobbes e Locke ou nas obras de juristas filósofos como Hugo Grotius, Samuel Pufendorf e Emmerich de Vattel. Em comum, esses autores contribuíram para a definição moderna de direitos naturais do homem[2]. De todo modo, apesar de progressivamente incorporados em Constituições de corte liberal, os direitos humanos foram por muito tempo considerados atributos cujo reconhecimento dependia da inserção como cidadão em uma comunidade política específica. Em outras palavras, estar sob a jurisdição de Estado que reconhecia os direitos humanos era a pré-condição para reclamá-los e exercê-los. O vínculo do cidadão com seu Estado é que determinava a existência ou não de direitos.

Os direitos humanos tinham, portanto, alcance limitado ao Estado-Nação, que, por sua vez, não estava sujeito ao escrutínio internacional quanto às suas práticas internas no campo dos direitos individuais. As ideias relativas aos direitos humanos serviram para fundar a noção de soberania popular, ajudaram a dar lastro ideológico importante para as revoluções burguesas e constituíram arma fundamental na luta contra o absolutismo. No entanto, tinham como universo de aplicação o âmbito nacional, *locus* por excelência do exercício do poder político. O que se passava em matéria de direitos humanos em um país dizia respeito somente aos cidadãos e

2 Isso não significa dizer que os direitos humanos são produto exclusivo do Iluminismo na Europa Ocidental. É possível encontrar tradições filosóficas e religiosas muito mais antigas tanto do Ocidente quanto do Oriente que contêm noções de fraternidade universal e tolerância, assim como as noções de lei e direito do Iluminismo foram inspiradas pelo pensamento e instituições da Antiguidade clássica. Ver M. R. Ishay, *The History of Human Rights*, especialmente o capítulo Early Ethical Contributions to Human Rights, p. 16-61.

O ESTABELECIMENTO DE PADRÕES INTERNACIONAIS DE DIREITOS HUMANOS 27

governantes que lá viviam. Pelo menos, não se esperava que o sistema internacional estabelecesse mecanismos formais e permanentes para verificar se os Estados estavam respeitando os direitos humanos de seus cidadãos.

Pode-se dizer que por muito tempo subsistiu uma espécie de dualidade em que o fortalecimento da ideia de direitos humanos e soberania popular no âmbito doméstico de alguns Estados conviveu com a manutenção da concepção de soberania estatal absoluta no cenário internacional. Com efeito, o princípio organizador das relações internacionais desde pelo menos o Tratado de Westfália, de 1648, que pôs fim à Guerra dos Trinta Anos na Europa, era a soberania estatal que, em tese, assegurava a não interferência em assuntos internos dos outros Estados. Pela tradição do tratado de Westfália, apenas os Estados eram considerados sujeitos de direito na cena internacional. Havia separação rígida entre a soberania interna e a externa. Apenas a última interessava ao sistema de Estados e era considerada traço essencial para que o sistema internacional, na ausência de um poder maior capaz de sustentar pela força a paz entre as nações, não se transformasse numa guerra de todos contra todos.

O que acontecia no interior do território de um Estado em matéria de direitos humanos raramente interessava a outro Estado, a menos que cidadãos do último fossem vítimas de algum tipo de perseguição em função da nacionalidade ou de suas atividades econômicas. A soberania estatal, que servia para garantir a igualdade jurídica entre os Estados e para evitar interferências consideradas desestabilizadoras nos assuntos internos de terceiros, podia ser também manto capaz de esconder violações maciças dos direitos humanos. Na verdade, o respeito aos direitos humanos era objetivo a ser alcançado apenas internamente, tendo como ponto de partida a luta pela ampliação do espaço público e pela participação política nos destinos da nação. A luta pela soberania popular e pelo respeito aos direitos humanos era em princípio luta interna que na maior parte das vezes escapava ao alcance do sistema internacional. As exceções a essa regra geral não foram suficientes para alterar a aplicação do princípio da não intervenção mesmo em situações de atrocidades cometidas pelos

28 A POLITIZAÇÃO DOS DIREITOS HUMANOS

governantes contra os seus governados. David Forsythe identifica quatro exceções principais:

Antes de 1945 houve quatro exceções à regra básica de que direitos individuais eram uma questão de interesse nacional e não internacional. Na guerra ou em conflitos armados internacionais, desde 1860, os Estados beligerantes foram obrigados a permitir assistência médica neutra para doentes e feridos sob seu controle e, desde 1920, a conceder uma quarentena humanitária dos prisioneiros de guerra. Na paz, estrangeiros residindo num Estado, chamados de estrangeiros legais, tinham garantidos um mínimo de direitos civis. Também na paz, desde 1920, trabalhadores podiam ser juridicamente protegidos com base nas convenções desenvolvidas e supervisionadas pela Organização Internacional do Trabalho. Finalmente, no período considerado pacífico do entreguerras europeu de 1919 a 1939, certas minorias em alguns dos Estados derrotados receberam oficialmente direitos de caráter internacional supervisionados pela Liga das Nações[3].

A essas exceções, pode-se agregar a declaração sobre a abolição do comércio de escravos em 1815, durante a Conferência de Paz de Viena. A proibição do tráfico negreiro no século XIX, seria outro exemplo, mas tem sido vista como contingência imposta pelos interesses econômicos da Inglaterra na época. Não resta dúvida, porém, que a campanha da sociedade civil inglesa e outros componentes "ideológicos", como os princípios cristãos, desempenharam papel igualmente importante na abolição do tráfico negreiro. Essas exceções não foram capazes de "humanizar" o direito internacional, uma vez que os Estados continuaram reinando como sujeitos únicos de direito. A ineficácia do sistema de proteção de minorias da Liga das Nações, assim como a situação dos apátridas, demonstraria que a ausência de instâncias de proteção além das que eram outorgadas pelo laços que ligavam o indivíduo a uma comunidade política poderia ter consequências graves para a efetiva fruição dos direitos fundamentais.

Diante do desmoronamento do sistema da Liga das Nações, os direitos humanos seriam resgatados como tema verdadeiramente internacional, embora de maneira gradual.

3 *Human Rights in International Relations*, p. 21.

A próxima seção deste capítulo apresenta análise sobre o impacto do tema dos direitos humanos na elaboração da Carta das Nações Unidas. Em seguida, passar-se-á à descrição do início do funcionamento do ECOSOC e da CDH, com ênfase na tarefa de estabelecer os padrões normativos (*standard-setting*) conferido a esta última. Além de descrever como os direitos humanos foram incorporados na Carta da ONU e depois foram traduzidos em postulados gerais ou obrigações concretas, será introduzida a problemática da compatibilização entre a noção de soberania nacional e as obrigações universais que foram sendo criadas.

OS DIREITOS HUMANOS NA FUNDAÇÃO DA ONU

Para entender o surgimento de mecanismos de monitoramento dos direitos humanos, é necessário ter em mente que a aceitação, mesmo teórica, da fiscalização multilateral das práticas internas dos Estados não foi automática e muito menos fácil. Mesmo diante da tragédia do Holocausto, as preocupações iniciais dos líderes mundiais estavam concentradas quase exclusivamente na produção de uma ordem internacional estável ancorada em novo sistema de segurança coletiva. Quando Stálin, Churchill e Roosevelt se encontraram na Conferência de Ialta, em fevereiro de 1945, os principais assuntos da agenda eram a preocupação soviética de garantir sua esfera de influência na Europa Oriental e os possíveis contornos do sistema de segurança coletiva, ou seja, do que viria a ser o Conselho de Segurança das Nações Unidas. De acordo com relatos históricos, a reunião de Dumbarton Oaks, preparatória da Conferência de Ialta, incorporou no projeto de Carta das Nações Unidas apenas breve referência aos direitos humanos, que teria sido proposta pelos Estados Unidos. Não obstante, tanto a União Soviética quanto o Reino Unido teriam rejeitado a proposta norte-americana de que a promoção dos direitos humanos fosse incluída entre os principais propósitos da Organização. Por essa razão, alguns observadores tendem a considerar que os direitos humanos entraram na Carta pela porta dos fundos:

A ideia de direitos humanos universais, assim, encontrou um lugar na Carta das Nações Unidas, mas como um fio tênue numa rede de poder e interesse. O que poderia advir daí não estava nada claro. A Carta não disse o que esses direitos poderiam significar e ninguém sabia se algum direito poderia realmente ser chamado de universal, no sentido de ser aceitável por todas as nações e povos, incluindo aqueles ainda não representados na ONU[4].

Constatação semelhante faz Paul Kennedy, em seu livro sobre as Nações Unidas:

Não foi dada muita atenção nos altos escalões aos aspectos culturais e ideológicos ou à importante questão dos direitos humanos. Esses aspectos emergiram de súbito, em 1945, conforme as negociações tentavam sinalizar um contexto grandioso para uma linguagem mais prosaica com respeito ao aparato de segurança da ONU, à constituição quase parlamentarista da Assembleia e aos arranjos pragmáticos de cooperação econômica[5].

Essas interpretações tendem a reforçar a ideia de que os direitos humanos entraram na Carta pela porta dos fundos, como concessão considerada inócua na época ou como uma espécie de ornamento inofensivo. A decepção com o resultado concreto parece explicar-se pela expectativa maximalista dos ativistas da época (e os que ainda hoje são acometidos da tentação do anacronismo, analisando o passado sob o prisma conceitual do presente) na consagração dos direitos humanos como pedra-de-toque inquestionável da Carta, se possível com sinalização clara de que o monitoramento das obrigações na matéria ganharia prioridade na nova organização. Essa expectativa não era produto do puro idealismo, no sentido depreciativo que costumam atribuir ao termo os que reduzem as relações internacionais à mera luta pelo poder militar e econômico, mas se baseia em geral na importância crescente que os direitos humanos foram adquirindo em discursos oficiais, sobretudo nos EUA, nos momentos finais da guerra.

De fato, seria temerário acreditar que a mensagem anual do presidente norte-americano Franklin Delano Roosevelt

4 M. A. Glendon, *A World Made New*, p. 19.
5 *The Parliament of Man*, p. 31.

O ESTABELECIMENTO DE PADRÕES INTERNACIONAIS DE DIREITOS HUMANOS 31

diante do Congresso, em 1941, quando reconheceu a necessidade de se lutar pela consolidação das quatro liberdades humanas essenciais em todo o mundo ("liberdade de expressão, liberdade religiosa, liberdade para viver dignamente, liberdade para viver sem medo"[6]), fosse mera expressão dos vetores do poder e dos interesses materiais destituídos de qualquer preocupação real com a proteção dos direitos individuais. Essa preocupação moldou-se aos interesses e ao jogo de relações de poder, à definição de esferas de influência e à busca de ganhos materiais, mas não deixou de representar fator sem o qual, talvez, nem mesmo "o fio tênue" dos direitos humanos "numa rede de poder e interesses", para usar as palavras de Mary Ann Glendon acima citadas, tivesse sido incluído na Carta da ONU. No entanto, a noção de direitos humanos também contribuiu para alterar a ideia pré-concebida de ordem internacional como sinônimo de equilíbrio ou hegemonia de poder e interesses, introduzindo nesse universo, antes exclusivo dos Estados, a ideia de indivíduos dotados de autonomia e de direitos. Se o objetivo de proteção dos direitos humanos teve de se adaptar aos interesses das potências, o jogo de poder se viu igualmente alterado pela introdução de elemento novo, que poderia, em princípio, ser neutralizado, mas jamais ignorado.

A prova de que o discurso de Roosevelt não era mera encenação para o público interno foi a insistência com a qual aquele presidente norte-americano defendeu a inclusão da ideia de direitos humanos e liberdades na declaração conjunta com Churchill, a chamada "Carta Atlântica", de 1941, que projetou os valores do New Deal para a esfera internacional.

Para Elizabeth Borgwardt, o New Deal ajudou a forjar uma revolução conceitual que se manifestou na mensagem ao Congresso e na Carta Atlântica, preparando o terreno para a incorporação dos direitos humanos no documento fundacional das Nações Unidas. A Carta Atlântica ressaltava o objetivo de estabelecer uma ordem no pós-guerra "que permitirá garantir que todos os homens em todas as terras possam viver suas vidas livres do medo e da necessidade" mencionando, portanto,

6 State of the Union Address (Discurso do Estado da União), Washington, 6 jan. 1941.

com palavras textuais de Roosevelt, os indivíduos no lugar da mais tradicional referência às prerrogativas das nações[7].

A relutância inicial das principais potências mundiais em dar ênfase ao tema dos direitos humanos foi em parte vencida durante a Conferência de São Francisco (de abril a junho de 1945), que conseguiu ampliar substancialmente as menções aos direitos humanos na Carta da ONU. De qualquer forma, as referências ficaram muito aquém do que pretendiam os ativistas e algumas delegações de países relativamente menos poderosos, como os latino-americanos, que chegaram a advogar a inclusão de longa lista de direitos. A dinâmica da Conferência demonstrou que não haveria tempo para negociar o conteúdo dos direitos humanos. Havia outros temas controversos a dar atenção, que acabaram dominando a conferência, como a participação da Argentina na Organização, a reivindicação soviética de assentos para a Bielorrússia e a Ucrânia, a questão do regime pró-soviético na Polônia, o tema do direito a veto dos membros permanentes do Conselho de Segurança[8].

Nesse contexto, a negociação necessariamente demorada e difícil da definição de direitos não poderia prosperar. De qualquer forma, o mero reconhecimento da existência dos direitos humanos inalienáveis em tratado com pretensão à universalidade, como era o caso da Carta da ONU, representaria passo importante e inédito. Mesmo de caráter vago e genérico, os artigos relativos aos direitos humanos representaram o início da etapa de internacionalização desses direitos. As objeções foram superadas porque a Carta também consagrou a igualdade soberana dos Estados e a não interferência em assuntos

---

7   Na interpretação de Elizabeth Borgwardt, a Carta Atlântica já sugeria a possibilidade de que o indivíduo pudesse ter uma relação com o direito internacional sem a mediação do Estado soberano: "Embora o termo 'direitos humanos' tenha surgido muito antes da Segunda Guerra Mundial, sua mobilização como parte do arsenal retórico em tempo de guera modificou seu significado. Ao final da Guerra, os direitos humanos estavam servindo para expressar uma ideologia da dignidade humana individual emanada da Carta Atlântica. Esta nova síntese ressaltava valores centrais e tradicionais de direitos civis e políticos, ao mesmo tempo que incorporava uma visão mais abrangente dos chamados direitos relacionados às quatro liberdades, incluindo concepções básicas de justiça econômica", *A New Deal for the World*, p. 285.

8   Para um relato sobre a Conferência de São Francisco, com ênfase nessas controvérsias, ver S. Schlesinger, *Act of Creation*, passim.

domésticos, o que foi interpretado na ocasião como garantia suficiente de que os dispositivos sobre direitos humanos não limitariam a capacidade de os Estados membros tomarem as decisões que bem entendessem no âmbito doméstico.

A Carta, assinada no dia 26 de junho de 1945, afirma logo no Preâmbulo "a fé nos direitos humanos fundamentais, na dignidade e no valor da pessoa humana, nos direitos iguais de homens e mulheres e de nações grandes e pequenas". Essa afirmação de direitos iguais foi fortalecida pela referência sobre o assunto no artigo 1 da Carta, que trata dos propósitos das Nações Unidas. O artigo 1.2 estabelece que um dos propósitos da Organização é o de desenvolver relações amistosas entre as nações baseadas no respeito ao princípio de direitos iguais e da autodeterminação dos povos. Mais significativo, porém, é o artigo 1.3, que estabelece como um dos propósitos "alcançar cooperação internacional para solucionar problemas internacionais de caráter econômico, social, cultural, ou humanitário, e para promover e encorajar o respeito aos direitos humanos e liberdades fundamentais para todos sem distinção de raça, sexo, língua, ou religião"[9]. Com essa referência, estava lançada a base do futuro sistema de monitoramento, uma vez que os propósitos de promover e encorajar o respeito aos direitos humanos só podem ser realizados por intermédio de órgãos encarregados de fomentar a cooperação nesse campo. O artigo 1.3 inovou ainda na menção à discriminação, que não foi bem vista pela África do Sul racista e pelos EUA, mas acabou sendo aprovada em São Francisco com o apoio decisivo dos países em desenvolvimento.

Quando se discutem os direitos humanos à luz da Carta da ONU, geralmente os artigos mais citados, além dos acima mencionados, são o 55 e o 56. O artigo 55 prevê, resumidamente, que a ONU deverá promover: a. padrão de vida mais alto, pleno emprego e condições econômicas e sociais para o progresso e o desenvolvimento; b. soluções de problemas econômicos, sociais e de saúde, bem como cooperação cultural e educacional; c. respeito e observância dos direitos humanos e liberdades fundamentais para todos sem distinção de raça, sexo, língua

---

9 *Charter of the United Nations and Statute of the International Court of Justice.*

ou religião. O artigo 56, por sua vez, estabelece que todos os membros do ONU se comprometem a tomar ações conjuntas ou individuais em cooperação com a Organização com o objetivo de realizar os propósitos do artigo 55. Com o tempo, o artigo 56 passou a ser interpretado como dispositivo que estipula o dever de todos os Estados membros de examinar cuidadosamente e com boa-fé as recomendações emanadas dos órgãos de direitos humanos, além de pressupor que haja atitude positiva em relação a tais recomendações.

A Carta da ONU foi certamente vaga na definição dos direitos humanos, preferindo não entrar em pormenores. Definiu que caberia à Assembleia Geral iniciar estudos e formular recomendações, entre outros, no campo da realização dos direitos humanos e liberdades fundamentais (artigo 13.b). O ECOSOC, estabelecido sob a autoridade da Assembleia Geral e integrado por 54 Estados membros, recebeu igualmente a incumbência de fazer recomendações para a promoção e observância dos direitos humanos e liberdades fundamentais (artigo 62.2). A falta de definição precisa dos direitos humanos somente não foi mais frustrante porque durante a Conferência de São Francisco já se tornara claro que em algum momento uma comissão da ONU seria estabelecida pelo ECOSOC para tratar do tema, inclusive com vistas a examinar a conveniência de se elaborar uma "Carta Internacional dos Direitos Humanos". Nesse contexto, o artigo 68 da Carta definiu que caberia ao ECOSOC, entre outras tarefas, estabelecer comissões nos campos econômico e social para a promoção dos direitos humanos.

O ECOSOC E A CRIAÇÃO DA CDH

Para que os mecanismos de monitoramento dos direitos humanos pudessem entrar em cena, na conjuntura que prevalecia logo após a Segunda Guerra Mundial, era necessário, antes de tudo, estabelecer padrões internacionais que passariam a pautar a ação dos Estados. Nos dias de hoje, os órgãos intergovernamentais das Nações Unidas continuam desempenhando tanto a função de criação de padrões – ou aperfeiçoamento do conjunto de regras existentes – quanto a tarefa de estabelecer os mecanismos de supervisão das obrigações assumidas. Contando com o benefício do distanciamento histórico, é possível dizer que os arcabouços jurídico e político na área de direitos humanos começaram a ser construídos com a Carta das Nações Unidas, ainda que a evolução posterior do sistema de proteção dos direitos humanos não estivesse em absoluto clara para os que participaram da elaboração e aprovação da Carta. O esforço de construção de edifício normativo no campo dos direitos humanos foi intensificado desde a criação da CDH, que deu importante contribuição no que tange à elaboração de instrumentos internacionais.

Não obstante as referências à promoção dos direitos humanos na Carta, a interpretação que prevaleceu nas primeiras décadas que se seguiram à criação da ONU, caracterizadas pela crescente polarização política e estratégica da Guerra Fria (com sérias consequências em matéria de observância de direitos humanos em áreas afetadas pela disputa político-estratégica), foi a de que eventuais resoluções sobre países e situações específicas violariam o disposto no artigo 2.7 da própria Carta. De acordo com esse artigo, nada na Carta autorizaria as Nações Unidas a intervir em matérias que recaem essencialmente sob a jurisdição doméstica dos Estados. A exceção, prevista no mesmo artigo, diz respeito à aplicação das medidas coercitivas previstas no Capítulo VII e que se encontram à disposição do Conselho de Segurança em casos de ameaça ou quebra da paz e da segurança internacionais. Essa interpretação restritiva do artigo 2.7 foi predominante por muito tempo e até hoje ainda faz escola, mas aos poucos foi perdendo força. Atualmente, o artigo 2.7 é visto pela maioria dos Estados não como proibição absoluta do exame das situações nacionais, mas apenas como a proibição de "intervenções coercitivas" sem a autorização do Conselho de Segurança.

Em 1946, de acordo com o artigo 68 da Carta, o Conselho estabeleceu, durante sua segunda sessão, a CDH, dando início à construção institucional do sistema de direitos humanos como passo prévio à elaboração dos padrões internacionais para a conduta dos Estados nesse campo. A resolução do

36 A POLITIZAÇÃO DOS DIREITOS HUMANOS

ECOSOC[10] não endossou a recomendação da chamada "comissão nuclear" de direitos humanos no sentido de criar órgão integrado por peritos independentes, à imagem dessa própria comissão *ad hoc,* que havia sido designada na primeira sessão daquele Conselho. Em vez disso, o ECOSOC resolveu criar a CDH como comissão funcional intergovernamental, integrada por 18 membros. O ECOSOC determinou que a elaboração da "Carta Internacional de Direitos" deveria ser prioridade da CDH. Além disso, o mandato da CDH incluía a apresentação de propostas, recomendações e relatórios no tocante aos seguintes temas: declarações ou convenções sobre liberdades civis, situação da mulher, liberdade de informação e assuntos conexos; proteção de minorias; prevenção da discriminação em função de raça, sexo, língua ou religião; qualquer outro tema de direitos humanos não indicado explicitamente na resolução. A CDH foi autorizada, ademais, a nomear grupos *ad hoc* de especialistas para auxiliá-la em seu trabalho.

Ao criar a CDH, o ECOSOC autorizou-a a estabelecer uma Subcomissão sobre Liberdade de Informação e de Imprensa, uma Subcomissão para a Proteção de Minorias e uma Subcomissão para a Prevenção da Discriminação. A primeira foi estabelecida pela CDH em 1947, em parte como produto de pressões dos países ocidentais, mas durou apenas até 1952, quando foi dissolvida pelo ECOSOC. Seus doze membros, que assumiram a função em sua capacidade pessoal e não como representantes de Estados, receberam a tarefa de "estudar quais direitos, obrigações e práticas deveriam constituir o conceito de liberdade de informação"[11]. Destino diferente tiveram outras duas Subcomissões, que, após consultas, foram fundidas em único órgão por força de decisão tomada

10 Resolução E/RES/9 (II), de 21 jun. 1946.
11 A literatura existente não costuma destacar o papel dessa subcomissão na história do sistema de direitos humanos da ONU, mas segundo o ex-secretário-geral Boutros Boutros-Ghali, ela contribuiu com a redação de dispositivos sobre liberdade de expressão e informação como subsídio para a redação pela CDH da Declaração Universal dos Direitos Humanos e de um possível tratado de direitos humanos; ajudou a preparar a Conferência sobre Liberdade de Imprensa de 1948; elaborou estudos sobre a liberdade de informação; e redigiu um código de ética sobre a coleta, transmissão e disseminação de informação. Ver B. Boutros-Ghali, Introduction, em *The United Nations and Human Rights: 1945-1995,* p. 18.

O ESTABELECIMENTO DE PADRÕES INTERNACIONAIS DE DIREITOS HUMANOS 37

na primeira sessão da CDH, no início de 1947. A Subcomissão para a Prevenção da Discriminação e Proteção das Minorias teve seu mandato definido pela CDH apenas em 1949 e ficou encarregada de: a. realizar estudos, particularmente à luz da Declaração Universal dos Direitos Humanos, e formular recomendações para a CDH no tocante à prevenção da discriminação de qualquer tipo relacionada aos direitos humanos e liberdades fundamentais e a proteção de minorias raciais, nacionais, religiosas e linguísticas; b. assumir qualquer função que lhe fosse atribuída pelo ECOSOC ou pela CDH[12]. Os membros da subcomissão, originalmente em número de doze (esse número foi ampliado e chegou a 26), eram eleitos pela CDH para exercer seu mandato a título pessoal, como peritos independentes e não como representantes dos Estados.

O caráter aberto do mandato permitiu que a CDH autorizasse a expansão dos trabalhos da subcomissão para outros domínios não vinculados aos problemas de discriminação e proteção de minorias. Não foi por outra razão que, em 1999, a subcomissão passou a chamar-se Subcomissão para a Promoção e a Proteção dos Direitos Humanos. Referida comumente como instância de análise e reflexão acadêmica da CDH, a subcomissão adquiriu ao longo dos anos maior independência, tendo tomado iniciativas de realizar estudos e encaminhar propostas de ação para a CDH, além de ter sido responsável pela preparação de instrumentos internacionais de direitos humanos; já na década de 1960, como será visto no próximo capítulo, começou a ter papel também no monitoramento do cumprimento pelos Estados de suas obrigações em matéria de direitos humanos.

Nesse período de construção institucional no campo dos direitos humanos, o ECOSOC, que havia decidido inicialmente criar a Subcomissão sobre o *Status* da Mulher ligada à CDH e integrada por peritos, resolveu elevar o *"status"* desse organismo ao substituí-lo pela Comissão sobre a Situação da Mulher na qualidade de comissão funcional intergovernamental. O ECOSOC determinou à Comissão sobre a Situação da Mulher a "preparação de recomendações e relatórios ao Conselho

12 O mandato nesses termos amplos foi endossado pelo ECOSOC na decisão E/1371 (1949).

38 A POLITIZAÇÃO DOS DIREITOS HUMANOS

Econômico e Social sobre a promoção dos direitos da mulher nos campos econômico, social e educacional" e a "formulação de recomendações sobre problemas urgentes que exijam a atenção imediata do Conselho no campo dos direitos da mulher"[13]. A Comissão sobre a Situação da Mulher não conseguiu alcançar visibilidade e impacto comparáveis aos da CDH no âmbito do sistema da ONU, embora tenha adotado, ao longo dos anos, inúmeras resoluções e até mesmo um procedimento confidencial para recebimento de denúncias. De qualquer modo, sua existência contribuiu para que também a CDH fosse gradualmente se interessando pelos direitos da mulher.

A já mencionada tarefa que o ECOSOC encomendou à CDH – elaborar a Carta Internacional de Direitos – não foi o único esforço de estabelecimento de normas que contou com o envolvimento desse conselho. Embora tecnicamente fora do âmbito estrito dos direitos humanos, mas com óbvias conexões com o tema, a decisão de se elaborar a Convenção para a Prevenção e a Punição do Crime de Genocídio partiu da Assembleia Geral, que declarou, já em sua primeira sessão em 1946, que o genocídio "é um crime sob o direito internacional que o mundo civilizado condena". A Assembleia instou, ademais, os Estados membros a "promulgar a legislação necessária para a prevenção e a punição desse crime" e solicitou ao ECOSOC "realizar os estudos necessários com vistas à redação de um projeto de convenção sobre o crime de genocídio a ser submetido à próxima sessão regular da Assembleia Geral"[14]. O ECOSOC teve papel preponderante na coordenação dos trabalhos para a redação do projeto de convenção, que envolveu especialistas em direito penal, consultas com Estados membros e com a CDH. O projeto de Convenção foi submetido à Assembleia Geral no prazo estabelecido e adotado no dia 9 de dezembro de 1948[15].

13 Resolução E/RES/11 (II), de 21 jun. 1946, parágrafo operativo 1 ("Funções").
14 Resolução A/RES/96 (I), de 11 dez. 1946, parágrafos operativos 1, 2 e 4.
15 Resolução 260A (III), de 9 dez. 1948. Embora a Convenção se situe na seara do direito penal internacional, na esteira do tribunal de Nurembergue, sua adoção teve um efeito simbólico importante ao fortalecer a ideia de que determinadas violações graves dos direitos humanos não poderiam contar com o benefício da soberania como um escudo contra o escrutínio internacional. De qualquer forma, a Convenção tem por objetivo prevenir e punir um crime

O ESTABELECIMENTO DE PADRÕES INTERNACIONAIS DE DIREITOS HUMANOS 39

A CDH, por sua vez, iniciou seus trabalhos com o propósito de preparar a Carta Internacional de Direitos e propor meios para sua implementação. Como sói acontecer nas negociações multilaterais, os objetivos originalmente assumidos quase sempre precisam ser ajustados às condições políticas e, invariavelmente, o resultado tende a ser mais modesto do que o desejado. Embora a CDH tivesse procurado levar adiante a tarefa que lhe havia sido atribuída, foi obrigada a adiar, por falta absoluta de acordo, a consecução das propostas de elaboração de tratado internacional juridicamente vinculante e de criação de mecanismos para a implementação dos direitos humanos. O primeiro passo na elaboração de padrões de direitos humanos tomaria a forma de uma Declaração, ou seja, documento dotado de força moral, mas desprovido do caráter obrigatório inerente a um tratado. No entanto, a Declaração Universal dos Direitos Humanos, adotada em 10 de dezembro de 1948, constituiu marco importante na luta pela afirmação dos direitos humanos no cenário internacional.

Esse desenvolvimento inicial de instituições, órgãos, organismos, comissões e subcomissões, assim como os primeiros documentos e instrumentos jurídicos na matéria, talvez só tenha sido possível, em momento em que a Guerra Fria já começava a se insinuar de maneira preocupante, em função da percepção generalizada de que nada poderia afetar na prática o controle da situação interna pelos respectivos governos. A impressão de disjunção entre as obrigações teóricas que foram sendo explicitadas ou contraídas, de um lado, e a vontade política para levar adiante mecanismos que permitissem aferir o cumprimento das normas e compromissos, de outro, foi confirmada com a recusa da CDH de dar qualquer encaminhamento concreto ou agir sobre petições que desde sua criação lhe chegavam em grande número, contendo alegações de abusos de direitos humanos. O desenvolvimento institucional e normativo conviveu com o "abstencionismo" da CDH ungido pelo beneplácito do ECOSOC.

por meio da responsabilização penal de indivíduos, enquanto o sistema de direitos humanos age em outra esfera, o da determinação da responsabilidade internacional dos Estados.

A CDH declarou por unanimidade, durante sua primeira sessão em 1947, que não tinha poderes para tomar qualquer atitude quanto às queixas de violações de direitos humanos que vinha recebendo[16]. O ECOSOC, por sua vez, aprovou a declaração pela qual "a comissão reconhece que não tem poder de tomar qualquer medida a respeito de queixas concernentes aos direitos humanos" ("the Commission recognizes that it has no power to take any action in regard to complaints concerning human rights"). Além disso, solicitou ao secretário-geral: a. a elaboração de lista confidencial de comunicações recebidas, com breve descrição de seu conteúdo, a ser circulada entre os membros da CDH em reunião fechada; b. franquear aos membros da CDH, caso solicitassem, a possibilidade de consultar os originais das comunicações recebidas; c. informar os autores de que suas comunicações foram recebidas para consideração e, se necessário, indicar que a CDH não tem poderes para agir em relação a qualquer queixa relativa a direitos humanos; d. fornecer a cada Estado membro não representado na CDH, sem identificação da autoria, qualquer comunicação sobre direitos humanos com referência explícita àquele Estado ou a territórios sob sua jurisdição[17]. Essa "doutrina da impotência", para usar termo emprestado de Tom Farer, somente seria definitivamente superada em meados da década de 1960[18].

Se é verdade que a CDH deixou de lado, em um primeiro momento, sua função de proteção, não se deve minimizar a importância da elaboração de padrões internacionais para a conduta dos Estados. Afinal, a existência de normas, numa situação ideal, é o que permite exame criterioso do cumprimento das obrigações pelos Estados. Sua inexistência, contudo, não justifica abusos e violações de direitos que passaram a integrar o arsenal do direito costumeiro após a Segunda Guerra

16 Relatório da primeira sessão da CDH, documento E/259, parágrafos 21 e 22.
17 Resolução E/RES/75 (V), de 5 ago. 1947, parágrafos operativos 1 e 2.
18 O autor assinala, de maneira ácida, que: "Por mais de vinte anos, a Comissão de Direitos Humanos das Nações Unidas permaneceu como um instrumento de não proteção repousando sob a asa protetora do ECOSOC. Como prova de sua existência ela empenhava energia em delinear padrões elevados e em publicar relatórios ocasionais de confortável carater geral", ver The United Nations and Human Rights: More than a Whimper, Less than a Roar, em R. P. Claude; B. H. Weston, *Human Rights in the World Community*, p. 227-241, aqui especificamente p. 236-237.

O ESTABELECIMENTO DE PADRÕES INTERNACIONAIS DE DIREITOS HUMANOS   41

Mundial, a partir da constatação de que a falta de legislação nacional e de um direito internacional de proteção efetivo contribuíram para colocar em marcha o sistema que levou ao assassínio em massa de judeus e de outras minorias, que haviam perdido "o direito a ter direitos", na expressão clássica de Hannah Arendt, no momento em que foram destituídos de cidadania e da nacionalidade[19].

De qualquer forma, a inação diante de abusos, sob o pretexto da inexistência de padrões normativos adotados multilateralmente, demonstra o grau de distância entre a aceitação teórica dos direitos humanos e a disposição de realizá-los na prática. Ilustra, portanto, o quanto o sistema de direitos humanos teria de evoluir para estar à altura das promessas contidas na Carta e para ganhar capacidade de julgamento diante das afrontas à dignidade humana, emprestando algum grau de concretude aos princípios genéricos esposados nos instrumentos internacionais. A adoção da Declaração Universal dos Direitos Humanos e, posteriormente, do Pacto de Direitos Civis e Políticos e do Pacto de Direitos Econômicos, Sociais e Culturais, tornaria mais difícil justificar a inação diante de abusos pela falta de parâmetros para a aferição e supervisão do comportamento dos Estados em matéria de direitos humanos.

A DECLARAÇÃO UNIVERSAL DOS DIREITOS HUMANOS E OS PACTOS INTERNACIONAIS DE DIREITOS CIVIS E POLÍTICOS E DE DIREITOS ECONÔMICOS, SOCIAIS E CULTURAIS

Em cerca de dois anos, ao longo de processo intenso de negociações, a CDH, então presidida pela ex-primeira dama dos EUA, Eleanor Roosevelt, elaborou o projeto da Declaração Universal dos Direitos Humanos, que viria a ser adotada pela Assembleia Geral das Nações Unidas no dia 10 de dezembro de 1948. A tarefa da CDH de preparar a Carta Internacional de Direitos fazia supor que os trabalhos seriam direcionados não somente para a elaboração de uma declaração, mas também de um tratado de direitos humanos juridicamente vinculante. A

---

19 *O Sistema Totalitário*, passim.

proposição de um tratado, no entanto, não causou entusiasmo no momento em que as potências afiavam suas armas na preparação para a luta ideológica que prometia lançar o mundo em nova era de incertezas. A preocupação de resguardar-se de mecanismos mais intrusivos, com capacidade de exigir mudanças de comportamento dos Estados em relação a seus cidadãos, foi determinante para que se decidisse, em 1947, dividir os trabalhos em três partes: a elaboração de uma "declaração de princípios", a ser adotada pela Assembleia Geral, um tratado com obrigações legais e um acordo separado estabelecendo mecanismos para a implementação de obrigações.

Essa divisão ajudou a destravar as negociações, sobretudo no âmbito do bloco socialista, particularmente preocupado em evitar o estabelecimento de obrigações que pudessem incidir negativamente sobre a liberdade de formulação e execução de políticas internas. O raciocínio básico era o de que a declaração de princípios, a ser adotada pela Assembleia Geral, teria força e impacto muito relativos. Com o *"status"* de resolução da Assembleia, a declaração não seria mais do que uma "recomendação" e, mesmo assim, haveria a possibilidade, ao longo do trabalho de redação, de retirar-lhe sentido prático, de modo a relegá-la ao longo rol de pronunciamentos banais que o tempo se encarrega de apagar da memória histórica. Se essa era a intenção predominante, entretanto, não resta dúvida de que se aplicaria ao caso, do ponto de vista do raciocínio estratégico dos governos mais avessos aos direitos humanos, a imagem do "aprendiz de feiticeiro", cuja experiência libera forças que fogem ao seu controle e acabam gerando efeitos imprevisíveis e, em certa medida, contrários aos originalmente pretendidos. De fato, a Declaração Universal dos Direitos Humanos não apenas lançou as bases do atual sistema de tratados vinculantes de direitos humanos, mas, exibindo considerável força moral, foi considerada padrão suficiente para a atuação dos órgãos extraconvencionais de monitoramento instituídos a partir dos anos de 1960 pela CDH. Além disso, muitos de seus artigos passaram a integrar o direito costumeiro e são considerados parte do *jus cogens*[20].

---

20 Cf. T. Meron, *Human Rights and Humanitarian Norms as Customary Law,* passim.

A redação da Declaração foi laboriosa e recebeu insumos de diversos organismos, em particular da Unesco. Além de Eleanor Roosevelt, tiveram papel central na elaboração do texto o advogado canadense John P. Humphrey, então diretor da Divisão de Direitos Humanos do Secretariado da ONU, o delegado chinês e filósofo Peng-chun Chang, o jurista francês René Cassin (que teria sido responsável pela estrutura lógica da Declaração), o delegado libanês e filósofo existencialista Charles Malik (posteriormente Malik exerceu a função de presidente da Assembleia Geral e sucedeu Eleanor Roosevelt à frente da CDH), o delegado filipino Carlos Romulo, a indiana Hensa Mehta e o chileno Hernán Santa Cruz. Os delegados soviéticos que participaram dos trabalhos, por sua vez, tiveram papel em geral reativo, procurando evitar artigos considerados contrários à doutrina marxista. O resultado foi um texto que consagrou tanto os direitos civis e políticos quanto os econômicos, sociais e culturais[21].

A Declaração afirma em seu preâmbulo que pretende se constituir em padrão comum a ser alcançado por todos os povos e todas nações e, em seu artigo 1, estabelece que todos os seres humanos nascem livres e iguais em dignidade e direitos. O artigo 2 acrescenta que todos possuem os direitos e liberdades mencionados na Declaração sem qualquer tipo de distinção, tais como raça, cor, sexo, língua, religião, opinião política ou de outra natureza, origem nacional ou social, propriedade,

---

21 Eleanor Roosevelt teria utilizado todo seu prestígio para convencer um relutante Departamento de Estado dos EUA a aceitar os direitos econômicos, sociais e culturais. Para alcançar esse objetivo, certamente o peso da ideologia do New Deal e sua preocupação com o emprego, o bem-estar social e a chamada "liberdade para viver dignamente" (freedom of want) foi fundamental. São muitos os textos que relatam os trabalhos preparatórios e a redação da Declaração Universal. Alguns dos relatos, escritos por protagonistas da época, aproveitam para reivindicar a "autoria" da Declaração, como é o caso especialmente de René Cassin. No entanto, tudo indica que o texto final foi realmente um trabalho coletivo, baseado em uma sistematização de propostas realizada por John Humphrey do Secretariado, com um trabalho de tradução em linguagem jurídica por Cassin. Não obstante, a substância do texto foi objeto de controvérsias filosóficas e políticas não somente entre delegados soviéticos e ocidentais, mas também na disputa entre o libanês Malik e o chinês Chang. Ver, entre outros: M. A. Glendon, *A World Made Anew*; J. P. Humphrey, *Human Rights and the United Nations*; R. Cassin, *La Pensée et l'action*; G. Alfredsson; A. Eide (eds.), *The Universal Declaration of Human Rights*.

nascimento ou outro *status*[22]. A Declaração foi muito além da simples afirmação geral de que os direitos humanos e liberdades fundamentais precisam ser respeitados sem distinção ou discriminação. Procurou definir de modo mais preciso quais seriam os direitos sem os quais a dignidade humana não subsistiria. Os primeiros direitos fundamentais aparecem no artigo 3, que proclama os direitos à vida, à liberdade e à segurança. Esse artigo introduz a série de artigos (4 a 21) dedicados aos chamados direitos civis e políticos.

Entre os elementos contidos nos artigos 4 a 21 estão os seguintes: proibição da escravidão e da tortura ou outras formas de punição ou de tratamento cruéis, desumanos ou degradantes; igualdade perante a lei; acesso a recursos legais por intermédio das cortes nacionais no caso de violações de direitos fundamentais; proibição da prisão arbitrária; presunção de inocência e direito a julgamento justo e público com as garantias de defesa; liberdade de movimento; direito a buscar asilo no exterior em razão de perseguição; direito à nacionalidade e à propriedade; liberdade de pensamento, consciência e religião; liberdade de opinião, expressão e associação; direito de participar do governo de seu país, diretamente ou por meio de representantes livremente eleitos.

O artigo 22, por seu turno, afirma que todos, como membros da sociedade, têm direito à seguridade social e à realização dos direitos econômicos, sociais e culturais indispensáveis à sua dignidade e ao livre desenvolvimento de sua personalidade. Essa fórmula geral serve de introdução à parte da Declaração que se ocupa dos direitos econômicos, sociais e culturais (artigos 23 a 27), a qual trata, entre outros, dos seguintes aspectos: direito ao trabalho e à proteção contra o desemprego; direito a remuneração justa que assegure existência digna; direito ao descanso e ao lazer, inclusive limitação das horas de trabalho e feriados remunerados; direito a padrão de vida adequado à saúde e ao bem-estar, inclusive alimentação, vestuário, moradia e assistência médica; direito à educação; direito a participar livremente da vida cultural da comunidade,

---

22 *Basic Human Rights Instruments*, Geneva: High Commissioner for Human Rights/ILO.

O ESTABELECIMENTO DE PADRÕES INTERNACIONAIS DE DIREITOS HUMANOS 45

desfrutar das artes e compartilhar o avanço científico e seus benefícios.

Mesmo sem ser documento exaustivo ou ter sido concebida como obrigatória, a Declaração Universal foi e continua a ser empregada como padrão comum para avaliar o desempenho dos governos e sociedades. A Declaração foi adotada pela Assembleia Geral por 48 votos a favor, nenhum contra e oito abstenções (África do Sul, cujo sistema racista não poderia aceitar a ideia de igualdade; Arábia Saudita, contrária aos dispositivos sobre igualdade entre sexos e liberdade religiosa; e os países socialistas, a saber, Ucrânia, Bielorrússia, Tchecoslováquia, Polônia, Iugoslávia e URSS, que consideraram ter sido dada pouca ênfase aos direitos econômicos, sociais e culturais e às obrigações dos indivíduos para com a coletividade). Na época, a ONU contava com apenas 58 Estados membros[23] e muitos territórios ainda eram domínios coloniais. Essas limitações, entretanto, não prejudicaram o caráter universal da Declaração. O documento foi elaborado por grupo representativo de várias culturas e regiões. Com o passar dos anos, conforme acima mencionado, reconheceu-se que boa parte da Declaração se integrou ao direito costumeiro internacional, tornando-se assim obrigatório para todos. Esse é o caso, por exemplo, do dispositivo sobre o direito à vida, assim como das proibições da escravidão e da tortura.

Quando a Declaração foi adotada, em 1948, havia dúvidas sobre sua real utilidade, sobretudo porque as negociações deveriam desembocar na elaboração de um tratado juridicamente vinculante e na criação de mecanismos para sua implementação. As negociações se provaram muito mais complicadas do que se imaginava. A Convenção sobre a Prevenção e Punição do Crime de Genocídio também foi adotada em 1948, mas seu escopo limitava-se a situações extremas e tidas como excepcionais. Não dizia respeito às práticas corriqueiras de violações dos direitos definidos pela Declaração Universal. Com efeito, as negociações para a elaboração de documento vinculante de direitos humanos se arrastou pela década de 1950 e início da década de 1960, resultando em dois Pactos

---

23 Dois Estados não compareceram à votação.

46 A POLITIZAÇÃO DOS DIREITOS HUMANOS

adotados em 1966 pela Assembleia Geral, o Pacto Internacional de Direitos Civis e Políticos e o Pacto Internacional de Direitos Econômicos, Sociais e Culturais (ambos somente entraram em vigor, porém, em 1976, quando obtiveram o número mínimo requerido de ratificações).

A razão para e existência de dois Pactos em vez de um foi o desentendimento sobre o grupo de direitos que deveria ser considerado prioritário. A mesma controvérsia havia aflorado durante a elaboração da Declaração Universal, com os países desenvolvidos ocidentais, especialmente anglo-saxões, defendendo prioridade para os direitos civis e políticos, ao passo que os países socialistas e países em desenvolvimento jogaram seu peso em favor dos direitos econômicos, sociais e culturais. A elaboração dos dois pactos obedeceu a essa controvérsia ideológica e doutrinária. Os países ocidentais encaravam os direitos humanos como as liberdades individuais clássicas que precisavam ser resguardadas contra ações intrusivas do Estado. Na doutrina jurídica do *common law*[24], apenas os "direitos" (*"entitlements"*) reclamáveis perante os tribunais poderiam ser considerados verdadeiros direitos. Para os socialistas, a sociedade tinha precedência sobre os indivíduos e os direitos econômicos, sociais e culturais tinham papel central nos esforços na construção de uma sociedade mais justa e igualitária[25].

Em 1948, a comunidade internacional começou a contar com documento inovador que elevou o indivíduo a sujeito de

24 Poderia ser traduzido literalmente como direito comum (*jus commune*), é o sistema jurídico que se consolidou na Inglaterra a partir do Século XII e caracteriza hoje os países de língua inglesa. Diferentemente do sistema romano--germânico, que prevalece no Brasil e outros países latinos, o *common Law* possui como fonte principal do direito não a lei codificada, mas a jurisprudência.

25 A Guerra Fria impediu que se chegasse à conclusão óbvia de que nenhum conjunto de direito deveria ter precedência sobre o outro, mas que a promoção da dignidade humana exigia concepção holística e integrada dos direitos humanos. Em 1993, com a Conferência Mundial sobre Direitos Humanos de Viena, foi possível dar esse passo de forma inequívoca, com o reconhecimento de que os direitos humanos são interdependentes e inter-relacionados, devendo todos ser tratados em pé de igualdade. De qualquer modo, a controvérsia nunca foi totalmente superada e vem adquirindo novos contornos, especialmente com a oposição entre universalidade dos direitos humanos e particularidades históricas e culturais, ou entre direitos individuais e direitos de titularidade coletiva (como o direito ao desenvolvimento, por exemplo).

O ESTABELECIMENTO DE PADRÕES INTERNACIONAIS DE DIREITOS HUMANOS 47

direito no plano internacional. Essa tendência foi reforçada com a adoção da Convenção sobre o Genocídio e dos dois Pactos Internacionais de Direitos Humanos. Vale mencionar, ainda no campo da criação de padrões internacionais, a elaboração, no âmbito da Assembleia Geral da ONU, da Convenção para a Eliminação de Todas as Formas de Discriminação Racial. Adotada em dezembro de 1965, a Convenção entrou em vigor em janeiro de 1969 e foi o primeiro instrumento jurídico de direitos humanos da ONU a estabelecer mecanismo convencional de monitoramento, o Comitê para a Eliminação da Discriminação Racial (CERD). O esforço de criação de normas continuou nas décadas seguintes e prossegue até os dias de hoje. Esses primeiros instrumentos jurídicos, sobretudo, a Declaração Universal, serviram de inspiração para redigir novos tratados que emprestassem caráter vinculante a princípios enunciados na Declaração ou para sanar eventuais lacunas.

O mundo da ONU funciona nos moldes de vasos comunicantes. As negociações sobre um tema tendem a criar precedente, repercutindo nas deliberações sobre assuntos análogos em foros distintos da Organização. Não surpreende, portanto, que o modelo do CERD tenha inspirado a negociação dos tratados que foram adotados posteriormente no campo dos direitos humanos. Muitos desses tratados criaram comitês assemelhados ao CERD, ou seja, mecanismos convencionais de monitoramento encarregados de examinar relatórios periódicos submetidos pelos Estados partes e, em alguns casos, processar queixas individuais sobre violações de direitos garantidos no respectivo tratado[26]. A doutrina da impotência da CDH ainda prevalecia durante a redação de documentos dotados de comitês independentes e mecanismos de denúncia (como o CERD e o próprio Pacto de Direitos Civis e Políticos, que, em seu Primeiro Protocolo Facultativo, estabelecia um

---

26 Além dos dois pactos de direitos humanos de 1966 e da Convenção para a Eliminação de Todas as Formas de Discriminação Racial de 1965, outros tratados têm na Declaração Universal seu fundamento mais evidente. Os mais importantes no campo dos direitos humanos (sem contar o direito humanitário e o direito dos refugiados) hoje em vigor e que contam com maior número de ratificações são os seguintes: Convenção sobre a Eliminação de Todas as Formas de Discriminação contra a Mulher (1979), a Convenção contra a Tortura (1984) e a Convenção sobre os Direitos da Criança (1989).

mecanismo de recebimento de queixas individuais), mas seu poder de convencimento foi-se esvaindo à medida que o trabalho de criação de normas e padrões avançava.

A adoção de normas e tratados vinculantes, agora não mais limitados a enunciados destituídos de instrumentos de implementação, não eliminou, como em um passe de mágica, as dificuldades para que a CDH superasse o abstencionismo, mas criou terreno mais propício para que se avançasse nessa direção. De qualquer forma, a criação de normas, se não foi capaz de isolar o sistema de direitos humanos da crua realidade da política de poder e da disputa ideológica entre Leste e Oeste, abriu brecha conceitual na couraça da soberania absoluta que logo seria traduzida em medidas práticas que não obedeceram à lógica estrita daquela disputa. O importante, para os objetivos deste trabalho, é ressaltar que a Declaração Universal não somente serviu de base para a negociação e a adoção de tratados juridicamente vinculantes, mas desencadeou nova dinâmica no sistema da ONU, que levou à consolidação de mecanismos extraconvencionais de monitoramento. Nesse sentido, ao ajudar a consolidar o chamado direito internacional dos direitos humanos, impôs novos parâmetros para a tomada de decisão nos órgãos políticos de direitos humanos, cujos protagonistas, sem abandonar suas concepções conflitantes de interesse nacional, tiveram de moldar o discurso aos princípios emanados desses direitos – além de certamente encorajar a causa dos direitos humanos no âmbito nacional dos Estados e no mundo colonial.

Aquela imposição de novos parâmetros, que todos aceitaram teoricamente, não deixou incólume a tradição westfaliana das relações internacionais. O uso politizado do léxico dos direitos humanos continuou presente, mas a simples necessidade de dar aos objetivos inconfessáveis invólucro moral teve o efeito, pelo menos nesse primeiro momento do sistema, de dar impulso a um processo que nunca foi totalmente controlado pelos mais poderosos, nem respondeu exclusivamente a seus interesses, mas foi antes resultado da interação complexa entre os interesses egoístas e a necessidade de dar respostas convincentes aos casos mais graves de abusos de direitos humanos. A politização não foi um mal que se manifestou apenas nos momentos finais da CDH. Ela esteve presente desde o início, mas não impediu que as decisões tomadas levassem à imposição de novos padrões de comportamento pelos quais todos os Estados passaram a ser avaliados, senão pela própria CDH, ao menos pelos atores não governamentais e pelas sociedades desses mesmos Estados.

O estabelecimento de padrões universais implicava aceitar o monitoramento e encerrava na própria noção de universalidade a expectativa de que todos se submeteriam às mesmas regras e parâmetros de avaliação. A história do sistema de direitos humanos em geral e da CDH em particular é a da realização incompleta dessa promessa, mesclando momentos de maior isenção e outros de franca manipulação política. Na maioria das vezes, sua história foi um misto das duas coisas, dependendo da conjuntura internacional do momento. Em que pese essa inconstância, o sistema internacional de direitos humanos esboçava resposta à exigência de evitar a repetição da tragédia do Holocausto. Para tanto, todos os Estados, mesmo os mais relutantes, tiveram de admitir na prática certa flexibilização na noção rígida de soberania, com a promessa de uma ordem mais racional e os riscos de manipulação e hipocrisia que tal decisão engendra.

* * *

A fissura mais importante no sistema westfaliano das relações internacionais se deu com a Segunda Guerra Mundial. Tornou-se evidente que a atitude inicial condescendente em relação às políticas perseguidas por Hitler na Alemanha somente foi superada quando o expansionismo nazista já se havia transformado em ameaça global. As revelações sobre o Holocausto, com sua utilização dos conhecimentos técnico-burocráticos para organizar o genocídio e uma verdadeira máquina de aniquilação de seres humanos, ajudaram a dissolver a crença numa soberania estatal acima de qualquer avaliação internacional. A própria noção de crime contra a humanidade, consagrada no Tribunal de Nurembergue, demonstrou a necessidade de adaptar os instrumentos disponíveis para lidar com situações-limite em que o Estado e seus agentes, ao se converterem em veículos do assassínio em massa, perdem a legitimidade que garante validade jurídica e política a seus atos[27].

O corolário dessa experiência trágica foi a busca de meios para evitar sua repetição, para impedir a volta do horror e de genocídios assemelhados. Sem que a noção de soberania fosse abandonada, foi possível alcançar gradualmente, ao menos na teoria, consenso em torno da necessidade de garantias de proteção aos direitos humanos que transcendessem as fronteiras nacionais. Era como se a soberania externa, noção fundamental para evitar a imposição da vontade dos fortes sobre os fracos no campo internacional, passasse a aproximar-se da noção de soberania popular no âmbito interno. Como duas faces da mesma moeda, o respeito pelos Estados de suas respectivas soberanias, entendidas como a faculdade de decidir em última instância sobre os assuntos internos e sobre os caminhos a tomar no campo internacional, vinculou-se inextricavelmente ao respeito a determinados padrões de tratamento da população. A soberania continuava sendo manto protetor, mas, no campo dos direitos humanos, passava a ser também manto diáfano, incapaz de obstruir o olhar externo.

É claro que nos primeiros momentos, como procurou-se mostrar, essa noção de soberania, assumida sob o impacto das revelações do Holocausto e da vitória contra o nazifascismo, tinha contornos por demais fluidos para representar a imposição de limites reais à atuação dos Estados. Essa ideia de soberania estatal *cum* soberania popular, ou seja, de soberania cuja força deriva não da razão de Estado, mas da legitimidade decorrente do respeito aos direitos humanos fundamentais, cristalizou-se como potencial, em 1945, na Carta da ONU (Carta de São Francisco) e, em 1948, na Convenção para a Prevenção

---

27 Conforme nota Christian Tomuschat: "Foram as atrocidades cometidas pela criminosa ditadtura nazista em toda a Europa que definitivamente pavimentaram o caminho para uma nova compreensão das relações entre o indivíduo, o Estado e a comunidade internacional. Nunca mais poderia ser afirmado que os seres humanos eram colocados, por lei, sob a exclusiva jurisdição dos Estados de origem. Aprendeu-se durante os horrendos anos de 1933 a 1945 que o aparelho do Estado pode se tornar uma máquina de extermínio, negligenciando sua função básica de sustentar e defender a dignidade humana de cada membro da comunidade sob seu poder", *Human Rights: Between Idealism and Realism*, p. 22.

O ESTABELECIMENTO DE PADRÕES INTERNACIONAIS DE DIREITOS HUMANOS 51

e Punição do Crime de Genocídio e na Declaração Universal dos Direitos Humanos. Seria impossível à época prever que esses instrumentos jurídicos abririam o caminho para uma complexa rede de tratados, convenções e declarações que foram aos poucos dando conteúdo aos princípios genéricos e conferindo caráter vinculante a textos declaratórios. Em si mesmos, contudo, esses instrumentos inicialmente adotados constituíram divisor de águas. Talvez correspondam, para fazer analogia com a física, a uma "revolução copernicana" no direito internacional e nas relações internacionais.

O "centro do universo", que se resumia ao Estado, passou a contemplar também o indivíduo, considerado doravante sujeito de direitos no campo internacional. Esse princípio básico dos direitos humanos foi claramente enunciado na Declaração Universal dos Direitos Humanos. Independentemente das contingências e particularidades nacionais ou de distinções de qualquer outra natureza, os seres humanos seriam dotados de direitos que deveriam ser respeitados em quaisquer circunstâncias como forma de manter a convivência humana num padrão mínimo de dignidade. Dessa maneira, deixava de fazer sentido a soberania absoluta apta a justificar o exercício desimpedido do poder e se criava o embrião do princípio, consagrado anos depois, da legitimidade da preocupação internacional com a situação dos direitos humanos em qualquer país. Essa transformação seria consolidada mais tarde com a adoção de novos padrões internacionais de proteção dos direitos humanos e com a criação dos mecanismos encarregados de monitorar a implementação das obrigações assumidas pelos Estados no campo internacional.

Os instrumentos de direitos humanos constituíram inovação importante também no seio do direito internacional, pois, diferentemente do que era o usual, os novos instrumentos de direitos humanos adotados depois de 1945 não regulam relações de reciprocidade entre os Estados, mas visam à proteção de um valor superior. Conforme explica Cançado Trindade:

Não há que perder de vista que o Direito Internacional dos Direitos Humanos não rege as relações entre iguais; opera precisamente em defesa dos ostensivamente mais fracos. Nas relações entre desiguais, posiciona-se em favor dos mais necessitados de proteção. Não busca obter um equilíbrio abstrato entre as partes, mas remediar os efeitos do desequilíbrio e das disparidades na medida em que afetam os direitos humanos. Não se nutre das barganhas da reciprocidade, mas se inspira nas considerações de *ordre public* em defesa de interesses comuns superiores, da realização da justiça[28].

Como ressalta José Augusto Lindgren Alves, a consolidação do direito internacional dos direitos humanos, ao elevar o indivíduo à condição de sujeito de direito no campo internacional, alterou axiomas fundamentais do sistema westfaliano:

O axioma westfaliano da autodeterminação, convergente ao da soberania, é, consequentemente, limitado, no sistema internacional contemporâneo, pela obrigação iniludível de respeitar os direitos humanos e liberdades fundamentais. Até porque, nos tempos modernos, a soberania é afirmada politicamente como um atributo do povo – soberania popular no lugar da antiga soberania estatal – e assim consignada em muitas Constituições, inclusive a brasileira[29].

Isso não significa dizer que devamos simplesmente descartar a noção de soberania. Apenas agregou-se ao seu significado tradicional uma qualificação, a de que o respeito aos direitos humanos é parte essencial e inescapável de sua legitimidade e portanto da sua própria viabilidade e duração. Foi mudança imposta pelo trauma da Segunda Guerra Mundial, muito embora o avanço conceitual tenha levado algum tempo para encontrar sua tradução institucional e prática nos esforços de monitoramento. Com grau de sinceridade variado, o fato é que os Estados membros da ONU, mesmo os que se abstiveram na resolução da Assembleia Geral sobre a Declaração Universal, incorporaram a "linguagem" dos direitos humanos em seus discursos e políticas externas, quando não no seu próprio ordenamento jurídico interno. O embate entre as duas superpotências durante a Guerra Fria revelaria esforço de ambos os lados de projetar a imagem de verdadeiros paladinos dos direitos humanos, ao mesmo tempo em que denunciavam o campo adversário como responsável por atrocidades

28 *Tratado de Direito Internacional dos Direitos Humanos*, v. 1, p. 27.
29 *A Arquitetura Internacional dos Direitos Humanos*, p. 18.

O ESTABELECIMENTO DE PADRÕES INTERNACIONAIS DE DIREITOS HUMANOS 53

e abusos. A concepção tradicional de soberania, portanto, continuou operando no campo dos direitos humanos, ainda que não sempre na superfície, contribuindo para esvaziar parte do conteúdo real incorporado no compromisso com os direitos humanos.

Desde o início do sistema de direitos humanos e dos trabalhos da CDH o avanço conceitual sempre esteve à frente das condições no terreno; não apenas a situação real dos direitos humanos continuou frágil, mas também boa parte dos Estados, submetidos à rigidez do conflito ideológico, não conferiu importância ao ideal da supervisão universal dos compromissos assumidos. Os avanços jurídicos esbarraram nos obstáculos políticos; a "revolução copernicana" do direito internacional dos direitos humanos surgiu como potencial cujo desenvolvimento se viu adiado pela conjuntura política polarizada. A política não desconhecia o direito, que continuava gerando potencial importante de limites para a conduta dos Estados, mas foi capaz de distorcê-lo para seus fins de luta pelo poder e hegemonia. Os órgãos eminentemente políticos, porque integrados por Estados membros, foram os mais afetados, com certa paralisia no processo de tomada das decisões que não impediu, contudo, o gradual trabalho de confecção de normas[30].

A preocupação realista não deve ser afastada – afinal, o mundo da política internacional, assim como o da política interna, não dispensa as relações de força e de dominação, ainda que esteja longe de se reduzir a esses fatores. Nesse sentido, da perspectiva de países em desenvolvimento, não é o caso de abandonar a soberania como proteção contra a imposição de interesses dos mais fortes, mas incorporar definitivamente nessa noção a questão dos direitos humanos, desde que aplicável a todos sem exceção. A dúvida é se ao reformular a concepção tradicional da soberania absoluta, para afastar sua utilização

---

30 O surpreendente não é que a CDH tenha tido dificuldades de tomar decisões e passar julgamentos, mas o fato de que, em meio a essa conjuntura, tenha sido ainda assim capaz de colocar em marcha algumas iniciativas de implementação na década de 1960, excepcionais, é verdade, mas significativas pelo precedente que criaram e, mais importante, pelo efeito positivo que tiveram para a luta contra o racismo, o colonialismo e o autoritarismo tanto no plano internacional quanto no domínio interno de muitos Estados e territórios coloniais.

como escudo para o desrespeito flagrante aos direitos humanos, não se estaria permitindo que o tema seja instrumentalizado pelos mais poderosos com o intuito de penalizar apenas seus adversários. Essa possibilidade existe e não é difícil encontrar exemplos concretos para ilustrá-la, mas a alternativa oposta seria igualmente perigosa, a de fornecer escudo protetor para as atrocidades contra os direitos humanos. Apenas a criação de mecanismos cada vez mais independentes para a supervisão ou o monitoramento dos direitos humanos poderia minimizar as influências políticas e garantir, em alguma medida, certa imparcialidade no trabalho de boa parte do sistema internacional de proteção.

A história da CDH não é a história apenas da politização e da seletividade, é também a de órgão que conseguiu, apesar de tudo, angariar alguma autoridade moral ao pôr em relevo situações inegavelmente graves e inaceitáveis. Nos seus últimos anos, essa autoridade moral parecia ter-se evaporado em meio à politização e à seletividade, que podem ser explicadas em grande medida pela conjuntura internacional cada vez mais polarizada, em que a hipocrisia que sempre existiu revelou-se demasiado evidente não apenas na prática dos tradicionais violadores contumazes dos direitos humanos – países autoritários de diversos matizes –, mas também e sobretudo nas políticas internas e externas de várias potências ocidentais na sua luta difusa contra o terrorismo. Depois de 2001, essa conjuntura contribuiu para que apenas o lado negativo e as manipulações políticas na longa história da CDH fossem lembrados, ao passo que os momentos mais positivos, tais como as decisões corajosas tomadas em certas ocasiões e a contribuição concreta à proteção e à promoção dos direitos humanos, foram ofuscados. No próximo capítulo, procurar-se-á demonstrar que, apesar dos limites e percalços impostos pela Guerra Fria, a CDH logrou tomar algumas significativas decisões dotadas de autoridade moral. São exemplos que podem ser particularmente úteis como inspiração para o processo de reforma do sistema ora em curso, ao revelar que a politização excessiva não é necessariamente traço imutável nem obrigatoriamente predominante do processo que leva à adoção de resoluções sobre direitos humanos em países.

2. O Início da Implementação:

os direitos humanos em tempos de Guerra Fria

A "impotência" da CDH descrita no capítulo anterior não foi tanto uma doutrina, no sentido de se desdobrar em postulados que buscam a persuasão pela lógica dos argumentos, mas antes uma atitude. O reconhecimento da impotência para tomar providências e investigar casos de violações de direitos humanos não precisou encontrar justificativa jurídica, política ou de qualquer outra natureza; ao contrário, esgotava-se em si mesmo, consagrando implicitamente a ideia de que a soberania dos Estados prescinde de justificação externa. Nesse aspecto, a "revolução copernicana" representada pela elevação do indivíduo à condição de sujeito de direitos na cena internacional continuava ideal abstrato cuja possibilidade de realização, aberta pela Carta da ONU e pela Declaração Universal dos Direitos Humanos, não possuía ainda base no mundo real dos Estados soberanos. As queixas de abusos, recebidas na CDH desde 1947, receberam o tratamento burocrático mencionado no capítulo anterior e qualificado pelo veterano John Humphrey, ex-Diretor da Divisão de Direitos Humanos do Secretariado e um dos artífices da Declaração Universal, como "o cesto de lixo mais aprimorado do mundo"[1].

1 *Human Rights and the United Nations*, p. 110.

Este capítulo procurará descrever como esse "cesto de lixo" esquecido no canto da sala foi aos poucos adquirindo diferentes contornos, dando consequência ao que antes não passava de ritual vazio e sem efeito prático. O foco central consistirá na análise dos primórdios da chamada fase de "implementação" dos direitos humanos. O clima de Guerra Fria é apontado geralmente como o grande responsável pela letargia inicial da Comissão, mas não impediu que mecanismos de monitoramento surgissem, ainda que, em um primeiro momento, tímidos e limitados a determinadas áreas geográficas e problemas específicos, como o racismo e o colonialismo. Esses primeiros passos, no entanto, foram seguidos de outros, gerando dinâmica nova que superou definitivamente a tese da impotência. Esse desenvolvimento não foi linear e o conflito Leste-Oeste nunca deixou de ter impacto importante na definição dos alvos do monitoramento. No entanto, o conflito ideológico e estratégico entre as duas superpotências e seus respectivos blocos não foi determinante em todos os momentos, nem foi o único fator importante, apesar de sua influência perpassar todas as esferas decisórias dos órgãos políticos multilaterais.

O presente capítulo deverá, portanto, contextualizar o período de início do monitoramento, coincidente com o aumento da tensão da Guerra Fria, que impunha determinados limites, mesmo que não absolutos, ao sistema e subordinava o debate sobre o conteúdo dos direitos em grande medida à lógica da "competição" entre direitos civis e políticos, de um lado, e direitos econômicos, sociais e culturais, de outro. Além disso, identificará outros fatores relevantes, como o surgimento de países em desenvolvimento com maior peso – sobretudo coletivo – no seio da ONU. O capítulo terá presente esse plano de fundo na descrição de decisões do ECOSOC e da CDH que permitiram o recebimento de denúncias de violações graves e sistemáticas dos direitos humanos, bem como analisará as primeiras resoluções sobre países e a nomeação de relatores e outros procedimentos especiais. Além da descrição propriamente dita, o capítulo pretende lançar luzes sobre o impacto do tratamento das situações de países específicos no período analisado, introduzir a questão dos limites e alcances para alterar o

O INÍCIO DA IMPLEMENTAÇÃO   57

comportamento dos países alvos do monitoramento e oferecer o panorama geral da "seletividade" na escolha desses países até o final da década de 1980.

A Guerra Fria começou de forma mais clara em 1947, ano da divulgação da chamada "doutrina Truman", que nada mais era do que a manifestação dos EUA de sua decisão, amparada em ativo engajamento, de proteger o "mundo livre" da ameaça comunista. O bloqueio de Berlim, a guerra da Coreia, a corrida armamentista, a tomada do poder pelos comunistas na China, a obtenção de armas nucleares pela URSS, entre outros fatores, tornaram a divisão Leste-Oeste o fulcro das relações internacionais no período, um dado da realidade que irradiava a crispação por todos os tabuleiros das relações internacionais, ainda que em grande parte exacerbado por fatores ideológicos e visões conspiratórias de vários matizes. De acordo com Eric Hobsbawm, a perspectiva adotada pelos profissionais do Departamento de Estado dos EUA no pós-guerra podia ser descrita como "apocalíptica", por superestimar a ameaça soviética, ao passo que na visão do autor a URSS não apresentava perigo imediato a quem estivesse fora do alcance das forças de ocupação do Exército Vermelho. Afinal, a União Soviética havia saído da guerra em ruínas, completamente exaurida[2].

A hostilidade mútua, no entanto, derivava não apenas da bipolaridade estratégica e da desconfiança de que o outro lado, em função de uma vocação imperial ou intrinsecamente expansionista, não se contentaria com as zonas de influência demarcadas nos momentos finais da Segunda Guerra Mundial. Era produto também da oposição entre dois modelos de sociedade baseados em valores antagônicos. A dimensão ideológica desse conflito possui interesse particular para o estudo do sistema internacional de direitos humanos, uma vez que era antes de tudo na esfera dos valores que o debate sobre a natureza e a implementação dos direitos humanos se inseria. Os estudiosos do período, mesmo os que têm clara simpatia ou filiação à escola realista e à análise das relações internacionais pela ótica das relações do poder e da força, não ignoram

2 *A Era dos Extremos*, p. 232.

58 A POLITIZAÇÃO DOS DIREITOS HUMANOS

a influência decisiva da ideologia e seu impacto sobre os regimes internacionais[3].

Embora o início da cruzada anticomunista possa ser situada ainda no governo Truman, a conjuntura política deteriorou-se ainda mais e a tendência conservadora culminou com a "caça às bruxas" da chamada era macarthista. A onda conservadora anticomunista manifestou-se na fúria contra tudo que pudesse ter algum parentesco, ainda que longínquo, com ideias tidas como socialistas ou socializantes. O clima rarefeito nos EUA, que desembocaria nos excessos que comprometeram liberdades civis teoricamente garantidas pela Constituição do país, não poderia deixar de projetar-se na cena internacional por uma política externa igualmente carregada ideologicamente de anticomunismo, ávida por mostrar-se instrumento do patriotismo e da erradicação da conspiração comunista internacional. Em 1953, já sob a administração Eisenhower, o novo secretário de Estado dos EUA, John Foster Dulles, anunciou que seu país não mais participaria de modo ativo no trabalho da CDH de elaboração de tratados de direitos humanos e tampouco pretendia se tornar parte deles[4]. Do lado soviético, o apego à soberania como valor absoluto e a denúncia da concepção burguesa de direitos não oferecia razões para otimismo quanto à perspectiva de avanços concretos no sistema de proteção dos direitos humanos da ONU.

O confronto ideológico e estratégico – que começou a ter manifestações muito claras em zonas periféricas submetidas à esfera de influência de cada uma das superpotências, como a Guatemala em 1954 ou a Hungria em 1956 – teve como efeito atrasar as negociações da chamada Carta Internacional de Direitos Humanos e, mais do que isso, levou à preparação de

3 Raymond Aron, por exemplo, oferece a seguinte constatação: "A partir de 1945, a hostilidade de posição foi tanto uma consequência quanto uma causa da bipolaridade ideológica. Mas a coincidência entre a hostilidade de posição e a inimizade ideológica é um dado importante da conjuntura, que explica algumas de suas características. [...] Cada uma das superpotências é prisioneira de sua propaganda e de suas convicções, e é incapaz de trocar um território por outro, de intercambiar concessões. Antigamente, os monarcas trocavam províncias; mas nem Washington nem Moscou podem entregar à 'tirania comunista', ou à 'escravidão capitalista', uma parte do 'mundo livre', ou do 'mundo socialista'", *Paz e Guerra entre as Nações*, p. 672.

4 S. Schlesinger, *Act of Creation*, p. 205.

O INÍCIO DA IMPLEMENTAÇÃO   59

dois tratados distintos, um da preferência do bloco Ocidental (direitos civis e políticos) e outro particularmente valorizado pelo bloco socialista (direitos econômicos, sociais e culturais). Em ambiente de confrontação mundial dessa ordem, os direitos humanos transformaram-se facilmente em objeto de disputa propagandística, o que tornou os consensos mais improváveis e abriu a via para a politização e as recriminações mútuas. O trágico é que as acusações dos abusos cometidos de ambos os lados da Cortina de Ferro eram em geral verdadeiras, mas o clima de disputa impedia avaliação isenta pelo sistema de direitos humanos, encarado como mais um campo de batalha na luta pela hegemonia ideológica mundial. A paralisia ou a incapacidade de se tomar qualquer iniciativa de monitoramento se explica em parte por essa conjuntura polarizada. O rompimento do impasse, como será visto nas duas últimas seções deste capítulo, só aconteceria porque o surgimento do Terceiro Mundo como ator de peso nas Nações Unidas trouxe elemento novo e decisivo para a introdução dos primeiros mecanismos de supervisão no âmbito da CDH.

OS DIREITOS HUMANOS E A GUERRA FRIA: A "COMPETIÇÃO" ENTRE DIREITOS CIVIS E POLÍTICOS E DIREITOS ECONÔMICOS, SOCIAIS E CULTURAIS

A controvérsia em torno dos conjuntos distintos de direitos foi ampliada com a Guerra Fria, que contribuiu para a simplificação do debate teórico sobre a natureza dos direitos humanos e sua evolução. O bloco ocidental procurava ressaltar a importância fundamental dos direitos de primeira e segunda geração, os direitos civis e políticos. Esses dois conjuntos de direitos corresponderiam, grosso modo, à liberdade dos antigos (liberdade de participar ativamente das deliberações da comunidade política, os direitos políticos) e a dos modernos (a liberdade para usufruir da autonomia e da independência individual, os direitos civis), na fórmula clássica de Benjamin Constant, que via as duas liberdades como fundamentais para garantir os direitos e a dignidade da pessoa humana[5]. Na concep-

---

5 The Liberty of the Ancients Compared with that of the Moderns, *Political Writings*, p. 308-328.

ção liberal, essas liberdades constituíam a proteção por excelência contra o arbítrio do Estado, visto como a ameaça que devia ser contida e controlada. Dessa perspectiva, os direitos individuais eram assimilados a direitos que se exercem "contra" o Estado.

Aos direitos de primeira e segunda geração, contudo, somar--se-iam os direitos de terceira geração, os direitos econômicos, sociais e culturais, afirmados historicamente pelo movimento operário e sua luta por melhores condições de vida nos séculos XIX e XX, e, mais recentemente, os direitos de quarta geração, considerados de titularidade coletiva, como o direito à autodeterminação dos povos e o direito ao desenvolvimento. Essa sucessão histórica de direitos não constituiu processo cumulativo por intermédio do qual os conjuntos de direitos vão sendo somados em uma espécie de manancial comum da humanidade, colocado à disposição de todos para usufruto. A afirmação histórica desses direitos, ao contrário, correspondeu a lutas, revoluções e movimentos de contestação que alteraram regimes, colocaram por terra crenças e arrancaram concessões políticas e econômicas, em um fluxo histórico nem sempre linear, sujeito a reveses e contradições, com períodos em que determinados direitos se afirmaram por oposição a outros, antes de se consolidarem como partes complementares do patrimônio universal. Ao longo das lutas pelas afirmações de direitos econômicos, sociais e culturais, cristalizou-se a ideia de que sua realização dependia de ações positivas, diferentemente da concepção liberal dos direitos civis e políticos, ancorados na ideia de prestações negativas do Estado.

A consciência de que esse foi um processo histórico conturbado talvez se perca na ideia de gerações de direitos, cuja ênfase no surgimento cronológico pode dar a impressão de evolução isenta de percalços. A Guerra Fria foi período em que os interesses estratégicos opostos e as diferenças ideológicas emprestaram ao debate sobre os direitos prioritários um caráter de jogo de soma zero. O bloco ocidental, liderado pelos EUA, ao privilegiar os direitos civis e políticos, colocava em evidência as liberdades individuais asseguradas em seus países e a negação dessas mesmas liberdades no bloco adversário. De maneira diametralmente oposta, os países socialistas, capitaneados pela URSS, ao privilegiar os direitos econômicos, sociais e culturais, tendiam a divulgar seus êxitos nesse campo e os fracassos do mundo capitalista em assegurar tais direitos à maioria da população. Para o Ocidente, os direitos civis e políticos constituíam o cerne da noção de direitos humanos, já que eram a garantia de que os indivíduos poderiam se expressar livremente, viver vida autônoma e isenta de interferências arbitrárias (os direitos econômicos e sociais seriam aspirações que poderiam ser atingidas pelo exercício das liberdades individuais). Para os socialistas, eram os direitos econômicos, sociais e culturais que garantiam a igualdade sem a qual qualquer ideia de liberdade seria ilusória (os direitos civis e políticos, na sociedade capitalista, eram descritos como meramente formais, pois negados na prática aos destituídos e oprimidos, mantidos para todos os efeitos afastados do efetivo exercício do poder).

Essa oposição expressou-se, portanto, em díades simplificadoras: direitos civis e políticos *versus* direitos econômicos, sociais e culturais; indivíduo *versus* coletividade; liberdade *versus* igualdade; direitos *versus* aspirações programáticas; liberdades formais burguesas *versus* liberdade real ou substancial. A Declaração Universal consagrou os dois conjuntos de direitos, mas foi exceção e sua adoção talvez não tivesse sido possível, ao menos no formato que finalmente adquiriu o texto, caso se esperassem alguns meses mais para seu exame pela AGNU. O efeito da Guerra Fria foi o de, a um só tempo, amplificar, simplificar e manipular o debate teórico e filosófico que segue ainda nos dias de hoje. O artificialismo das díades acima não reside numa suposta disjunção completa em relação ao debate teórico e histórico entre distintas correntes de pensamento. Na realidade, a Guerra Fria propiciou a utilização da controvérsia teórica pré-existente para fins políticos imediatos. O artificialismo encontra-se nessa busca de substituir-se aos filósofos, historiadores e sociólogos para ditar a verdade sobre os direitos humanos[6].

---

6 A verdade que se decreta ou a verdade que se subordina ao poder político e aos interesses estratégicos constitui uma traição do espírito do Iluminismo humanista de que tanto o liberalismo quanto o socialismo são tributários, deixando marcas no próprio debate teórico que, inoculado pelo vírus ideológico, perde parte de sua capacidade de avançar o conhecimento e corre o risco de diluir-se alegremente nas estratégias ditadas pelo Estado.

Michael Ignatieff, por exemplo, reflete essa concepção liberal tradicional em que os direitos humanos só fazem sentido como direitos individuais, basicamente aqueles que podem ser defendidos perante ou contra as autoridades constituídas:

Direitos são inescapavelmente politicos pois tacitamente implicam um conflito entre o detentor do direito e alguém que pode impedir seu exercício, alguma autoridade contra a qual o detentor do direito possa fazer uma queixa justificada. Confundir direitos com aspirações, e convenções com teses sincréticas de valores universais, é afastar os conflitos que definem o conteúdo mesmo dos direitos. Haverá sempre conflitos entre individuos e grupos, e os direitos existem para proteger o indivíduo. A linguagem dos direitos não pode ser analisada ou traduzida numa estrutura não individualista e comunitária. Ela pressupõe uma moral individualista sem a qual não faz sentido[7].

É justamente essa concepção individualista de direitos que dá margem à crítica marxista, que denuncia a crença na existência dos direitos humanos em geral como ideologia no sentido de "falsa consciência", uma vez que o discurso contribui para apresentar como o interesse geral da coletividade o que na realidade não passa do interesse de uma classe, a burguesia. Os direitos civis e políticos, portanto, seriam "direitos burgueses", uma vez que representariam pouco ou quase nada para os oprimidos, aos quais o exercício de tais direitos seria negado na prática pelo peso da dominação imposta pelas relações de produção capitalistas. A ênfase unilateral nos direitos civis e políticos, no individualismo e na ideia de que tais direitos, para realizar-se, dependem tão somente da abstenção do Estado ou de prestações negativas contribui para tornar a crítica marxista mais plausível. Os verdadeiros direitos seriam, na concepção liberal simplificada no discurso político da Guerra Fria (mas com repercussões profundas ainda nos dias de hoje), aqueles em relação aos quais bastaria a abstenção do Estado para que se realizem normalmente, ao passo que os objetivos que exigem prestações positivas do Estado seriam aspirações legítimas, mas não poderiam ser equiparadas

7 *Human Rights as Politics and Idolatry*, p. 67.

a direitos, a menos que tais objetivos programáticos pudessem ser exigidos em tribunais, o que não seria o caso.

Os direitos econômicos, sociais e culturais, por seu turno, foram defendidos pelo bloco socialista como os mais importantes, uma vez que apenas a sua implementação asseguraria o exercício da "verdadeira liberdade" de participar dos benefícios gerados pela coletividade. Nesse discurso, o indivíduo tende a dar lugar ao conjunto da sociedade, numa hierarquização forçada que mal escondia sua funcionalidade na manutenção do autoritarismo. O desprezo pelos direitos civis e políticos, embora travestido de argumentos teóricos, contribuía para reforçar a ideia de que tais direitos dependiam de prestações negativas do Estado, cuja onipresença sufocante nos países socialistas impedia o livre exercício das liberdades fundamentais. Fechava-se assim o círculo em que a simplificação teórica coincidia com as políticas perseguidas, tornando a separação entre os conjuntos "opostos" de direitos evidência inquestionável para os dois grandes protagonistas da Guerra Fria. Ambos os lados buscavam atacar, no discurso sobre direitos, o que consideravam o ponto fraco do adversário, mas, ao fazê-lo, abriam o flanco para a crítica a sua própria posição vulnerável[8].

O ex-secretário-geral da ONU Boutros Boutros-Ghali, ao relatar a história do sistema de direitos humanos, resume da seguinte forma a controvérsia que esteve na raiz da decisão de elaborar dois pactos separados para cada um dos dois conjuntos de direitos humanos:

Aqueles que eram favoráveis a dois pactos sustentavam que os direitos civis e políticos podiam ser protegidos por meio das Cortes, enquanto os direitos econômicos, sociais e culturais não podiam ser assim protegidos; que os primeiros eram imediatamente aplicáveis, enquanto os últimos tinham de ser estabelecidos

8 A conclusão óbvia de que todos os direitos humanos requerem algum tipo de prestação positiva e negativa, bem como a de que não há incompatibilidade entre os dois conjuntos, era um passo ambicioso demais para um período marcado pela polarização ideológica. Para os dois lados do conflito, que se criam ambos portadores de uma verdade superior, esse passo era impensável porque representaria, para a mentalidade aferrada ao jogo de soma zero, uma capitulação diante do adversário ideológico.

gradualmente; e que, em geral, os primeiros correspondiam aos direitos individuais *vis-à-vis* ações ilegais ou injustas do Estado, enquanto os últimos representam direitos que o Estado pode ser chamado a promover por meio de ação positiva[9].

A realidade certamente é muito mais complexa do que faz supor esse debate doutrinário. Conforme aponta Jack Donnelly, todos os direitos humanos exigem em alguma medida prestações positivas e negativas, sendo que o peso de cada uma dessas ações dependerá das circunstâncias históricas:

Todos os direitos humanos requerem *ambas* as ações, positiva e restritiva, da parte do Estado. Além disso, o direito ser *relativamente* positivo ou negativo em geral depende de circunstâncias historicamente contigentes. Por exemplo, o direito à alimentação é claramente um direito negativo nos campos de trigo do Kansas, mas particularmente positivo em Watts ou no leste de Los Angeles. O direito de proteção contra a tortura é largamente negativo em Estocolmo, mas bem mais positivo no sul do Bronx; na Argentina foi muito positivo de fato no final dos anos de 1970, mas hoje em dia está muito perto de ser um direito negativo[10].

Esse debate foi componente central do sistema de direitos humanos da ONU no período da Guerra Fria. É verdade que ainda hoje há ecos dessa controvérsia, sobretudo nos países do sistema de *common law* que tendem a defender as mesmas posições sobre os direitos civis e políticos como os "verdadeiros" direitos. Reflexos dos argumentos utilizados pelo bloco socialista são facilmente verificados no discurso atual dos países Não Alinhados, do G-77 e dos grupos Africano e Asiático, que tendem a ressaltar a importância dos direitos econômicos, sociais e culturais para contrabalançar o que consideram a ênfase desmesurada do sistema nos direitos civis e políticos. Não obstante, essas diferenças não impediram o consenso da Conferência Mundial de Direitos Humanos de Viena, em 1993, cujo documento consagra a interdependência entre todos os direitos e declara que eles devem ser tratados em pé de igualdade. Durante o período da Guerra Fria, a "disputa" entre

9 Introduction, em *The United Nations and Humans Rights: 1945-1995*, p. 43.
10 *Universal Human Rights in Theory and Practice*, p. 33.

os conjuntos de direitos provocou a demora no processo de elaboração de padrões, contribuindo para arrastar as negociações dos dois pactos até meados da década de 1960. Talvez mais importante para os propósitos deste trabalho, o debate serviu como a referência para as acusações mútuas dirigidas pelas respectivas superpotências, que certamente não estariam dispostas a instaurar mecanismos eficazes de monitoramento pela CDH sem ter a certeza de que poderiam dirigi-lo exclusivamente contra o adversário, concentrando sua atenção nas violações do conjunto de direitos em que o outro era mais vulnerável.

De forma paradoxal, as acusações recíprocas podem ter ajudado a propagar a linguagem dos direitos humanos e preparar o terreno para sua supervisão multilateral, conforme sugere Buergenthal:

> Ironicamente, quanto mais cada lado do conflito ideológico e das nações não alinhadas procurava explorar os direitos humanos para suas próprias finalidades políticas e propagandísticas, mais a ideia de um efetivo sistema internacional de proteção dos direitos humanos capturava a imaginação da humanidade[11].

No âmbito de estudo sobre as distorções, a politização e a seletividade da agenda da CDH, Jack Donnelly constatou que da década de 1950 até meados da década de 1960, enquanto os países ocidentais controlaram os trabalhos por serem maioria naquele órgão, os direitos econômicos, sociais e culturais sequer foram matéria de discussão[12]. Isso mudaria apenas a partir de 1965, quando a alteração na composição da Comissão e da própria ONU, com o ingresso de vários países em desenvolvimento recém-independentes, gerou impacto na agenda de discussão. A aliança tática entre o bloco soviético e o Terceiro Mundo, mais do que o propalado compromisso dos países ocidentais com os direitos humanos, foi o verdadeiro motor das mudanças que levariam não apenas à discussão de direitos

---

11 The Normative and Institutional Evolution of International Human Rights, *Human Rights Quarterly*, v. 19, n. 4, p. 703-723, aqui especificamente, p. 712.

12 Human Rights at the United Nations 1955-1985: The Question of Bias, *International Studies Quarterly*, v. 32, n. 3, p. 275-303, aqui especificamente, p. 281.

66 A POLITIZAÇÃO DOS DIREITOS HUMANOS

econômicos e sociais e temas como discriminação, mas também ao estabelecimento dos primeiros mecanismos de monitoramento. De fato, a ONU, que contava 48 membros em sua fundação, chegou a cem integrantes em 1961, dando a esse novo grupo de países em desenvolvimento uma maioria importante que não deixaria de fazer sentir seu peso em distintas questões de seu interesse, inclusive no campo dos direitos humanos.

A oposição entre os dois conjuntos de direitos não chegou a ser superada no período, mas o surgimento do Terceiro Mundo como ator importante nas Nações Unidas constituiu terremoto político de magnitude nada desprezível. Os direitos econômicos, sociais e culturais passaram a frequentar a agenda de debates da CDH e da AGNU, ao passo que os problemas específicos da discriminação racial e do direito à autodeterminação foram alçados à condição de prioridade. Exemplos nesse sentido foram a adoção da Convenção para a Eliminação de Todas as Formas de Discriminação Racial, em 1965, e a incorporação de um artigo comum, o artigo 1º, nos dois pactos de direitos humanos, adotados em 1966, para estabelecer de maneira solene que todos os povos têm direito à autodeterminação, o que lhes garante a faculdade de decidir livremente sobre seu estatuto político e seu desenvolvimento econômico, social e cultural. O começo do fim da "doutrina da impotência" da CDH também se deu em virtude do impulso dos países africanos e asiáticos preocupados com o regime do *apartheid* na África do Sul e a discriminação na África Austral.

PRIMÓRDIOS DO MONITORAMENTO E O RECEBIMENTO DE QUEIXAS SOBRE VIOLAÇÕES DE DIREITOS HUMANOS

Na mesma época em que a ideia do monitoramento começava a dar seus primeiros frutos na área de tratados, com a adoção em 1965 da Convenção sobre o Racismo, voltava-se a debater o que a ONU deveria fazer com as denúncias de violações dos direitos humanos. Para Tom Farer, o chamado "Comitê dos 24" (Comitê Especial relativo à Implementação da Declaração

O INÍCIO DA IMPLEMENTAÇÃO

sobre a Outorga de Independência aos Países e Povos Coloniais)[13] desempenhou papel de catalisador no processo que levou à adoção de mecanismo de processamento confidencial de queixas de violações de direitos humanos e o tratamento público da situação dos direitos humanos em países específicos:

O começo do fim da doutrina da impotência foi sinalizado em 1965 quando o Comitê dos Vinte e Quatro chamou a atenção do ECOSOC para as informações concernentes às violações dos direitos humanos na África Austral submetidas por peticionários ao Comitê. Como se acordassse de um longo sono, o ECOSOC respondeu imediatamente, solicitando que a Comissão de Direitos Humanos considerasse como matéria de importância e urgência a questão da violação dos direitos humanos, inclusive políticas de discriminação racial, segregação e *apartheid* em todos os países, com referência particular aos coloniais e outros países e territórios dependentes, e apresentasse suas recomendações de medidas para fazer cessar essas violações[14].

Em 1947, a CDH havia declarado que não tinha poder para tomar qualquer ação em relação a denúncias de abusos sobre direitos humanos. Em 1965, o ECOSOC recomendou à CDH, em resposta à solicitação do Comitê de Descolonização, que desse atenção urgente à questão das violações de direitos humanos na África austral. Além do Comitê dos 24, as resoluções que passaram a ser adotadas no nível da Assembleia Geral também desempenharam papel importante na reconfiguração do sistema de direitos humanos da ONU. Especialmente relevante foi a adoção, no dia 26 de outubro de 1966, da resolução intitulada "Question on the Violation of Human Rights and Fundamental Freedoms, Including Policies of Racial Discrimination and Segregation and of Apartheid, in All Countries, with Particular Reference to Colonial and Other Dependent Countries and Territories" (A Questão da Violação dos Direitos

13 O Comitê dos 24, assim chamado porque contava com 24 membros (desde 2004 passaram a ser 27), também conhecido como Comitê Especial de Descolonização, foi criado pela Assembleia Geral em 1961 e tem entre suas funções a de examinar a situação política, econômica a social dos "territórios não autônomos" assim definidos pelas Nações Unidas.
14 T. J. Farer, The United Nations: More than Whimper, Less than a Roar, em R. P. Claude; B. H. Weaton, *Human Rights in the World Community*, p. 237.

Humanos e das Liberdades Fundamentais, Inclusive Políticas de Discriminação Racial, Segregação e *Apartheid* em Todos os Países, com Referência Particular aos Coloniais e Outros Países e Territórios Dependentes). Essa resolução, redigida em termos fortes, "reafirma a condenação às violações de direitos humanos em qualquer parte do mundo, especialmente nos territórios dependentes e coloniais, incluindo as políticas de *apartheid* na África do Sul e no território do Sudeste da África e a discriminação racial nas colônias da Rodésia do Sul, Angola, Moçambique, Guiné portuguesa, Cabinda e São Tomé e Príncipe". A resolução, ademais, "convida o ECOSOC e a Comissão de Direitos Humanos a considerar de maneira urgente formas e meios de melhorar a capacidade das Nações Unidas de pôr fim às violações de direitos humanos onde quer que elas ocorram"[15].

Em junho de 1967, o ECOSOC adotou, com base em recomendação da própria Comissão, a resolução 1235 (XLII) autorizando expressamente a CDH e a Subcomissão de Prevenção da Discriminação e Proteção de Minorias a examinar informações relevantes sobre violações graves dos direitos humanos. Essa resolução também endossou a decisão da CDH de incluir um item anual em sua agenda sobre a questão das violações de direitos humanos e liberdades fundamentais, inclusive políticas de discriminação e segregação, e decidiu que a CDH deveria realizar estudo sobre situações que revelassem "padrão consistente" de violações de direitos humanos, "como exemplificado pela política de *apartheid*"[16]. O debate em torno da adoção dessa resolução, porém, revelou o potencial que se abria para que não apenas os temas da discriminação racial, da segregação e do *apartheid* viessem ocupar as atenções da Comissão[17].

15 Resolução A/RES/2144 (XXI), de 26 out. 1966, parágrafos operativos 1 e 12.
16 Resolução E/RES/1235 (XLII), de 6 jun. 1967, parágrafos operativos 1, 2 e 3.
17 Durante as negociações, o Reino Unido (preocupado com o resquício de suas políticas coloniais), as Filipinas e a Tanzânia defenderam que os estudos fossem feitos com o "consentimento dos Estados em questão", fórmula que, embora derrotada, ainda hoje é defendida nos foros de direitos humanos como a suposta panaceia contra a politização e a seletividade. O perigo da referência geral às violações de direitos humanos foi percebido e levou a URSS, com apoio de Estados africanos e asiáticos, a redigir a resolução de modo que o problema da discriminação racial constituísse a prioridade.

O INÍCIO DA IMPLEMENTAÇÃO   69

O potencial da resolução 1235 para o estabelecimento do monitoramento ostensivo de violações de direitos humanos em qualquer parte do mundo não foi aproveitado de imediato. Na prática, contribuiu para a discussão anual na CDH do tema do *apartheid* e da segregação na África austral e, a partir de 1967, da questão das práticas de Israel nos territórios palestinos ocupados. Para além desses dois casos, a resolução 1235 foi encarada como a base para a tramitação confidencial de queixas, cujo estabelecimento representou alívio para os que se preocupavam com a possibilidade de que aquela resolução abrisse as comportas do exame ostensivo de violações maciças de direitos humanos onde quer que viessem a ocorrer. De fato, nos primórdios do sistema de monitoramento, o tratamento ostensivo foi reservado apenas aos dois casos mencionados (África do Sul e Israel), tratados como regimes "párias" na CDH, no contexto da luta contra a segregação e pela afirmação do direito à autodeterminação[18]. Para os demais casos, introduziram-se algumas mudanças significativas no que antes era aquele "cesto de lixo esquecido no canto da sala". O ECOSOC, por intermédio de sua resolução 1503 (XLVIII), de maio de 1970, autorizou a CDH e a Subcomissão a examinarem em reuniões fechadas as comunicações relativas às violações de direitos humanos e liberdades fundamentais.

O procedimento confidencial ou procedimento 1503, como ficou conhecido, autorizou a Subcomissão a nomear um grupo de trabalho (GT) de cinco de seus membros para examinar comunicações e transmitir ao plenário daquele órgão as queixas que, a seu ver, "parecem revelar um padrão consistente de brutais e seguramente comprovadas violações dos direitos humanos e das liberdades fundamentais" ("appear to reveal a consistent pattern of gross and reliably attested violations of human rights and fundamental freedoms"). Já havia uma clara delimitação no escopo do exame ao limitarem-se os casos àqueles que revelassem "padrão consistente" de violações. A Subcomissão então decidiria quais casos deveria transmitir para a CDH, que, por sua vez, foi autorizada a realizar

---

18 Esse padrão de concentrar o tratamento ostensivo na África do Sul e Israel só será rompido com o caso do Chile, em 1975, como será visto na seção seguinte deste capítulo.

estudo aprofundado sobre as situações e fazer recomendações ao ECOSOC ou, alternativamente, nomear um Comitê *ad hoc* de investigação com o consentimento do Estado em questão. Ainda de acordo com a resolução do ECOSOC, todas as ações e o tratamento das queixas deveriam permanecer confidenciais até que a CDH decidisse formular recomendações ao ECOSOC[19]. Esta seria a punição máxima, ou seja, o tratamento público da situação. A subcomissão, por sua vez, adotou resolução, em 1971, especificando critérios de admissibilidade, fontes das comunicações (vítimas, indivíduos ou grupos de indivíduos que disponham de informações sobre violações, ONGs atuando em boa fé), conteúdo das alegações, entre outros aspectos formais relativos à tramitação das queixas[20]. A CDH viria também a criar um GT, em 1974, quando recebeu pela primeira vez comunicações da Subcomissão, para fazer a primeira análise dos casos. O GT da Subcomissão ficou conhecido como GT sobre Comunicações, enquanto o da CDH adquiriu o nome de GT sobre Situações. Até o ano 2000, o GT da CDH transmitia todos os casos recebidos da Subcomissão ao plenário da Comissão, com recomendações sobre o tratamento a ser conferido.

Diferentemente de alguns mecanismos de monitoramento instituídos por tratados que possuem a faculdade de receber e processar petições individuais sobre violações de direitos humanos – como o Comitê de Direitos Humanos, o Comitê contra a Tortura e o Comitê para a Eliminação da Discriminação Racial –, o procedimento confidencial foi concebido para determinar a ocorrência de situações de violações graves dos direitos humanos. O procedimento, portanto, não examina violações isoladas e individuais, mas se ocupa das situações que caracterizam "um padrão consistente [...] de violações [...] flagrantes e seguramente comprovadas dos direitos humanos". Essa característica (ocupar-se de situações em que esteja claro o padrão consistente de violações flagrantes) do procedimento e seu caráter confidencial, aliados a aspectos relativos à tramitação burocrática e extremamente lenta da denúncia em

19 Resolução E/RES/1503 (XLVIII), de 27 maio 1970, parágrafos operativos 1, 5, 6 e 8.

20 Resolução 1 (XXIV) da subcomissão, de 13 ago. 1971, relativa aos procedimentos para a implementação da resolução 1503 (XLVIII) do ECOSOC.

O INÍCIO DA IMPLEMENTAÇÃO 71

diversas fases, retiram parte da eficácia do monitoramento. Uma reforma foi introduzida em 2000, por meio da resolução 2000/3 do ECOSOC[21], com o intuito de simplificar em alguma medida a tramitação, mas não chegou a estabelecer nenhuma revolução no procedimento confidencial, que viu sua importância relativa diminuir à medida que a prática de adoção de resoluções sobre países pelo procedimento ostensivo da resolução 1235 foi-se tornando cada vez mais frequente.

A despeito de seus defeitos, o procedimento 1503 abriu canal importante para constranger moralmente os responsáveis pelas violações mais graves e generalizadas de direitos humanos a mudarem suas práticas. Além disso, teve caráter precursor, ao permitir o exame de petições com base na Carta das Nações Unidas, sem a necessidade de o Estado em questão ser parte de um tratado de direitos humanos[22]. Como será visto mais adiante, ao examinar o novo Conselho de Direitos Humanos, é sintomático que o procedimento confidencial seja considerado um dos pontos sobre os quais menos dúvidas pairam entre todos os mecanismos de monitoramento. A confidencialidade do sistema é certamente seu aspecto mais apreciado pelos potenciais Estados-alvo do monitoramento, que podem com isso proteger-se e forjar alianças que permitam o adiamento da tramitação ou seu encerramento, ação que certamente é muito mais difícil no caso de debate aberto sobre a situação.

21 A descrição em linhas gerais dessa reforma e uma discussão sobre a eficácia e a importância do procedimento confidencial nos dias de hoje são realizadas no capítulo 6 infra, p. 222-235.

22 De acordo com Lindgren Alves, apesar de saudado inicialmente como um grande passo pelos ativistas de direitos humanos, o procedimento confidencial não deixou de gerar frustrações: "Saudada entusiasticamente, ao ser adotada, como uma iniciativa que criava o direito individual de petição às Nações Unidas, a resolução 1503 decepcionou os ativistas mais ardorosos, que passaram a criticá-la por seus procedimentos indevassáveis, sua prática lenta e as considerações e cautelas políticas envolvidas em cada decisão. A partir de 1978 a CDH passou a anunciar em sessão pública os países sobre os quais haja deliberado em sessão fechada, sem indicar, contudo, o conteúdo das deliberações (a não ser que tenha decidido tornar pública a consideração do caso). [....] Embora continue a funcionar, agora geralmente para situações que despertam menos atenções e geram menor mobilização internacionais, o procedimento confidencial tende a tornar-se obsoleto ante a proliferação, posterior a seu estabelecimento, de mecanismos de monitoramento ostensivos", *Os Direitos Humanos como Tema Global*, p. 10 e 11.

A POLITIZAÇÃO DOS DIREITOS HUMANOS

Não obstante, o procedimento 1503 possui a vantagem de assegurar acesso direto ao sistema para vítimas, seus representantes ou organizações que atuam em sua defesa. Na prática, o procedimento confidencial tratou de vários casos de países que não se tornaram objeto de atenção da CDH em procedimento ostensivo, mas relativamente poucos receberam a "punição máxima" e tiveram seu caso transformado em tratamento público. De qualquer forma, de 1973 até 2005, 85 países de todas as regiões, tanto desenvolvidos quanto em desenvolvimento, foram tratados no âmbito do procedimento confidencial[23]. O procedimento possui, portanto, um aspecto pouco seletivo no tratamento de situações, uma vez que estas são levadas ao conhecimento da Subcomissão por indivíduos e grupos de indivíduos provenientes de vários países. O problema estaria na análise dessas queixas, que permitiria aos Estados acusados, sobretudo os mais poderosos, livrarem-se facilmente de qualquer constrangimento[24].

De fato, a primeira "punição máxima" de que se tem notícia no âmbito do procedimento confidencial foi a decisão da CDH, em 1979, de tratar a questão da Guiné Equatorial no procedimento ostensivo, em razão da recusa desse país em cooperar e dialogar com a Comissão. A mudança de regime, com a queda do ditador Macias Nguema naquele mesmo ano, contudo, levou a CDH a colocar, em 1980, o caso da Guiné Equatorial na esfera da "assistência técnica", retirando em grande parte a "condenação moral" que significou passar o país para o tratamento ostensivo. Em 1978, quando teve início a prática de divulgar os nomes dos países tratados no procedimento confidencial, ficou mais claro que havia um problema de seletividade nas decisões tomadas, uma vez que regimes que eram notórios violadores dos direitos humanos não necessariamente tinham seu caso revertido para o tratamento ostensivo,

---

23 A lista completa se encontra disponível no sítio na Internet do Alto Comissariado das Nações Unidas para os Direitos Humanos em: <http://www.ohchr.org/english/bodies/chr/stat1.htm>.

24 A manipulação política acontecia sobretudo na análise feita no nível da própria Comissão pelos Estados membros. Embora o exame prévio por peritos seja, em regra, menos politizado, tampouco está completamente livre de interferências indevidas, tais como pressões políticas dos Estados de origem dos peritos.

O INÍCIO DA IMPLEMENTAÇÃO   73

enquanto outros com "credenciais" semelhantes, talvez por terem menor capacidade de articulação, foram examinados diretamente em procedimento público. Assim, situações tão ou
mais graves quanto a da Guiné Equatorial foram tratadas no
âmbito do procedimento confidencial no mesmo período –
é o caso de Uganda ou do Uruguai, por exemplo – sem que os
países em questão fossem "contemplados" com decisão desfavorável a seus interesses. Outros que tiveram seu tratamento
transformado em público, com diferentes graus de "condenação" ou "preocupação" manifestados pela CDH, foram Albânia, em 1989, Haiti, em 1990, Sudão e Zaire, em 1993, e Serra
Leoa, em 1999. Todos têm em comum reduzida capacidade
de articulação internacional, além, é claro, de apresentarem
problemas sérios de violações de direitos humanos, mas certamente não eram os únicos com situações no mínimo preocupantes examinadas no procedimento confidencial no mesmo
período.

A CDH E AS PRIMEIRAS RESOLUÇÕES SOBRE PAÍSES: LIMITES E ALCANCES DA CONDENAÇÃO MORAL POR VIOLAÇÕES DOS DIREITOS HUMANOS

Conforme registra Lindgren Alves, o primeiro instrumento
ostensivo de monitoramento criado pela CDH, com base na
resolução 1235 do ECOSOC, foi o "Grupo Especial de Peritos"
sobre a situação dos direitos humanos na África austral, em
1967. O grupo, integrado por cinco e depois seis membros, foi
inicialmente encarregado de investigar os maus tratos a prisioneiros na África do Sul, mas teve seu mandato ampliado
para cobrir também a Namíbia, a Rodésia do Sul e as colônias
portuguesas da África. Em 1969, um segundo Grupo de Peritos, integrado pelos mesmos especialistas do grupo relativo à
África austral, foi criado para investigar as violações por Israel
da Convenção de Genebra de 1949 sobre o tratamento de civis
em tempo de guerra nos territórios ocupados em 1967[25]. De
qualquer forma, a resolução 1235 continuava sendo percebida

25 *Os Direitos Humanos como Tema Global*, p. 12.

74 A POLITIZAÇÃO DOS DIREITOS HUMANOS

como instrumento para condenar as práticas do *apartheid* e as violações ao direito à autodeterminação do povo palestino. Deve-se lembrar, ademais, que as ações da CDH foram em geral reativas, responderam às resoluções sobre a África do Sul e os territórios ocupados por Israel adotadas pela Assembleia Geral. Não foi diferente em relação ao golpe no Chile, que também mereceu resoluções da Assembleia Geral[26]. A inovação da CDH, em 1975, consistiu em utilizar a resolução 1235 do ECOSOC como base para uma resolução sobre situação que não se referia à questão da discriminação racial, do colonialismo ou da ocupação estrangeira.

De acordo com o ex-secretário-geral Boutros-Ghali:

O primeiro caso examinado foi o do Chile logo após à violenta derrubada, em setembro de 1973, do governo constitucional do presidente Salvador Allende. A repulsa sentida pelas pessoas ao redor do mundo aos métodos usados durante este atribulado período (assassinatos em larga escala, desaparecimentos forçados e tortura) levou a Comissão, seguindo a recomendação da Subcomissão, a constituir um grupo de trabalho para investigar a situação. Em 1978, o grupo de trabalho foi substituído por um relator especial. O mandato do relator especial durou até 1990 e só foi concluído pela Comissão quando um governo constitucional foi democraticamente eleito[27].

Embora o repúdio às práticas autoritárias e aos abusos de direitos humanos no Chile perpassasse todos os grupos regionais, a decisão dos países não alinhados de "punir" o regime de direita que havia recebido o apoio dos EUA foi fundamental. Não menos importante foi o apoio soviético a essa resolução, ainda que vários países ocidentais e inclusive latino-americanos, como o México, tenham-se somado à iniciativa. O caso do Chile é geralmente considerado exemplo de monitoramento que, embora tenha sua raiz em considerações políticas, abriu caminho para ampliar a capacidade da comunidade internacional

---

26 Resolução A/RES/3219 (XXIX), de 6 nov. 1974, expressou "profunda preocupação" com as violações de direitos humanos no Chile e reiterou seu "repúdio a todas as formas de tortura e outros tratamentos ou punições cruéis, desumanos ou degradantes".
27 Introduction, op. cit., p. 66.

O INÍCIO DA IMPLEMENTAÇÃO   75

de singularizar situações graves em qualquer parte do mundo e em diferentes contextos. A CDH levaria alguns anos para usar o precedente do Chile com vistas a instituir a supervisão de outros países cujas situações, caracterizadas por violações sistemáticas de direitos humanos, não derivavam de regime formal de segregação racial, do desrespeito à autodeterminação ou da ocupação estrangeira, mas eram produtos de práticas internas regulares de regimes autoritários. Até 1984, foram criados relatores especiais ou equivalentes (enviados especiais, peritos independentes etc.) para vários outros países: Bolívia (1981), El Salvador (1981), Guatemala (1982), Polônia (1982), Irã (1984) e Afeganistão (1984). A tendência de nomeação de relatores voltou a se fortalecer depois de 1989, com o fim da Guerra Fria.

Nas negociações no âmbito da CDH, sabe-se que uma resolução sobre país específico adotada sob o item da agenda relativa às "violações de direitos humanos em qualquer parte do mundo", cuja introdução na ordem do dia da Comissão foi uma das recomendações endossadas pela resolução 1235 do ECOSOC, é mais incisiva do que as que são adotadas sob o item referente à assistência técnica. Para muitos países, ter sua situação transferida do item sobre violações para o de assistência significa reconhecimento da melhora das condições no terreno e da disposição do governo de colaborar com os mecanismos da CDH. Nem todas as resoluções sobre violações de direitos humanos, porém, criam mandatos de relatores, embora do ponto de vista da lógica do sistema, se um país merece ser objeto de resolução específica, não haveria por que não criar esse mecanismo, que tem por objetivo recolher informações de fontes dotadas de credibilidade, realizar investigação *in loco* e preparar um informe com análise da situação e recomendações dirigidas ao Estado sob exame e à própria CDH. A decisão de não nomear relator pode ser considerada condenação mais branda, uma vez que não institui o que se considera mecanismo "intrusivo", cujo relatório será examinado necessariamente em uma futura sessão da Comissão.

A seletividade e a politização nunca deixaram de influir sobre os trabalhos da CDH. As violações de direitos humanos não constituem apanágio de poucos países, mas são antes problema que se manifesta, ainda que de forma variada, em todos os quadrantes do mundo. Por essa razão, o grau de seletividade será tanto mais evidente quanto menor for a lista de países monitorados. Essa sensação de desequilíbrio não existiria se houvesse percepção generalizada de que os poucos casos escolhidos representam realmente os mais graves. Na existência de casos semelhantes ou reconhecidamente mais preocupantes que permanecem fora do raio de ação da CDH, abre-se a possibilidade de uma contestação fundamentada em relação à justiça e à autoridade do sistema de monitoramento. A concentração inicial na África do Sul, Israel e Chile não gerou maior contestação porque, além desses países apresentarem situações particularmente graves de violações, não se sabia ao certo a que destino levaria o caminho da ampliação da esfera e do escopo do monitoramento para outros países e regiões. O receio de que essa opção representasse uma "caixa de Pandora", liberando forças incontroláveis que acabariam por se voltar contra os proponentes de novas resoluções, teria levado a certa autocontenção e contribuído para coibir a ampliação do monitoramento nesse período inicial em que a Guerra Fria e o conflito Norte-Sul eram referência obrigatória para explicar o comportamento dos Estados.

De 1979 até 1989, a CDH praticamente poupou países africanos do constrangimento de resoluções condenatórias (a exceção foi a África do Sul; as resoluções sobre Uganda e sobre a República Centroafricana, em 1981, foram adotadas depois da derrubada dos regimes de Idi Amin e Bokassa, enquanto países com problemas graves como Zaire e Etiópia sequer chegaram a ser mencionados). Nenhum país árabe foi incluído na lista de resoluções adotadas no período. Além disso, apesar de algumas resoluções sobre determinados países asiáticos terem sido adotadas (Afeganistão, Irã, Camboja, autodeterminação em Timor Leste), vários casos notórios de situações de violações sistemáticas na região ficaram de fora, tais como Vietnã, as duas Coreias e as Filipinas. Na esfera soviética, a exceção foi a Polônia, objeto de resoluções em 1982 e 1983, mas outros países da mesma órbita, com situações no mínimo igualmente graves, não figuraram na lista de resoluções da CDH no período. Na América Latina, as resoluções sobre Bolívia, El Salvador,

O INÍCIO DA IMPLEMENTAÇÃO   77

Guatemala, a Nicarágua de Somoza e o Chile de Pinochet contrastaram com a ausência da Argentina, do Paraguai e do Uruguai, dotados de regimes que promoveram atrocidades em escala semelhante, senão ainda maior, do que vários dos países monitorados. Também o Brasil conseguiu encerrar, em 1976, o tratamento de sua situação no âmbito do procedimento confidencial por meio de aliança inusitada com a Iugoslávia e o Uruguai[28].

No início da década de 1980, a decisão de criar o primeiro mecanismo temático de monitoramento abriria nova vertente que continha o potencial para elaboração de análises mais equilibradas e isentas das situações de direitos humanos em todo o mundo. No âmbito do procedimento público, além do exame de situações de países, a Comissão passou a dar atenção também aos chamados mandatos "temáticos", ou seja, a criação de mecanismos para examinar tipos específicos de violações dos direitos humanos em todos os países. O primeiro mandato temático foi o conferido ao grupo de trabalho da CDH sobre desaparecimentos forçados ou involuntários, criado em 1980. Em 1982, a Comissão criou a figura do relator especial sobre execuções sumárias ou arbitrárias e, em 1985, o relator especial sobre tortura. A tendência de criação de mecanismos desse tipo intensificou-se desde então, resultando numa malha intrincada de procedimentos especiais para lidar com vários tipos de violações de direitos humanos, tais como intolerância religiosa, prostituição e pornografia infantis, prisões ilegais, pessoas deslocadas internamente, atentados à liberdade de expressão e opinião, racismo e xenofobia, parcialidade do judiciário, violência contra a mulher, entre outros.

O GT sobre desaparecimentos forçados surgiu como reação a problema que não encontrou resposta adequada por meio de resoluções sobre países. Alguns Estados com passivo na matéria, como a Argentina, o Uruguai e o Brasil, passaram a receber indagações e cobranças desse grupo. Os procedimentos temáticos de monitoramento são geralmente apontados como menos seletivos e politizados em função de um mandato que não se restringe a um país específico, mas se estende por todo

---

28 Esse episódio voltará a ser lembrado, ao se comentar o perfil de atuação do Brasil na CDH. Ver infra, p. 169.

o globo. Esses mecanismos acabam tendo que fazer escolhas e determinar prioridades. A prática tem demonstrado, porém, que tomam o cuidado de investigar não apenas países fracos e em desenvolvimento, mas incluem também nos informes e nas suas visitas de investigação países poderosos e desenvolvidos. As questões da discriminação racial na Alemanha e na França, do tratamento de menores infratores e da aplicação da pena de morte nos EUA, por exemplo, foram objeto de críticas ácidas de relatores temáticos. Países democráticos com problemas sérios de tortura e execuções extrajudiciais, como tem sido o caso, infelizmente, do Brasil, também são objeto de atenção dos mecanismos temáticos.

Os informes produzidos pelos mecanismos temáticos são importante contribuição para a discussão de problemas graves de direitos humanos em diversas partes do mundo, mas seu impacto e sua visibilidade, tanto dentro quanto fora das Nações Unidas, são ainda muito menores do que o gerado pelas resoluções sobre países. Os informes críticos em relação a países visitados ou monitorados *motu proprio* pelos mecanismos temáticos podem ganhar alguma mídia e, eventualmente, geram protestos na CDH, mas são considerados mais "suportáveis" do que as resoluções sobre países, que possuem um sentido de "condenação moral" pela comunidade de Estados. É esse elemento que se encontra ausente dos informes temáticos. Os mecanismos temáticos são particularmente úteis se existir diálogo franco com governos dispostos a cooperar, de modo que a crítica não seja vista como nociva ao Estado e sim como contribuição valorizada para enfrentar problemas e superar obstáculos. Se, entretanto, as violações identificadas são parte de uma política deliberada, dificilmente a cooperação poderá estabelecer-se e os informes tendem a ser ignorados ou rejeitados *in limine* pelos Estados criticados.

Apesar da seletividade e da politização durante o período da Guerra Fria, tanto no procedimento confidencial quanto na adoção de resoluções com base na resolução 1235 do ECOSOC, não resta dúvida de que, ao se fazer um balanço desse período, os precedentes da África do Sul, de Israel e do Chile, logo ampliados para outros países na década de 1980, especialmente latino-americanos, tiveram efeito em geral positivo. Certamente não mudaram a realidade de um dia para o outro, nem produziram o milagre de alterar as práticas dos regimes em questão pela simples enunciação das atrocidades que se lhes imputava. Não obstante, deram visibilidade internacional à luta pela democracia, pela igualdade e pela dignidade que se travava no interior desses mesmos países e talvez tenham servido para conter em certa medida outros regimes autoritários temerosos de sofrer condenação semelhante. Embora tenham sido seletivos, no sentido de que outros países com situações igualmente graves ficaram de fora, serviram de estímulo para os defensores dos direitos humanos e das liberdades fundamentais não apenas no interior dos países singularizados, mas também em outras partes do mundo. E isso foi muito importante, inclusive no Brasil. A preocupação de evitar, a qualquer custo, condenação dessa natureza demonstra que os Estados não eram nada indiferentes às resoluções críticas e aos mecanismos de monitoramento por elas instituídos.

O resultado concreto e a eficácia dessas resoluções, contudo, depende dos diferentes contextos nacionais e da inserção regional e internacional (leia-se "capacidade de articulação") dos países "condenados" e do processo que leva à adoção da resolução (a interferência evidente de interesse político em admoestar adversários retira credibilidade, ao passo que a utilização de fontes mais objetivas, inclusive de relatores temáticos e de fontes autorizadas dentro e fora do país, tende a fortalecer sua autoridade). Em seu estudo sobre o Chile de Pinochet, que engloba não somente as resoluções da CDH, mas todas as pressões internacionais, Darren Hawkins chegou às seguintes conclusões:

pressões internacionais sobre o Chile autoritário dos anos de 1970 contribuíram para mudanças limitadas, mas importantes, no discurso do regime, nas instituições políticas e no equilíbrio de poder entre as facções do regime. As pressões levaram a mudanças sobretudo porque facções moderadas do regime as encaravam como um problema e faziam uso delas para persuadir o presidente Augusto Pinochet a tomar um rumo diferente. No curto prazo, essas mudanças resultaram em melhora marginal, mas salutar, da situação dos direitos humanos no Chile; especialmente no declínio no número de mortes e desaparecimentos[29].

É difícil avaliar o impacto que as resoluções da CDH e a manutenção da questão do *apartheid* na agenda tiveram sobre o regime segregacionista sul-africano. Na verdade, a África do Sul foi objeto de sanções, tanto bilaterais quanto as determinadas pelo Conselho de Segurança, tornou-se um regime pária e constituiu unanimidade negativa. As pressões externas pela mudança, portanto, foram muito além de resoluções da CDH, mas o monitoramento da situação por intermédio do sistema de direitos humanos da ONU contribuiu para emprestar ao *apartheid* caráter ainda mais inaceitável e repugnante. A condenação ao *apartheid* representou a aplicação de um dos pilares da Declaração Universal dos Direitos Humanos, que consagra a igualdade e proscreve a discriminação racial. Nesse contexto, o regime da África do Sul parecia ainda mais odioso, ao colocar-se contra os padrões mínimos universalmente aceitos para a defesa da dignidade humana. A qualificação do *apartheid* como violação sistemática dos direitos humanos, ainda que não tenha sido o único fator importante na luta contra aquele regime, serviu para reafirmar a universalidade dos direitos humanos, mesmo contra os que invocam a soberania como escudo contra a supervisão internacional.

O tema das violações de Israel nos territórios ocupados é certamente mais complexo e continua na agenda até os dias de hoje. A natureza do conflito no Oriente Médio talvez limite o efeito das condenações sistemáticas de Israel e do trabalho dos peritos criados para avaliar a situação. Os mecanismos de direitos humanos não são a panaceia que pode curar sozinha todos os males dos abusos a esses direitos. Na ausência de conjunção de fatores políticos e confluência de forças que atuem no mesmo sentido, as condenações por resoluções da CDH ou da Assembleia Geral perdem parte de seu efeito de constrangimento, porque se diluem em meio ao caldo da cultura da violência, da polarização e da intransigência que

---

29 Domestic Responses to International Pressure: Human Rights in Authorita rian Chile, *European Journal of International Relations*, v. 3, n. 4, 1997, p. 403-434, aqui especificamente, p. 404

O INÍCIO DA IMPLEMENTAÇÃO   81

alimenta conflitos dessa complexidade. Nesse sentido, as resoluções sobre Israel, que continuam se justificando em função das atrocidades cometidas regularmente pelo exército de ocupação, têm efeito menos perceptível na mudança das práticas abusivas. Diante de ações intoleráveis, no entanto, a comunidade internacional certamente não possui alternativa senão condená-las, mas sem deixar de manter preocupação com o equilíbrio e a necessidade de condenar igualmente eventuais excessos do outro lado no conflito.

De modo geral, as resoluções adotadas sobre a América Latina na década de 1980, ainda que com a ausência notável de alguns regimes particularmente nefastos, contribuíram para o fortalecimento das forças democráticas que lutaram pela superação do autoritarismo. Isso vale inclusive para países que conseguiram escapar do exame público de sua situação. O Uruguai, logo após a democratização do país, tomou decisão de grande valor simbólico, que demonstra a importância que o novo governo e a sociedade civil uruguaios atribuíam ao sistema de direitos humanos da ONU em seu esforço de monitorar o regime militar. Em 1985, por solicitação da delegação uruguaia, a CDH decidiu tornar pública toda a documentação relativa aos sete anos em que o Uruguai figurou no procedimento confidencial[30]. Com essa solicitação, o Uruguai demonstrou valorizar a supervisão internacional e seu trabalho, ainda que a tramitação das queixas não tenha resultado em tratamento público durante o período de exceção.

Em suma, apesar da seletividade, da politização, dos limites impostos pela complexidade de determinadas situações e das dificuldades derivadas do conflito Leste-Oeste, as resoluções sobre países, nos primórdios do sistema de monitoramento da ONU, foram em geral úteis para o avanço da causa dos direitos humanos. Em grande medida, o balanço positivo deve-se não somente à percepção majoritária de que os regimes visados por essas resoluções eram notórios violadores dos direitos humanos e merecedores, portanto, da condenação moral por parte da comunidade internacional, mas também à convicção, não menos generalizada, de que a politização e

---

30 Trata-se da decisão 1985/107, adotada em 8 de março de 1985, vide relatório da CDH no documento E/CN.4/1985/66, p. 7.

82   A POLITIZAÇÃO DOS DIREITOS HUMANOS

a seletividade, embora necessariamente presentes, não atingiram grau que comprometesse o sistema, inclusive porque se esperava que a evolução e o fortalecimento dos mecanismos de monitoramento pudessem corrigir eventuais falhas, lacunas e desequilíbrios.

* * *

A Carta da ONU e a Declaração Universal dos Direitos Humanos representaram virada histórica sem a qual não seria possível aos órgãos das Nações Unidas desenvolverem novos instrumentos internacionais com obrigações concretas e juridicamente vinculantes e estabelecerem mecanismos não convencionais de monitoramento. Esse movimento, que vai da adoção dos primeiros documentos universais de direitos humanos até a adoção dos primeiros tratados sobre a matéria e do procedimento 1503, levou cerca de vinte anos. A demora em dar o passo que havia sido cogitado durante as negociações da Declaração Universal somente não foi maior porque se sabia que os tratados de direitos humanos criariam obrigações apenas para os Estados que os ratificassem. Quanto ao procedimento da resolução 1503, a garantia da confidencialidade no tratamento da questão removeu o obstáculo para sua aceitação. Além disso, o objetivo de examinar apenas os casos de violações generalizadas e sistemáticas dos direitos humanos impunha aos denunciantes o ônus de provar que o abuso alegado não constituía caso isolado, mas sinal de um padrão consistente de violações. Apenas com a adoção da primeira decisão sobre o Chile, com base na resolução 1235 do ECOSOC, inaugurou-se a possibilidade de tratamento ostensivo de situações em países para além dos problemas específicos de segregação, colonialismo e ocupação estrangeira.

É lugar-comum admitir que a Guerra Fria tornava qualquer discussão sobre direitos humanos um palco para o conflito ideológico. O fim da Guerra Fria, simbolizado pela queda do Muro de Berlim em 1989, não eliminou automaticamente os problemas, mas certamente favoreceu em alguma medida o incremento das atividades de supervisão dos mecanismos internacionais de proteção e promoção dos direitos humanos

O INÍCIO DA IMPLEMENTAÇÃO   83

e teria levado, ao menos inicialmente, à expectativa de maior disposição para a cooperação e o diálogo por parte de muitos países que se liberaram da camisa-de-força ideológica do conflito Leste-Oeste. Como será visto no próximo capítulo, o incremento de resoluções sobre países não representou resposta a critérios acordados no âmbito multilateral, mas obedeceu a iniciativas individuais, o que explicaria em parte a percepção de aumento da politização. Do início do monitoramento de países por meio do procedimento confidencial em 1970 até o final da década de 1980, houve conexão mais evidente entre a tramitação de queixas pelo procedimento 1503 e o tratamento ostensivo das situações. Boa parte dos países que foram objeto de resolução nesse período teve sua situação examinada no âmbito do procedimento confidencial, como o caso inicial da Guiné Equatorial (1979) e, posteriormente, os de países como Camboja (1979), Bolívia (1981), El Salvador (1981), Guatemala (1981), Afeganistão (1984) e Albânia (1988). A adoção de resoluções diretamente em procedimento ostensivo sob a resolução 1235, sem relação direta com a tramitação no procedimento confidencial, tornou-se, a partir da década de 1980, tendência mais clara, aumentando a sensação de arbitrariedade nas condenações contra os países escolhidos[31].

Os vinte anos de quase paralisia desde a adoção da Declaração Universal são geralmente associados ao clima tenso entre as duas superpotências da época e ao auge da Guerra Fria, com suas repercussões internas em muitos países. As dificuldades não derivaram apenas da polarização ideológica, ainda que essa tenha sido elemento crucial para retardar a tomada de decisões concretas sobre o monitoramento dos direitos humanos. Na verdade, como as decisões dependiam de negociações complicadas, não era fácil encontrar países dispostos a arcar com o ônus de liderar o processo. As negociações exigem gestões, esforço de persuasão e a percepção de que todos têm algo a ganhar (ou pelo menos podem minimizar eventuais

---

31 Não se trata de um fenômeno que se possa atribuir exclusivamente ao aumento da politização, mas se deve também à lentidão e à percebida ineficácia do procedimento confidencial, considerado incapaz de lidar com os casos graves de maneira célere e urgente. De qualquer forma, a expectativa de menor politização foi em grande parte frustrada no período pós-Guerra Fria.

perdas se participarem das discussões). Os Estados são entidades contraditórias, expressam condensação complexa de relações de força, mas aparecem no cenário internacional com se fossem atores racionais e não problemáticos. Com efeito, as contradições se escondem por trás da "mágica" jurídica de que o Executivo é que representa o Estado, quando na verdade, pelo menos em contextos democráticos, a tomada interna de decisões depende do jogo instável e cambiante entre os atores políticos e sociais (e a questão pode ser ainda agravada em estados federais como o Brasil ou os EUA).

O movimento em prol de um papel mais ativo para a ONU no campo dos direitos humanos foi em grande parte impulsionado pelos movimentos sociais em vários países. Como ressaltado na introdução deste trabalho, os Estados responderam não apenas a cálculos políticos das camadas dirigentes, mas também à mobilização contra a opressão e o autoritarismo no seio da sociedade civil, dentro de seus países ou em relação a outros países e regiões. O papel mais importante que se procurou conferir à ONU era mais do que mero resultado de uma "razão instrumental", que via nos direitos humanos uma arma da luta política e ideológica contra o comunismo. Havia também outro vetor, talvez mais libertário, que se expressava nas revoltas estudantis na década de 1960, da luta por direitos civis nos EUA, do início da articulação contra os regimes ditatoriais na América Latina, tudo isso maximizado pelo desenvolvimento da mídia e a velocidade e o alcance das comunicações, que fizeram presentes nos lares não apenas as cenas antes distantes da guerra, mas as notícias negativas sobre o mundo em geral. Nesse sentido, muitos dirigentes, mesmo contrariados, não tiveram alternativa senão favorecer o estabelecimento de mecanismos de monitoramento dos direitos humanos pela ONU. Essas forças e o surgimento de ONGs internacionais de direitos humanos, com destaque para a Anistia Internacional, fundada em 1961, certamente tiveram impacto no aumento das atividades de proteção dos direitos humanos.

As dificuldades iniciais para que as atividades de monitoramento fossem postas em marcha também derivaram da ausência de instâncias formadas por peritos independentes para tratar dos direitos humanos. Salvo a Subcomissão de Prevenção

O INÍCIO DA IMPLEMENTAÇÃO 85

da Discriminação e Proteção das Minorias, que sempre foi composta de peritos eleitos em sua capacidade pessoal, não havia mecanismos independentes. O primeiro mecanismo dotado de mais autonomia foi o relator especial sobre o Chile de Pinochet. Quando esse tipo de mecanismo descolado do controle governamental direto é criado, uma nova janela de oportunidades se abre. Por não receberem instruções dos respectivos governos, os peritos independentes estão mais bem situados para trazer à consideração de órgãos intergovernamentais assuntos que os Estados não estariam em condições ou não teriam interesse em suscitar. Gera-se, dessa forma, dinâmica nova, que escapa ao estrito controle dos governos, ampliando o horizonte de atividades de monitoramento. É claro que os governos têm papel fundamental e mantêm capacidade de iniciativa, mas o trabalho de relatores especiais parece demonstrar que a politização excessiva do sistema não precisa ser obrigatória, mas seria antes resultado, dentre outros possíveis, de escolhas que dependeriam tanto da conjuntura internacional quanto da correlação de forças internas aos Estados membros da ONU. O fim da Guerra Fria inauguraria uma fase inicial de otimismo, que se provou desmesurado, mas que à época se nutria da ideia plausível de que a superação do conflito ideológico facilitaria a prevalência do multilateralismo e da preocupação com o estabelecimento de padrões mais objetivos para as condenações morais contidas em resoluções sobre direitos humanos em países.

No período analisado, relativo aos primórdios das atividades de monitoramento, ainda não estava claro, contudo, que rumo tomaria o sistema; se sua inclinação seria no sentido de abrir-se à concepção mais libertária dos direitos humanos, ancorada nas forças e movimentos sociais que lutavam, em distintos contextos, contra o autoritarismo e a exclusão social; se a tendência seria a de privilegiar o uso instrumental das condenações por meio de resoluções que respondessem mais aos interesses políticos e estratégicos do que à real preocupação com os direitos humanos; ou se apresentaria característica híbrida, alternando resoluções claramente "politizadas" com decisões mais objetivas e isentas. Outra questão importante consiste não apenas em determinar se os países visados por resoluções realmente mereciam a "punição", mas também em encontrar justificativa para a ausência, no rol dos condenados, de países que eram violadores contumazes dos direitos humanos. Ainda que a politização não se manifeste no conteúdo da resolução sobre determinado país, na hipótese de que as evidências objetivas aconselhassem sua adoção, resta aberta a questão da politização pela exclusão de outros casos semelhantes ou mais graves da lista dos países monitorados. A sensação de injustiça que deriva dessa seletividade, mesmo que se admita que os países-alvo são merecedores do monitoramento, é fonte de perda de autoridade e pode comprometer o funcionamento do sistema.

Jack Donnelly traça comparação interessante entre o problema da seletividade no sistema da monitoramento da ONU e o sistema de justiça penal de um Estado que voltaria sua sanha punitiva contra os criminosos em função de suas características pessoais, como raça, etnia, renda, entre outros:

se os réus são selecionados por causa de algum fator essencialmente não conectado com seus crimes – e.g., raça, religião, opiniões políticas, histórico familiar, associação pessoal ou pobreza, não temos um sistema legal ineficiente, mas denegação de justiça, mesmo se apenas pessoas culpadas forem processadas. Isto está bem próximo da situação das Nações Unidas hoje[32].

Em outras palavras, a injustiça não se dá apenas se a punição é reservada ao ladrão de galinhas e passa ao largo dos crimes de colarinho branco. Ela será tão ou mais grave se o homicida pobre e discriminado for colocado atrás das grades por longo período enquanto o rico, poderoso e bem situado, apesar de ter cometido o mesmo crime, conseguir safar-se das malhas da justiça ou lograr tratamento mais brando. É claro que essa comparação serve apenas para uma aproximação didática do problema, mas a analogia não deixa de iluminar um aspecto importante do sistema de direitos humanos da ONU: o de saber se será possível dissociar a seleção dos países que devem ser monitorados das características que não se relacionam

---

32 Human Rights at the United Nations 1955-1985: The Question of Bias, op. cit., p. 296.

com a situação dos direitos humanos, tais como capacidade de articulação internacional, poder econômico e militar, interesse estratégico como aliado ou adversário, papel desempenhado no comércio internacional, entre outros fatores. Trata-se de questão que se tornou ainda mais premente com o fim da Guerra Fria e a proliferação de resoluções sobre países. É provavelmente a questão que expressa o principal desafio que o novo Conselho de Direitos Humanos terá de enfrentar para realizar uma síntese superadora dos trabalhos da CDH.

3. Do Otimismo à Decepção

os direitos humanos no pós-Guerra Fria

O período que vai das primeiras decisões da CDH no sentido de criar instrumentos de monitoramento e supervisão da implementação dos direitos humanos pelos diferentes Estados até o final da Guerra Fria, nos últimos anos da década de 1980 e início da década seguinte, apresentou balanço híbrido. Embora a doutrina da impotência, que impedia a CDH e a ONU em geral de analisar a fundo e tomar ações sobre situações de direitos humanos em países, tivesse sido superada, era evidente o mal-estar em torno de resoluções que impunham condenações morais apenas aos que constituíam unanimidade negativa para os países do Terceiro Mundo e àqueles cuja fragilidade ou relativa desimportância estratégica no conflito Leste-Oeste não lhes permitia mobilizar apoios nos grupos regionais ou nos respectivos blocos ideologicamente opostos. A condenação moral por intermédio de resoluções do sistema de direitos humanos, portanto, era reservada seja aos regimes tidos como "párias", seja aos que não tiveram força ou competência suficiente para tecer redes de apoio diplomático e impedir decisão desfavorável a seus interesses.

Ainda que essa constatação seja verdadeira para a maioria dos casos, não há como negar que os países condenados apresentaram problemas sérios de violações sistemáticas de direitos humanos. Tampouco é possível ignorar o fato de que muitos países foram condenados, como é o caso dos latino--americanos, com apoio ativo de países da região e que nem sempre a suposta afinidade com os EUA na oposição ao que representava a URSS foi determinante para a posição assumida por países da América Latina nos foros de direitos humanos. Mais importante, a criação, pelos próprios Estados, de mecanismos dotados de autonomia, como é o caso dos procedimentos da CDH temáticos ou relativos a países, gerou dinâmica não totalmente controlada pelos Estados. Os grupos de trabalho, relatores e peritos independentes têm sido capazes de produzir informes e recomendações que não são totalmente do agrado dos países que em tese apoiam o seu mandato. Para dar um exemplo contemporâneo, quando um relator sobre os direitos humanos em Cuba condena o embargo imposto pelos EUA, certamente não age dentro dos cânones da diplomacia norte-americana e se afasta claramente dos objetivos que o Departamento de Estado vislumbrava quando obteve a aprovação da primeira resolução sobre a ilha na CDH, em 1990.

A complexidade da análise do sistema de direitos humanos e da prática da adoção de resoluções sobre países reside precisamente na constatação de que os desígnios das grandes potências e os interesses formados em torno de blocos de Estados, embora tenham influência clara na escolha das situações incluídas na lista de monitoramento (ou na sua exclusão dessa mesma lista), não constituem o único fator importante e, ainda que possam determinar escolhas iniciais, dificilmente exercerão influência determinante em todas as fases do processo que desencadeiam. Esse caráter ambíguo do sistema, manipulado em alguma medida pelos interesses políticos de diferentes Estados e, ao mesmo tempo, capaz de produzir pressão salutar para proteger vítimas de abusos em vários países, é o que torna temerário qualquer juízo de valor peremptório ou definitivo sobre sua contribuição à causa dos direitos humanos. Se os casos históricos do *apartheid*, de Israel, do Chile e, posteriormente, de vários países latino-americanos, ajudaram as forças políticas e os movimentos sociais que nesses países lutavam contra injustiças e abusos, o caso de Cuba, em função de seu contexto politicamente carregado, revelou um sistema passível de ser instrumentalizado por interesses particulares e incapaz de produzir mudanças que alterassem a equação dos direitos humanos na ilha.

O ocaso do conflito Leste-Oeste, embora não tenha eliminado as divergências nos foros de direitos humanos, gerou otimismo inicial quanto à possibilidade de corrigir as falhas do sistema no tocante à seletividade. A presunção era a de que, findo o conflito ideológico, o sistema de direitos humanos operaria com menos constrangimentos e poderia pautar suas decisões mais pelo objetivo de avançar o respeito a esses direitos no mundo do que pelos critérios políticos de lealdade ideológica e importância estratégica. A politização e a seletividade, que não haviam impedido o exame de situações realmente graves, constituíam defeitos que poderiam ser corrigidos em um ambiente internacional menos conflitivo e aberto à cooperação e à convergência. A decisão de convocar a Conferência Mundial de Direitos Humanos, tomada no início da década de 1990, foi em parte produto desse otimismo, que se revelaria, contudo, exagerado diante dos novos conflitos que não tardaram em eclodir. O sistema reproduziu o defeito de novas decisões politizadas e seletivas e perpetuou a ambiguidade acima referida, dando margem a ataques contra sua legitimidade e autoridade. Essa conjuntura se agravaria ainda mais a partir dos ataques terroristas nos EUA no dia 11 de setembro de 2001. O resultado desse processo de deterioração da autoridade da CDH levaria à conclusão, surpreendentemente consensual, de que a única solução seria sua extinção e a criação do novo Conselho de Direitos Humanos com a missão de evitar os erros do passado e abrir novo horizonte para a proteção e a promoção internacionais dos direitos humanos.

Este capítulo fornecerá visão geral da conjuntura no período que vai do final da Guerra Fria até a criação do novo Conselho de Direitos Humanos. Analisará o contexto da implementação dos direitos humanos no período pós-Guerra Fria, descrevendo a passagem do relativo otimismo inicial à decepção praticamente generalizada quanto à possibilidade de que o sistema da ONU pudesse ter impacto real na melhora da situação dos direitos humanos nos diferentes países. O capítulo também buscará apontar como a disputa conceitual acerca dos direitos civis e políticos e dos direitos econômicos, sociais e culturais, sem ser abandonada, é acrescida de uma disputa acirrada entre os defensores da noção de universalidade dos direitos humanos e os que tendem a privilegiar os chamados particularismos históricos, culturais e religiosos. Em seguida, o foco será a análise do novo padrão de adoção de resoluções sobre países e a postura adotada por diferentes grupos de Estados nesse particular, procurando revelar as principais fontes da politização e da seletividade no tratamento do tema. Na parte final, o capítulo buscará avaliar o impacto dos ataques terroristas de 11 de setembro de 2001 sobre o sistema de direitos humanos da ONU e sobre a prática de adoção de tais resoluções.

O sistema de direitos humanos – a exemplo, aliás, dos regimes internacionais em outros campos – não poderia ficar indiferente às transformações profundas representadas pela queda do Muro de Berlim em 1989, o fim da União Soviética e a consequente eliminação do conflito Leste-Oeste. O fim da Guerra Fria e a superação da bipolaridade ideológica, em grande parte fruto das contradições internas do próprio regime socialista, foram descritos em muitos círculos como a "vitória" do bloco ocidental. O otimismo triunfalista de determinadas visões ocidentais somente não foi maior do que a ressaca pessimista que o sucederia. No imediato pós-Guerra Fria, prevaleceu a visão triunfalista, que enfatizou o momento de convergência vivido com o sepultamento do comunismo como o suposto encerramento do movimento de contestação do capitalismo. Valores como liberdade, democracia e mercado constituiriam o único conjunto de respostas aceitável em escala mundial. Não demorou para que essa visão rósea fosse desmentida na prática, dando margem ao surgimento, também no Ocidente, de uma visão pessimista e conservadora. Esta punha em evidência o potencial dos conflitos liberados pelo fim da Guerra Fria, antevendo mundo de divergências mais profundas do que aquelas baseadas no conflito ideológico.

O principal representante da primeira visão foi Francis Fukuyama, que decretou o fim da História, visto que não seria mais possível pensar outro objetivo para a humanidade além da implementação da democracia liberal[1]. A segunda visão pode ser identificada, entre outros, com Samuel Huntington, para quem o fim da Guerra Fria marca a substituição das fronteiras políticas e ideológicas pelas linhas de cisão entre as civilizações[2]. Essas duas tendências seriam representativas do "espírito de época" do momento pós-Guerra Fria e refletiriam a perplexidade com as mudanças e a aceleração do tempo histórico. Ambas representaram tentativas simplificadoras de escapar aos inconvenientes do terreno movediço de uma realidade mais do que nunca "pós-moderna", em que as grandes utopias ou narrativas que balizaram as ações em diversos campos da atividade humana desde a época do Iluminismo pareceram dissolver-se por força das contradições de um mundo intrinsecamente irracional. Nas relações internacionais, além da nova situação caracterizada pela existência de apenas uma superpotência militar, a falência das ideologias favoreceu a busca desesperada por novos pontos de referência e abriu espaço para a manipulação de diferenças históricas, culturais e étnicas com o intuito de forjar alianças exclusivistas e obter vantagens políticas.

Esse período coincide com a desagregação de países, como a Iugoslávia, a exacerbação de ódios étnicos na África, como em Ruanda e no Burundi, e o surgimento de atrocidades em grande escala, com claros casos de genocídios e "limpezas étnicas". Essas tendências desagregadoras conviveram, porém, com a tendência homogeneizante da expansão capitalista mundial. A globalização econômica, com o fim da Guerra Fria, atinge intensidade nunca antes vista em todos os pontos do globo, penetrando rapidamente nos antigos baluartes do socialismo real e do terceiro-mundismo militante. Tanto a visão triunfalista quanto a pessimista contribuíram para forjar amálgama de valores tidos como ocidentais, superiores e civilizadores nos quais se encontram indistintamente o livre mercado, o respeito aos direitos humanos, a liberdade e a democracia. A "disfunção" representada pelos conflitos étnicos, portanto, seria apenas sinal de que outras "civilizações" não haviam alcançado ainda o progresso obtido no Ocidente. O paradigma

1 *O Fim da História e o Último Homem.*
2 Choque das Civilizações, *Política Externa,* v. 2, n. 4, p. 120-141 .

ou o objetivo continuaria sendo alcançar o padrão civilizacional do Ocidente.

Enquanto as visões mais conservadoras tenderam a difundir esse amálgama de valores como paradigma ocidental que todos deveriam almejar, o pensamento crítico nos países centrais não conseguiu oferecer verdadeira alternativa para o discurso hegemônico. Parte da esquerda política e acadêmica do Ocidente preferiu combater o "pensamento único" com as armas da valorização da diferença e do chamado multiculturalismo[3]. A ideia da universalidade dos direitos humanos, ao contrário do que se poderia imaginar, perdeu força no período pós-Guerra Fria porque foi vista como vetor de imposição de valores do Ocidente ao resto do mundo, numa aparente tentativa de utilizar a globalização econômica e cultural para moldar as realidades locais e as particularidades históricas e culturais à imagem e semelhança das sociedades ocidentais. As visões conservadoras, seja a triunfalista do fim da História, seja a que se expressa na tese do choque de civilizações, contribuíram para esse cenário ao diluir os direitos humanos numa versão raquítica e aguada de certos direitos civis e políticos, com peso desmesurado à chamada livre iniciativa e ao direito de propriedade (este foi consagrado na Declaração Universal dos Direitos Humanos, mas não nos dois Pactos de Direitos Humanos). Essa postura arrogante contribuiu para fortalecer a percepção, sobretudo nos países em desenvolvi-

---

3 Conforme nota Antônio Flávio Pierucci: "Até pouco tempo atrás muitos de nós, cheios de honestidade revolucionária, brandíamos contra as formas abstratas e igualitárias do Direito moderno, o 'direito burguês', a acusação de que a democracia formal escamoteava a desigualdade social e o conflito de classes. Mas isto se fazia, vale lembrar, em nome de uma utopia igualitarista, como exigência de igualdade real em face da mistificação da igualdade formal burguesa. Hoje, porém, vigora e viceja, contra as mesmas formas abstratas e igualitárias, uma outra acusação, intrigantemente simétrica. A saber: acusam-nas de avalizar uma acepção 'neutra' da cidadania política com o fim de mascarar a realidade da diferença – e do hiato intransponível – entre sexos e entre raças. Só que, agora, a crítica do igualitarismo formal se faz não mais em favor de mais igualdade, e igualdade real, mas sim em nome da preservação das diferenças reais: irredutíveis. Em certos meios de esquerda ou em certos círculos preocupados apenas em ser 'politicamente corretos', em ser 'totalmente do bem', não se ousa dizer que elas são naturais; diz-se que são diferenças culturais, só que irredutíveis. O que, se não dá no mesmo, dá quase", *Ciladas da Diferença*, p. 111.

mento e nos setores de esquerda no mundo desenvolvido, de que o discurso dos direitos humanos proferido pelos autonomeados defensores globais da democracia e da liberdade tendia a descrever como interesse universal o que não passava da defesa de interesses particulares de certos países e dos setores dominantes nesses mesmos países. Contra o etnocentrismo, brandiu-se o relativismo, atingindo em cheio a ideia da universalidade dos direitos humanos e o tratamento de situações objetivamente caracterizáveis como de abuso contra esses direitos ou de degradação da pessoa humana.

Com efeito, como alternativa ao discurso que se pretendia dominante não se procurou resgatar a ideia libertária dos direitos humanos. Buscou-se antes opor à universalidade o direito à diferença. Tanto na sua versão multiculturalista da esquerda europeia e norte-americana quanto em suas vertentes anticoloniais e neoterceiro-mundistas, a crítica teve efeito igualmente regressivo sobre os direitos humanos, legitimando abusos aos direitos universais sob o argumento de que tais práticas não passariam de particularidades históricas, religiosas e culturais que deveriam, portanto, ser respeitadas, relativizadas. Contra a universalidade pretensamente homogeneizante, procurou-se resgatar o relativismo cultural e o direito de organizar a comunidade de acordo com valores próprios, que seriam distintos e não menos legítimos, tais como os chamados "valores asiáticos", determinadas interpretações fundamentalistas do texto sagrado do Islã e antigas práticas tribais. Formou-se assim, pelo efeito de reforço mútuo que as polarizações simplistas costumam acarretar, círculo vicioso que contribuiu para agravar a politização do sistema de direitos humanos da ONU. O etnocentrismo hedonista de determinados círculos ocidentais e o relativismo cultural de seus adversários internos e externos serviram, ambos à sua maneira, para emprestar caráter de profecia que se autocumpre às teorias pós-modernas sobre o fim do potencial utópico dos direitos humanos como grande campo de realização da humanidade em sua trajetória histórica.

Essa tentativa de deslegitimar o discurso dos direitos humanos tem a ver com o potencial "revolucionário" desses direitos em qualquer sociedade[4]. É justamente esse potencial revolucionário, do ponto de vista das vítimas, que se perde *et pour cause* na controvérsia entre universalidade (tomada em um sentido reducionista e como se fosse produto exclusivo do Ocidente) e particularismos (tomados como licença para violar direitos humanos em nome das especificidades culturais, religiosas e históricas). A Conferência de Viena demonstraria, no âmbito das negociações multilaterais, as dificuldades derivadas desse mundo de novos conflitos do pós-Guerra Fria. O resultado final, surpreendentemente, foi documento consensual que superou na teoria as controvérsias, que, no entanto, continuaram implacáveis no cotidiano de foros como a CDH e se refletiram nas iniciativas e projetos de resolução sobre países e nas resoluções "temáticas". O contexto pós-11 de setembro operaria novo realinhamento de forças, ajudando a enfraquecer ainda mais uma concepção integrada dos direitos humanos universais e favorecendo nova vertente de politização dos direitos humanos.

A CONFERÊNCIA DE VIENA SOBRE DIREITOS HUMANOS: A "COMPETIÇÃO" ENTRE UNIVERSALIDADE DOS DIREITOS HUMANOS E PARTICULARISMOS HISTÓRICOS E CULTURAIS

A Conferência Mundial sobre Direitos Humanos (Viena, junho de 1993) foi a segunda do gênero. A anterior, ocorrida em Teerã, em 1968, coincidiu com o momento inicial do monitoramento dos direitos humanos. Enquanto a Conferência de Teerã contou com a participação de 84 Estados, a de Viena reuniu 171 Estados, sem contar os observadores de 95

---

4 Conforme notou Adam Hochschild, em sua investigação sobre a colonização do Congo como propriedade privada do Rei Leopoldo da Bélgica, o movimento pelo fim das atrocidades se nutriu naquela época de uma vaga noção de humanitarismo, com tons de generosidade paternalista em relação aos nativos. Segundo o autor: "Hoje somos menos afeitos a falar de humanitarismo, com seus tons de generosidade paternalista, e mais afeitos a falar de direitos humanos [...] Ao tempo da controvérsia do Congo, cem anos atrás, a ideia de direitos humanos integrais, políticos, sociais, econômicos, era uma profunda ameaça à ordem estabelecida de muitos países na terra. E ainda o é hoje", *King Leopold's Ghost*, p. 306.

DO OTIMISMO À DECEPÇÃO   97

organizações e organismos internacionais e de 841 ONGS. De acordo com Cançado Trindade, a Conferência de Viena foi muito além de sua predecessora por ter sido mais específica e ter buscado responder à exigência de implementação dos direitos humanos:

> Assim como a I Conferência Mundial de Direitos Humanos (Teerã, 1968) contribuiu sobretudo com a visão global da indivisibilidade ou interdependência de todos os direitos humanos, a II Conferência Mundial (Viena, 1993) pretendeu dar uma contribuição igualmente transcendental ao concentrar-se nos meios de assegurar tal individisibilidade na prática, com atenção especial às pessoas desfavorecidas, aos grupos vulneráveis, aos socialmente excluídos[5].

A Conferência produziu a "Declaração e Programa de Ação de Viena", que foi adotada por consenso, após árduo processo de negociações. Na visão do embaixador Gilberto Saboia, escolhido para presidir o Comitê de Redação da Conferência, esse foi um "improvável consenso":

> O otimismo que prevalecera brevemente após o fim da guerra fria dera lugar a novas fontes de conflito e preocupação com o delineamento de uma ordem mundial em que novas estruturas de poder, econômico e político, pudessem solapar as normas que regem atualmente as prerrogativas dos Estados no plano internacional[6].

O consenso era improvável em função das dificuldades oriundas desse cenário internacional pós-Guerra Fria, com o surgimento de conflitos étnicos, a revalorização das particularidades culturais e religiosas, os episódios de ódio racial e violência contra imigrantes africanos na Europa e em outras partes do mundo desenvolvido, os massacres na África, a disseminação da xenofobia, a exacerbação de uma globalização econômica que não oferecia garantia de bem-estar para vastas camadas da população mundial e o reforço do etnocentrismo

---

5 A II Conferência Mundial de Direitos Humanos (1993): O Legado de Viena, em A. A. Cançado Trindade (org.), *A Incorporação das Normas Internacionais de Proteção dos Direitos Humanos no Direito Brasileiro*, p. 107.

6 Um Improvável Consenso: A Conferência Mundial de Direitos Humanos e o Brasil, *Política Externa*, v. 2, n. 3, p. 3-18, aqui especificamente, p. 3.

ocidental. Nesse contexto, o que lograram os negociadores em Viena foi realmente um grande feito. Ao menos no papel, foi possível alcançar o consenso à custa de muito esforço, do qual o Brasil teve papel de liderança tanto na figura de Gilberto Saboia, na presidência do Comitê de Redação, quanto na de José Augusto Lindgren Alves, que coordenou a "força-tarefa" encarregada de "atacar", em discussões semi-informais paralelas às do Comitê de Redação, vários parágrafos do documento final, para fazer andar as negociações até então emperradas. Lindgren Alves identifica os principais avanços conceituais na primeira parte da Declaração e Programa de Ação de Viena:

Há [...] cinco áreas não específicas – portanto, de impacto global – em que a conferência apresentou avanços conceituais extraordinários, que deveriam, pela lógica, superar antigas discussões doutrinárias sobre a matéria. Todos localizados na Parte i, tais avanços incidem sobre cinco questões: a) a universalidade dos direitos humanos; b) a legitimidade do sistema internacional de proteção dos direitos humanos; c) o direito ao desenvolvimento; d) o direito à autodeterminação; e) o estabelecimento da inter-relação entre democracia, desenvolvimento e direitos humanos[7].

A ideia dos chamados "valores asiáticos" havia-se manifestado com força no processo preparatório da Conferência de Viena. Países como Cingapura e Malásia foram particularmente ativos na defesa da especificidade asiática e no caráter ocidental e limitado da Declaração Universal dos Direitos Humanos. Em geral, o que se nota nos discursos desses países e de outros, como China, Indonésia e Mianmar, era a visão segundo a qual a concepção ocidental de direitos humanos privilegiava o individualismo, em detrimento da coletividade ou das obrigações dos membros da sociedade perante a comunidade. Além disso, não eram incomuns alegações de que os direitos individuais faziam pouco sentido em meio à pobreza extrema e à falta de desenvolvimento. Nesse sentido, o sacrifício de direitos civis e políticos no estilo ocidental seria necessário para a estabilidade e para a garantia da satisfação de necessidades mais básicas. A essa voz asiática contra a ideia de

7 *Relações Internacionais e Temas Sociais*, p. 107.

DO OTIMISMO À DECEPÇÃO   99

universalidade dos direitos humanos, somou-se a contestação islâmica, que já se havia manifestado em 1948 por meio da abstenção da Arábia Saudita na consideração da Declaração Universal dos Direitos Humanos pela Assembleia Geral.

A reação asiática e islâmica foi em parte resposta ao etnocentrismo ocidental, mas representou também tentativa de legitimar as elites dirigentes que se apresentavam como as únicas intérpretes dos valores e das particularidades históricas, religiosas e culturais. Conforme nota Adamantia Pollis, autora que possui visão crítica em relação ao etnocentrismo ocidental, "o argumento da diversidade cultural sempre favorece o Estado e é usado para racionalizar o exercício arbitrário do poder que não pode ser justificado por alegações de peculiaridades filosóficas ou culturais"[8]. A referência a valores, tanto os ditos asiáticos quanto os supostamente universais, pode ser funcional às estratégicas de manutenção do poder, mas dificilmente traduz de maneira fidedigna as aspirações e as tradições de uma sociedade.

Nesse contexto, os atentados à liberdade de expressão e de associação ou à liberdade religiosa, por exemplo, são pintados não como abusos de direitos, mas como a forma pela qual determinada sociedade se organizou historicamente. Assim, a boa causa do respeito à diversidade cultural e ao pluralismo é distorcida para justificar abusos de direitos individuais. A história, a cultura e a religião são invocadas para justificar o que não pode ser justificado à luz de uma análise objetiva. Tanto o etnocentrismo de certos países poderosos quanto a reação particularista tendem a perpetuar a interpretação da história da humanidade que considera os direitos humanos, sobretudo os civis e políticos, uma invenção do Ocidente, ajudando a fortalecer a tese de diferenças civilizacionais baseadas em identidades comunitárias ontológicas e unidimensionais. Conforme comprova Amartya Sen, as liberdades políticas, a tolerância religiosa e até as práticas democráticas não constituem antiga característica de apenas um país ou uma civilização, mas se encontram presentes tanto na história do Ocidente quanto na de outras culturas[9].

8   Cultural Relativism Revisited: Through a State Prism, *Human Rights Quarterly,* v. 18, n. 2, p. 316-344, aqui especificamente, p. 320.

9   Cf. *Identity and Violence*, para uma discussão mais detida sobre o tema.

O mesmo autor já havia apontado com eloquência, em textos e conferências anteriores, as falácias da ideia de democracia e direitos humanos como invenção puramente ocidental e da tese de sua incompatibilidade com os chamados "valores asiáticos". Tanto no Ocidente quanto no Oriente há exemplos de pensadores e líderes políticos e religiosos que penderam para a intolerância ou para a abertura ao pluralismo e às liberdades individuais. Não é difícil encontrar escritos pregando o autoritarismo nas tradições culturais asiáticas, mas tampouco é raro encontrar a mesma ênfase na disciplina em autores tidos como ocidentais, de Platão a Tomás de Aquino, isso sem falar na literatura medieval que sustentou diferentes formas de Inquisição. Como recorda Amartaya Sen – dentre inúmeros exemplos que retira da história da China, da Índia e do mundo muçulmano –, no século XII, o eminente filósofo Maimônides teve de fugir da Europa intolerante, onde havia nascido, para escapar às perseguições contra os judeus e encontrou refúgio, segurança e tolerância no Cairo, sob a proteção do sultão Saladino[10]. A simplificação deriva da tentação de ver as culturas e as "civilizações" como blocos monolíticos, enquanto elas são na realidade plurais e contraditórias, caracterizadas tanto pela presença de valores da tolerância quanto por exemplos de obscurantismo autoritário. Seria, portanto, um equívoco crer que a tolerância é exclusividade do Ocidente e que as liberdades democráticas no Oriente são "ocidentalização" forçada, uma imposição *contra natura* nas sociedades asiáticas ou islâmicas[11].

10 *La Démocratie des autres*, p. 78.
11 Conforme nota Amartya Sen: "O apoio à causa do plurarismo, à diversidade e às liberdades fundamentais pode ser encontrado na história de numerosas sociedades. As longas tradições que consistiam em encorajar e em praticar o debate público sobre os problemas políticos, sociais e culturais em países tais como a Índia, a China, o Japão, a Coreia, o Irã, a Turquia, o mundo árabe e em numerosas partes da África, exigem um conhecimento muito mais completo da história das ideias acerca da democracia. Esse legado global oferece o suficiente para repensar a opinião frequentemente lembrada segundo a qual a democracia é uma noção somente ocidental e que ela nunca passará de uma forma de ocidentalização. O reconhecimento dessa continuidade da história tem relação direta com a política contemporânea ao mostrar que essa herança global que consistia em proteger e promover as interações pluralistas e o debate social não é menos importante hoje do que foi no passado, quando se lutava por sua afirmação", idem, p. 16.

DO OTIMISMO À DECEPÇÃO   101

A Conferência de Viena, neste aspecto, conseguiu aprovar texto que afirma a universalidade dos direitos humanos, sem deixar de reconhecer a importância das particularidades culturais. Buscou transcender o debate simplificador e o monolitismo que se nutre de estereótipos. É claro que, como texto de compromisso, é possível fazer distintas leituras e o estilo é um tanto "barroco", com circunlóquios que tendem a confundir o leitor desavisado. Não obstante, o avanço foi real e a linguagem, em que pese a "ambiguidade construtiva" própria do discurso político multilateral, estabeleceu determinados parâmetros que favorecem a universalidade de todos os direitos humanos. O parágrafo 5 do documento afirma textualmente que:

Todos os direitos humanos são universais, indivisíveis, interdependentes e inter-relacionados. A comunidade internacional deve tratar os direitos humanos globalmente de forma justa e equitativa, em pé de igualdade e com a mesma ênfase. As particularidades nacionais e regionais devem ser levadas em consideração, assim como os diversos contextos históricos, culturais e religiosos, mas é dever do Estado promover e proteger todos os direitos humanos e liberdades fundamentais, independentemente de seus sistemas políticos, econômicos e sociais[12].

Para os que defendem os valores asiáticos e islâmicos como desculpa para violar os direitos humanos reconhecidos internacionalmente, a Conferência de Viena endereçou recado certeiro. Da mesma forma, os países ocidentais tiveram de aceitar a ideia de interdependência e de mesma importância para todos os direitos humanos, eliminando-se a hierarquia que costuma colocar os civis e políticos acima dos demais. A ideia da universalidade, portanto, não era a defendida por certa visão estreita que a limitava aos direitos civis e políticos, mas se aplicava a todos os direitos humanos sem exceção. Além disso, a consagração, pela primeira vez em documento consensual, do direito ao desenvolvimento como um "direito universal e inalienável" foi grande avanço para os países em

12 Parágrafo 5 da Declaração e Programa de Ação de Viena. Para as citações do documento final da Conferência de Viena, utilizar-se-á a tradução para o português feita por Lindgren Alves e incluída como apêndice de seu livro *Os Direitos Humanos como Tema Global*, p. 153.

desenvolvimento. O documento de Viena tomou o cuidado, porém, de se afastar da concepção de desenvolvimento centrado apenas na comunidade e rejeitou a ideia, presente de forma subliminar nos discursos de alguns defensores dos "valores asiáticos", de que a falta de desenvolvimento pode justificar violações a outros direitos[13].

A linguagem de Viena foi surpreendentemente equilibrada, consagrando visão generosa, integrada e holística dos direitos humanos. Reafirmou também, com todas as letras, em seu parágrafo 4, que "a promoção e proteção de todos os direitos humanos constituem uma preocupação legítima da comunidade internacional", e, em seu parágrafo 8, que "a democracia, o desenvolvimento e o respeito pelos direitos humanos e liberdades fundamentais são conceitos interdependentes que se reforçam mutuamente"[14]. A impressão que se tem, ao ler hoje o documento de Viena e abstrair-se o processo negociador (em que muitos desses parágrafos foram arrancados quase a fórceps, em pacotes de barganhas e concessões mútuas), é a de que a comunidade internacional foi acometida, naquelas semanas de junho de 1993, de lampejo súbito e momentâneo de lucidez. O documento ofereceu princípios que não foram levados em conta da maneira integrada como aparecem no texto, mas foram antes encarados como elementos de um menu para todos os gostos, passíveis de serem promovidos ou convenientemente esquecidos de acordo com as conveniências. Na prática, as dicotomias simplificadoras (direitos civis e políticos *versus* os econômicos, sociais e culturais; universalidade *versus* particularidades históricas, religiosas e culturais; democracia *versus* desenvolvimento; etc) continuaram dando as cartas, contribuindo para a politização do sistema de direitos humanos.

---

13 O parágrafo 10 da Declaração e Programa de Ação de Viena estabelece o seguinte: "A Conferência Mundial sobre Direitos Humanos reafirma o direito ao desenvolvimento, conforme estabelecido na Declaração sobre o Direito ao Desenvolvimento, como um direito universal e inalienável e parte integrante dos direitos humanos fundamentais. Como afirma a Declaração sobre o Direito ao Desenvolvimento, a pessoa humana é o sujeito central do desenvolvimento. Embora o desenvolvimento facilite a realização de todos os direitos humanos, a falta de desenvolvimento não poderá ser invocada como justificativa para se limitarem direitos humanos internacionalmente reconhecidos", idem, p. 154.

14 Idem, p. 153.

DO OTIMISMO À DECEPÇÃO   103

De fato, a sutileza de Lindgren Alves ao afirmar, na citação acima, que a conferência trouxe avanços extraordinários que deveriam "pela lógica" superar as discussões doutrinárias é reveladora da distância entre os princípios adotados consensualmente e a prática. O documento final de Viena, embora tenha servido para mobilizar os defensores dos direitos humanos em distintas partes do mundo, não foi a varinha de condão capaz de operar a mágica da convergência e da cooperação em um ambiente cada vez mais carregado politicamente. Pode-se dizer que a aplicação prática do documento de Viena revelaria, de maneira dramática, que as "coisas da lógica" não se confundem com a "lógica das coisas"[15]. Não se trata obviamente de minimizar a importância do documento final, mas de ressaltar seu conteúdo como objetivo ainda longe de concretizar-se na prática dos Estados e no sistema de promoção e proteção dos direitos humanos. A sua simples enunciação, no entanto, constitui avanço inquestionável e fator de legitimação para os que se empenham na construção de um sistema menos parcial, seletivo e politizado. É também insuficiente, por si só, para alterar os rumos do sistema, como bem sintetiza Lindgren Alves:

A Conferência de Viena foi inquestionavelmente importante para a afirmação dos direitos humanos no discurso contemporâneo. Eles nunca tiveram no passado o apelo planetário que têm tido atualmente. O problema é não se permitir que os direitos, da maneira que vêm sendo "aplicados", sejam uma vez mais utilizados, na *épistemè* pós-moderna, economicamente globalizada e culturalmente antiuniversalista, como disfarce legitimante de um sistema universal falsamente livre, ético na fachada e desumano no conteúdo[16].

Os dilemas do mundo pós-Guerra Fria e das oposições binárias não foram superados automaticamente com a Conferência de Viena. O que se testemunhou nos anos seguintes, tanto no âmbito da CDH quanto nas conferências sociais das Nações Unidas dos anos de 1990, foram tentativas de reabrir a discussão sobre os avanços conceituais de Viena. Quando não

15 P. Bourdieu, *Méditations Pascaliennes*, p. 94.
16 *Relações Internacionais e Temas Sociais...*, p. 148.

104   A POLITIZAÇÃO DOS DIREITOS HUMANOS

foi possível retroceder nos conceitos, retrocedeu-se na prática das negociações na CDH, por meio de iniciativas e resoluções que desconsideravam a interdependência dos direitos humanos, a sua universalidade e a legitimidade da preocupação internacional quanto à sua implementação em qualquer parte do mundo. Seria tentador explicar essa disjunção entre os preceitos de Viena e a prática com o recurso à configuração unipolar do sistema internacional. Essa característica não necessariamente ocasionou danos à afirmação dos direitos humanos no passado, como demonstra o papel importante dos EUA na incorporação desses direitos na Carta das Nações Unidas. Não pode servir, portanto, como chave explicativa única.

O que se viu no período pós-Guerra Fria foi uma tendência, levada ao paroxismo depois dos atentados de 11 de setembro de 2001, de a superpotência combinar o etnocentrismo tradicional com o desprezo renovado pelo direito internacional e pelas instituições multilaterais. O poder militar e econômico certamente não explica tudo; precisa ser compreendido no contexto político e social interno e internacional em que é exercido. E esse contexto se caracterizou pela hegemonia crescente de uma nova *Realpolitik* imbuída de elementos messiânicos, presentes em uma vertente ultraconservadora da sociedade norte-americana. Se é certo que os extremismos de sinais opostos tendem a convergir no longo prazo, talvez o ponto de confluência tenha sido justamente a contribuição comum, dos EUA e de seus supostos adversários mais ferrenhos, no desprezo prático pelos princípios de Viena, fator que está na raiz da politização multiforme que tomou conta da CDH e acabou gerando o consenso em torno de sua "irrelevância".

A PROLIFERAÇÃO DE RESOLUÇÕES SOBRE PAÍSES: POLITIZAÇÃO POR ADIÇÃO E POR SUBTRAÇÃO

O fim da Guerra Fria coincide com o aumento significativo de resoluções adotadas pela CDH sobre países específicos. A explicação mais óbvia para o fenômeno foi a deterioração da situação dos direitos humanos em inúmeros países. Os regimes autoritários ainda vigentes nos países da ex-URSS, a desintegração da

DO OTIMISMO À DECEPÇÃO   105

Iugoslávia e os conflitos africanos teriam sido os principais
responsáveis pela intensificação da prática de adoção de resoluções sobre países. Ron Wheeler identifica coincidência
crescente entre as decisões tomadas pelo Conselho de Segurança sobre os conflitos na ex-Iugoslávia e na África e os países que foram alvos de resoluções na CDH na primeira metade
dos anos de 1990:

> Em razão de ter a ONU se envolvido mais em conflitos internos
> do que em internacionais após o fim da Guerra Fria, não é surpreen-
> dente que muitas das preocupações da Comissão espelhassem as do
> Conselho de Segurança. De fato, enquanto alguns conflitos inter-
> nos que foram tratados pelo Conselho de Segurança não foram
> objeto de resoluções da Comissão (por exemplo, da Libéria), a Co-
> missão aprovou resoluções sobre todos os conflitos internos em re-
> lação aos quais o Conselho de Segurança invocou o Capítulo VII da
> Carta das Nações Unidas, num esforço para assegurar a prestação
> de assistência humanitária e para proteger os direitos humanos[17].

No mesmo estudo, Wheeler contabiliza dez resoluções da
CDH somente sobre a ex-Iugoslávia entre 1993 e 1997. Além disso, nota que a maioria das resoluções sobre países africanos –
como Somália, Ruanda, Burundi, Zaire – foram adotadas com
o apoio dos países da região. No entender de Wheeler, isso
seria resultado do fim da Guerra Fria, que teria permitido superar as limitações da "solidariedade regional" nesse tipo de
resoluções. Essa característica teria sido, contudo, passageira,
pois logo a solidariedade regional voltaria a ser invocada. O
próprio autor tempera seu otimismo na análise do período
pós-Guerra Fria com a constatação de que as resoluções continuaram se concentrando nos mais fracos e de que a solidariedade regional voltaria a desempenhar papel importante na
exclusão de determinados países da lista de alvos da CDH[18].

17 The United Nations Commission on Human Rights, 1982-1997, a Study
    of "Targeted" Resolutions, *Canadian Journal of Political Science*, v. 32, n. 1,
    march, 1999, p. 75-101, aqui especificamente, p. 83.
18 De acordo com Wheeler: "Há um padrão quase monótono nas resoluções
    da Comissão que visam párias do Terceiro Mundo e ignoram violações dos
    direitos humanos em Estados mais populares. Muitos Estados do Terceiro
    Mundo que cometeram sérias violações dos direitos humanos são protegidos
    pela força dos votos dos outros Estados em suas regiões, e isso é ao menos tão

106 A POLITIZAÇÃO DOS DIREITOS HUMANOS

Uma conclusão preliminar se impõe: o fim da Guerra Fria, embora tenha favorecido o aumento do número de países monitorados, não superou a prática de concentrar as atenções nos países do Terceiro Mundo ou do ex-Segundo Mundo que se mostravam incapazes de mobilizar apoios na sua respectiva região. Outro estudo, elaborado por James Lebovic e Erik Voeten, corrobora essa constatação. Na contabilidade dos autores, a situação de 92 países foi objeto de debate entre 1977 e 2001, ainda que não necessariamente essa discussão tenha desembocado em resolução condenatória. Para os autores, houve sensível aumento de resoluções adotadas com o fim da Guerra Fria. Em meados dos anos de 1990, o número de países visados por resoluções na CDH chegou ao pico de trinta, ao passo que entre 1980 e 1990 esse número havia sido dezenove. A explicação dos autores para o aumento da atividade da CDH é mais tradicional e teria a ver com o fato de que durante a Guerra Fria a prioridade em relação à segurança teria limitado a disposição dos governos de condenar as práticas internas de países que poderiam ser valiosos aliados militares ou estratégicos. Para os autores, a situação dos direitos humanos nos países não era o principal determinante para que um país fosse objeto de resolução durante a Guerra Fria, mas na década de 1990 as práticas internas tiveram peso maior, sem contudo eliminar o fator político. A situação pós-Guerra Fria na CDH é descrita da seguinte maneira pelos autores:

enquanto os céticos corretamente ridicularizam a vontade da comissão de visar vários sérios infratores, eles têm de admitir que a comissão forçou um número crescente de regimes repressivos a defender seu desempenho privadamente e em público[19].

Os autores, no artigo citado, constroem modelo matemático complexo para comprovar que a CDH passou a dar mais importância à situação real dos direitos humanos em suas

importante quanto a miopia da Comissão e a influência regional para explicar por que muitos Estados com histórico questionável de direitos humanos nunca foram alvo de resoluções", idem, p. 99.

19 The Politics of Shame: The Condemnation of Country Human Rights Practices in the UNCHR, *International Studies Quarterly*, v. 50, n. 4, p. 861-888, aqui especificamente, p. 887.

DO OTIMISMO À DECEPÇÃO 107

resoluções sobre países. Para isso, utilizam relatórios de ONGS independentes, como a Anistia Internacional e a Transparência Internacional, combinados com o informe anual do Departamento de Estado dos EUA. Com base nesses informes, criam índice de respeito aos direitos humanos para os diferentes países, estabelecendo gradações e etiquetas de acordo com o grau maior ou menor de respeito a tais direitos. A conclusão é a de que, no período pós-Guerra Fria, os "violadores mais sérios" ficaram mais sujeitos a serem alvos de resoluções do que no período anterior. Os autores também lançam mão de um índice de poder, baseado em critérios militares e econômicos, para asseverar que, com o fim da Guerra Fria, os mais poderosos tiveram sua situação debatida com mais frequência do que no passado. No entanto, mantiveram a capacidade de evitar sua condenação por parte da CDH com muito mais eficácia do que os países "fracos".

As conclusões a que chegam os autores, com base em modelo matemático sofisticado e critérios considerados pretensamente mais científicos, não são diferentes das que qualquer observador familiarizado com o tema chegaria com a simples leitura da lista de resoluções sobre países adotadas pela CDH. O fato novo, portanto, não é a capacidade dos poderosos de evitar condenações, nem o fato de que os países visados apresentam problemas sérios de direitos humanos, ou, ainda, a ausência de outros violadores notórios na lista. A novidade está no aumento de resoluções sobre os países ex-comunistas da Europa e os países africanos. Países considerados aliados estratégicos da única superpotência remanescente, países desenvolvidos em geral e países árabes continuaram ausentes da lista. Também fato novo foi a aprovação, em 1990, da resolução sobre direitos humanos em Cuba, em que o contencioso bilateral que os EUA mantêm com aquele país ofuscou o exame da situação real dos direitos humanos, contribuindo para consolidar a percepção generalizada de que as resoluções sobre países passariam a ser, mais do que nunca antes, instrumento voltado para a consecução de objetivos e interesses privados dos proponentes e patrocinadores (por oposição à preocupação legítima com a situação dos direitos humanos em qualquer parte do mundo), despertando reação diametralmente oposta que retirava do foco a preocupação substantiva que poderia estar por trás da questão: a situação efetiva dos direitos humanos no país-alvo.

Houve, portanto, claro interregno de alguns anos no início da década de 1990 durante o qual o aumento de resoluções pareceu vincular-se à deterioração real dos direitos humanos em determinadas regiões. Os anos seguintes demonstrariam, contudo, que a velha seletividade não apenas não havia sido superada como dava mostras de intensificar-se. Na visão de Lindgren Alves:

Se, no período da Guerra Fria, a Comissão de Direitos Humanos era usada de maneira propagandística, parcial e seletiva, para a obtenção de ganhos políticos na disputa estratégica bipolar, esperava-se que, com a superação do conflito ideológico capitalismo *versus* comunismo, ela pudesse vir a atuar de maneira mais equânime. Melhoras houve algumas, no início dos anos de 1990, sobretudo no estado de espírito dos participantes e observadores. Mas foram aos poucos sendo carcomidas por outros tipos de disputas, de cunho supostamente "cultural" que logo se sobrepuseram ao antes chamado "conflito Leste-Oeste". Diante do novo acirramento de tensões internacionais e da seletividade que impera na CDH de maneira ainda mais gritante do que durante a Guerra Fria, é natural que os grupos regionais se articulem (isso tem ocorrido sobretudo com o Grupo Africano e com países muçulmanos em geral), como o Grupo Ocidental sempre o fez, para defender seus integrantes[20].

Até mesmo os Estados africanos, que no início da década de 1990 haviam favorecido resoluções relativas a países na região, deram-se conta de que a condenação poderia voltar-se contra seus governos e procuraram articular uma blindagem em nome da solidariedade regional e da denúncia da seletividade da CDH. Essa nova articulação foi favorecida pelo clima politizado e pela incapacidade dos principais proponentes de resoluções, geralmente os EUA e os países europeus, de transcender o vício etnocêntrico, reconhecer seus próprios problemas na área e abandonar sua visão estreita e reducionista dos direitos humanos. O impacto do 11 de setembro de 2001 não contribuiu para alterar essa situação, antes favoreceu ainda

20 *Os Direitos Humanos na Pós-Modernidade*, p. 227-228.

DO OTIMISMO À DECEPÇÃO 109

mais a solidariedade regional e a articulação de um grupo de países *like-minded*[21] que passaram a advogar o virtual fim do sistema de adoção de resoluções sobre países ou sua adoção somente mediante o consenso dos países-alvo (com exceção para o caso especial dos territórios ocupados por Israel, considerado tema de ocupação estrangeira e negação do direito à autodeterminação). De fato, durante a 60ª sessão da CDH, em 2004, o grupo africano obteve grande vitória, ao exigir e obter a transferência do tratamento dos países da região do ponto 9 da agenda (violações de direitos humanos) para o item 19 (serviços consultivos e assistência técnica).

A constatação da seletividade, com seu efeito sistêmico de perda de autoridade moral da CDH, não equivale a admitir, contudo, que para os países monitorados os procedimentos tenham sido invariavelmente ineficazes, irrelevantes ou, pior, contraproducentes. Ao que tudo indica, a politização do sistema encontrou na figura dos peritos independentes um anteparo, uma barreira aos interesses menores que, se não foi totalmente isenta de contaminação política, conseguiu manter em geral um grau satisfatório de credibilidade. Isso se deve ao fato de que a injustiça do sistema deriva mais da "politização por subtração" (a capacidade dos poderosos ou "bem situados" nas redes de interesse e poder mundial de subtrair-se do monitoramento e evitar o tratamento de sua situação, impedindo que suas práticas sejam examinadas e/ou condenadas pela CDH) do que da "politização por adição" (a inclusão ou adição do país em questão na lista dos alvos da CDH em função unicamente de critérios políticos, como forma de condenar adversários, obter chancela multilateral indireta para medidas coercitivas unilaterais ou como resposta a *lobbies* internos aos patrocinadores que procuram avançar interesses inconfessáveis por meio da condenação do governo objeto da resolução).

É claro que a politização por subtração e a politização por adição constituem, em muitos casos, duas faces da mesma moeda. Afinal, a consciência da injustiça da adição de um país na lista de alvos decorre, em parte, da ausência de casos

21 Em tradução literal, países que pensam de maneira semelhante. O termo é utilizado em diplomacia multilateral para designar grupos de países com posições afins sobre determinados temas.

semelhantes ou mais graves na mesma lista. É por essa razão que a distinção aqui proposta é apenas didática para ressaltar que raramente os casos analisados não apresentaram situações de abusos sistemáticos aos padrões internacionais de direitos humanos. Pode-se argumentar que o simples fato de um país ou grupo de países apresentar resolução sobre outro denota uma politização, uma vez que a escolha é intrinsecamente política. Isso também é verdade em parte, mas tudo indica que o interesse em propor projeto sobre um país não se explica sempre ou somente por interesse estratégico, econômico ou político. A preocupação real com os direitos humanos não pode ser descartada como um dos móveis por trás da apresentação de projetos de resolução, ainda que essa coincidência entre os valores multilaterais e os interesses dos patrocinadores tenha sido quase sempre fortuita.

A tramitação de queixas no procedimento confidencial estabelecido pela resolução 1503 foge de certa forma desse formato em que as resoluções são apresentadas por iniciativa individual dos patrocinadores, sem referência a critérios previamente estabelecidos para a escolha dos alvos do monitoramento. Não obstante, a dificuldade de se alcançar resultados no âmbito do procedimento 1503 em tempo razoável constitui forte desestímulo para o tratamento de casos mais graves. Muitos países com situações graves de direitos humanos tiveram sua situação examinada anos a fio nesse procedimento, mas acabaram escapando de ter seu caso transferido para o procedimento público e de ser objeto de resoluções e da nomeação de relatores especiais. Foi o caso, por exemplo, da Arábia Saudita entre 1995 e 1999, país que certamente contou com a condescendência dos EUA e de outros países desenvolvidos. O procedimento confidencial é mais permeável à análise de situações de todos os países porque o ponto de partida são queixas individuais ou de organizações não governamentais, mas a tramitação das "comunicações", como são chamadas as denúncias, não está isenta da influência política. Os países são instados a responder às denúncias e os que respondem podem optar muitas vezes pela desqualificação das alegações. A veracidade das respostas dos Estados acusados nem sempre será

DO OTIMISMO À DECEPÇÃO 111

verificada pelos Estados que decidem sobre o futuro da comunicação. De acordo com Adrien-Claude Zoller:

Durante os primeiros dez anos de procedimento confidencial, consolidou-se uma prática de negociação em sessões privadas que constitui verdadeiros regateios. As decisões não são tomadas em função dos méritos dos dossiês examinados, mas de considerações políticas. Essa tendência prossegue até os dias atuais e ela é a principal fraqueza do procedimento confidencial[22].

Em tese, o procedimento confidencial teria o potencial de amenizar a "politização por subtração", mas não é o que ocorre na prática. Apenas uma minoria de Estados examinados em procedimento confidencial chega a ponto de se tornar objeto de resolução. As razões para tal decisão, como aponta Zoller, têm mais a ver com deficiências na negociação ou impotência política para evitar o resultado desfavorável do que com o exame equânime dos dossiês. De qualquer forma, assim como no caso das resoluções adotadas diretamente pelo procedimento público, os casos iniciados no procedimento 1503 que são, ao fim e ao cabo, transferidos para debate aberto apresentam invariavelmente um quadro de violações sistemáticas dos direitos humanos. Apesar da injustiça do tratamento desigual para casos semelhantes, não há muita dúvida de que os países condenados apresentam em geral situações graves e, na maior parte dos casos, são dotados de governos que se recusam a estabelecer uma cooperação verdadeira com o sistema de proteção de direitos humanos da ONU.

A politização e a seletividade, contudo, não chegaram a comprometer totalmente o trabalho dos procedimentos criados para monitorar os direitos humanos em distintos países. É difícil generalizar sobre a eficácia dos peritos, tanto temáticos quanto específicos para países, mas tudo indica que seu trabalho, apesar do "vício de origem" da politização, ajudou na busca de soluções para os problemas enfrentados pelas vítimas de abusos. O professor Paulo Sérgio Pinheiro, que foi relator especial para o Burundi até 1999 e exerceu a mesma função para

---

22 La Procedure 1503, em E. Decaux (org.), *Les Nations Unies et les droits de l'homme: enjeux et défis d'une reforme*, p. 139.

o Mianmar de 2000 a 2007, avalia da seguinte forma o trabalho dos procedimentos especiais sobre países:

Depois de quase dez anos como relator especial, eu continuo convencido de que nossos mandatos continuam a ser um instrumento útil e poderoso para os que não têm nenhum poder. Os relatores pedem aos Estados-membros esclarecimentos sobre alegações, solicitam respostas a problemas específicos, expõem os perpetradores, desenvolvem análises e propõem recomendações [...] Talvez nem sempre nossa atuação provoque mudanças imediatas, aqui e agora, mas contribui de forma cumulativa para a larga luta pelos direitos humanos, aprofundando a *accountability*, a responsabilização dos governos e seus agentes[23].

A proliferação de resoluções sobre situações de direitos humanos em países no pós-Guerra Fria padeceu de sérios problemas derivados da politização e da seletividade. O agravamento da política de dois pesos e duas medidas por parte da CDH certamente retirou credibilidade e autoridade moral das resoluções adotadas, ainda que a politização tenha sido mais por "subtração" do que por "adição". A exemplo dos primeiros relatores e GTs históricos, os relatores e mandatos criados nesse período continuaram a prestar serviço importante à causa dos direitos humanos. Esse resultado positivo, assim como a adoção de resoluções sobre casos graves, demonstrou a utilidade do mecanismo de procedimentos especiais e das resoluções sobre países, mas a desvirtuação crescente imposta pela seletividade tornar-se-ia cada vez mais intolerável. Tanto foi assim que a CDH terminou seus dias sem que sua contribuição para a proteção dos direitos humanos, inclusive nos últimos anos, recebesse maior atenção. O que ficou marcado na memória coletiva foi a CDH como palco do jogo de recriminações, da seletividade e da confrontação em torno das resoluções sobre países. A conjuntura pós-11 de setembro encontrou terreno em que o descrédito já vicejava e acrescentou novos elementos que contribuíram para construir a unanimidade em torno da necessidade de abolir a CDH, considerada "irrecuperável".

23 Monitorando para a ONU, *Política Externa*, v. 13, n. 2, p. 21-32, aqui especificamente, p. 30.

O 11 DE SETEMBRO DE 2001 E A LUTA ANTITERRORISTA: O FIM DAS ILUSÕES E A HEGEMONIA REALISTA NO TRATAMENTO DOS DIREITOS HUMANOS

O impacto dos ataques terroristas contra as torres têmeas do World Trade Center em Nova York e contra o Pentágono em Washington, no dia 11 de setembro de 2001, ainda é de difícil avaliação em todas as suas consequências para os EUA e para o resto do mundo. Os ataques em pleno solo da superpotência, com a destruição da Torres e a morte de mais de 2700 pessoas, constitui fato sem precedente. Os terroristas quiseram atingir os Estados Unidos em seu próprio terreno e escolheram como alvo as duas torres que encarnavam, em sua arquitetura descomunal, a força financeira e o poder econômico e, indiretamente, militar. Mas as torres, além de objeto arquitetônico, eram igualmente esse objeto simbólico, uma sorte de monumento à potência. A destruição material e a perda de vidas humanas certamente não foram um fim em si mesmo, mas a demonstração, que quiseram dar os terroristas, de que a fragilidade evidente no desabamento do colosso arquitetônico não é senão a expressão da vulnerabilidade da própria ideia de potência que o prédio materializa. A desintegração material seria o resultado palpável da busca da destruição simbólica, como ressalta Jean Baudrillard[24].

O ataque e seu efeito simbólico geraram sentimento de humilhação e de ultraje da potência ferida e apressaram a reformulação da doutrina de segurança norte-americana. Na verdade, esse efeito simbólico inédito exacerbou o discurso messiânico como contraponto ao que foi visto como um "mal radical". Esse efeito simbólico e o rancor que acarretou aumentaram a popularidade do discurso que lança mão do maniqueísmo da luta do bem contra o mal e, dessa forma, carece

---

24 De acordo com esse autor: "evidentemente visou-se o objeto simbólico, e poder-se-ia pensar que foi sua destruição física que acarretou seu desabamento simbólico. No entanto, foi o contrário: a agressão simbólica acarretou seu desabamento físico. É como se a potência que possuía até aqui essas torres perdesse bruscamente toda força. É como se essa potência arrogante cedesse bruscamente sob o efeito de um esforço demasiado intenso: o de querer ser o único modelo para o mundo", *Power Inferno*, p. 15.

de sutileza e de matizes. Em sua crítica ao uso e abuso do termo "mal radical" para descrever a ameaça terrorista, Richard Bernstein observa que, na chamada "Guerra contra o Terror", os matizes e a sutileza são considerados signos de dúvida, debilidade e indecisão. A seu ver, se a política requer juízo, diplomacia astuta e discernimento sensato, o discurso sobre o mal absoluto é profundamente antipolítico[25]. O terrorismo, fenômeno que não tem nada de novo, foi construído como nova ameaça não apenas à segurança e à integridade de pessoas e bens dos EUA, inclusive em seu próprio território, mas também à continuidade do modo de vida e dos valores norte--americanos.

Nesse diapasão, o terrorismo representaria ameaça comparável ao comunismo em função de seu objetivo de destruir os ideais e valores dos EUA, mas muito mais perigoso por ser imprevisível, organizar-se em redes informais, lançar mão de suicidas para causar destruição, enfim, erigir-se como ameaça difusa, pronta a atacar a qualquer momento sem aviso prévio, exigindo, portanto, alerta constante e combate aberto sem prazo para terminar. O "medo líquido" de que fala Zygmunt Bauman teria encontrado no terrorismo versão 11 de setembro sua justificativa mais perfeita. O discurso maniqueísta procura, portanto, responder a esse medo difuso, contrapondo à *jihad* uma concepção de mundo que também se nutre da oposição entre o bem e o mal e contribui para uma política do absoluto, que não comporta discussão, debate ou contestação. Essa contaminação do político pelo religioso – que esvazia a política de seu conteúdo democrático e a reduz a uma técnica para a separação schmittiana entre amigo e inimigo – não seria, portanto, característica exclusiva dos terroristas, mas tendência global impulsionada pela nova doutrina em vigor na superpotência. De acordo com Bauman:

a visão maniqueísta do mundo, de conclamar às armas em uma guerra santa contra forças satânicas que ameçam sobrepujar o universo, a redução da caixa de Pandora dos conflitos econômicos, políticos e sociais a uma visão apocalíptica de uma derradeira confrontação de vida ou morte entre o bem e o mal: esses não são padrões

25 *El Abuso del Mal*, p. 28-29.

DO OTIMISMO À DECEPÇÃO 115

apenas para aitolás islâmicos. Em nosso planeta em processo de rápida globalização, a contaminação religiosa da política e do descontentamento social, assim como as batalhas de identidade e reconhecimento, parecem ser uma tendência global[26].

A visão maniqueísta está na origem da reformulação das doutrinas tradicionais de segurança, acrescentando ao realismo um aspecto "imperial" derivado da exacerbação da ideia do papel messiânico a ser desempenhado pelos EUA no mundo. Diferentemente da Guerra Fria, durante a qual a doutrina de segurança dos EUA pregava a "contenção" e o equilíbrio global, a nova era pós-11 de setembro exigiria, na visão dos neoconservadores no poder naquele país, a afirmação da hegemonia norte-americana por meio de estratégia ofensiva e o uso "preventivo" da força contra potenciais ameaças[27]. Essa doutrina impõe a necessidade de liberar-se dos constrangimentos das instituições multilaterais, tornando-as claramente "acessórias"[28], inclusive no tocante à autorização para o uso da força. Ainda que no caso do Afeganistão se tenha invocado o princípio de legítima defesa, tal como consagrado no artigo 51 da Carta das Nações Unidas, a intervenção no Iraque constituiria o verdadeiro paradigma de aplicação da ação preventiva, feita sem consideração às normas multilaterais e ao sistema de segurança coletivo. Se os atentados terroristas serviram de justificativa para ações unilaterais à margem da ONU,

26 *Liquid Fear*, p. 114.
27 John Ikenberry resume da seguinte forma a nova macroestratégia dos EUA: "Pela primeira vez desde os primeiros anos da Guerra Fria, uma nova macroestratégia vem tomando forma em Washington. Ela está sendo aventada mais diretamente como uma resposta ao terrorismo, mas também constitui uma visão mais ampla sobre como os Estados Unidos devem exercer o poder e estruturar a ordem mundial. De acordo com esse novo paradigma, os Estados Unidos pretendem afrouxar os vínculos com o seus parceiros e com as regras e instituições globais, ao mesmo tempo em que passam a exercer um papel mais unilateral e preventivo, que se traduz em ataques a ameaças terroristas e no confronto com Estados considerados malévolos que procuram obter armas de destruição em massa". A Ambição Imperial, *Política Externa*, v. 11, n. 3, dez./jan./fev. 2002/2003, p. 22-38, aqui especificamente, p. 27.
28 O termo "multilateralismo acessório" foi utilizado pelo ministro Celso Amorim para descrever o lugar subordinado ocupado pelas Nações Unidas na estratégia de segurança norte-americana. Cf. Multilateralismo Acessório, *Política Externa*, v. 11, n. 3, dez./jan./fev. 2002/2003, p. 55-61.

116 A POLITIZAÇÃO DOS DIREITOS HUMANOS

com evidente prejuízo para o sistema de segurança coletiva, as violações aos direitos humanos e ao direito humanitário despontam ou são pintados como os "danos colaterais" da empreitada, lamentáveis em si, mas rudemente justificados como inevitáveis no atual contexto. Nesse sentido, as violações de direitos humanos, que durante a década de 1990 foram utilizadas como justificativa para as "intervenções humanitárias", como no Kosovo, passam a ter função distinta. Ainda que não percam sua utilidade para justificar intervenções que, em tese, deveriam outorgar aos povos liberados de tiranos (no Iraque e em outros países) padrão mais elevado de respeito a seus direitos básicos, assumem papel claramente subordinado na guerra global contra o terrorismo e no interior dos Estados que a patrocinam.

A prioridade conferida à segurança e ao combate antiterrorista jogou os direitos humanos numa "espiral descendente"[29]. A busca de mais segurança passou a ser vista como incompatível com a promoção dos direitos humanos. Nos EUA, a nova legislação conhecida como "US Patriot Act" concedeu poderes inéditos ao governo para violar a privacidade e as liberdades do cidadão e, ainda mais, de não cidadãos. A primeira consequência prática da nova legislação foi a detenção de suspeitos com base em alegações vagas, sobretudo os que se encaixavam no estereótipo do terrorista (homens árabes muçulmanos). Os EUA e seus aliados, em especial o Reino Unido, não demoraram a suplementar a legislação antiterrorista interna com ação decidida na esfera internacional, com pouca ou nenhuma consideração pelos direitos humanos. O clima de pânico e medo difuso serviu para justificar medidas tais como a detenção de suspeitos por tempo indeterminado sem acusação formal e sem direito à defesa e julgamento, o virtual "sequestro" de supostos terroristas em terceiros estados e sua transferência para o exterior sem formalidades da extradição, a criação de zonas de não direito, como a prisão da base militar de Guantánamo, e a instauração da tortura como

---

29 O termo é emprestado de Richard Falk em seu texto, Human Rights: A Descending Spiral, em R. A. Wilson (ed.), *Human Rights in the "War on Terror"*, p. 225-241.

DO OTIMISMO À DECEPÇÃO 117

método de investigação e de punição corriqueiro, sobretudo em Guantánamo, no Iraque e no Afeganistão[30].

O exemplo norte-americano e de outras "democracias liberais" foi utilizado com frequência pelos governos de países que necessitavam legitimar políticas de repressão como parte do esforço global contra o terrorismo. De acordo com Joan Fitzpatrick, as chamadas democracias liberais perderam capacidade de pressão sobre os governos mais repressivos no mundo ao adotarem políticas contrárias ao estado de direito e ao concordarem em diminuir o tom das críticas ou simplesmente silenciar diante de abusos em troca da cooperação no combate ao terrorismo[31]. De fato, países como Paquistão e Uzbequistão, antes candidatos ou sujeitos a críticas de toda ordem em função das violações de direitos humanos, foram praticamente "blindados" no contexto da cooperação com os EUA na luta antiterrorista. Outros países, como a Malásia, que adotou a legislação intitulada "Ato de Segurança Interna", alegaram agir inspirados pelo exemplo norte-americano e o mencionado "US Patriot Act". No âmbito da CDH, as iniciativas dos EUA e da UE foram vistas como ainda mais seletivas, voltando-se de maneira hipócrita apenas contra os países menos importantes na estratégia global contra o terrorismo[32].

30 Para uma descrição pormenorizada do uso da tortura pelas forças militares dos EUA em vários lugares do mundo, ver M. Danner, A Lógica da Tortura, *Política Externa*, v. 13, n. 2, set./out./nov. 2004, p. 33-44.

31 Speaking Law to Power: The War Against Terrorism and Human Rights, *European Journal of International Law*, v. 14, n. 2, 2003, p. 241-264, aqui especificamente, p. 262.

32 Alguns países importantes, como a Rússia, por exemplo, passaram a ser poupados, como bem recorda Neil Hicks: "Após o 11 de setembro, o governo russo buscou progressivamente justificar suas duras ações militares na Chechênia como uma resposta aos laços dos chechenos com a Al-Qaeda e o terrorismo islâmico global. Nenhuma resolução criticando as práticas na Chechênia tem sido apresentada à Comissão de Direitos Humanos das Nações Unidas desde 2002, em contraste com os anos anteriores", The Impact of Counter Terror on the Promotion and Protection of Human Rights: A Global Perspective, em R. A. Wilson (ed.), *Human Rights in the "War on Terror"*, p. 215. Na verdade, a Rússia amargou duas resoluções sobre suas práticas na Chechênia em 2000 e 2001. Nos anos seguintes (2002 a 2004), os projetos apresentados foram derrotados, o que poderia significar menor entusiasmo dos patrocinadores e uma conjuntura internacional cada vez menos favorável à condenação de práticas que passaram a caracterizar, em certa medida, os próprios proponentes das resoluções condenatórias.

Nesse contexto global, os direitos humanos são desde logo descartados – ou "flexibilizados" – em nome da prioridade de lutar contra o mal que ameaça a civilização. Perde-se de vista o papel desempenhado pelos direitos humanos como garantia contra o colapso moral da humanidade. As violações cometidas aberta ou indiretamente em nome do combate ao terrorismo não são meros "danos colaterais". Ao que tudo indica, revelam a predileção pela *Realpolitik* imbuída de vetores messiânicos como veículo único de realização dos objetivos da paz e da estabilidade em um cenário internacional reconhecidamente conturbado, em que as ameaças reais ou potenciais parecem ter adquirido nova dimensão com os atentados de 11 de setembro. O efeito dessa nova estratégia de combate global ao terrorismo, colocando a busca da segurança como incompatível, na prática, com os direitos humanos, não poderia ser mais danoso para o sistema de promoção e proteção dos direitos humanos das Nações Unidas. O ataque aos direitos humanos, longe de ser dano colateral da atual guerra contra o terrorismo, é expressão da razão instrumental que norteia a busca de soluções unilaterais na esfera internacional. Mais do que isso, soluções unidimensionais, porque se crê que a política de poder, com seus instrumentos de força, é o único veículo capaz de gerar estabilidade na ordem internacional, mesmo que para isso seja necessário sacrificar os direitos humanos.

No período da Guerra Fria procurava-se centrar as críticas sobre a situação dos direitos humanos no campo adversário e poupar os aliados no conflito Leste-Oeste. No pós-11 de setembro, contudo, embora se mantenha a prática de evitar críticas aos aliados, percebe-se também diminuição do ímpeto na apresentação de resoluções sobre direitos humanos em países específicos. Isso talvez se deva à percepção de que os países tradicionalmente patrocinadores desse tipo de projetos de resolução passaram eles próprios a serem alvos potenciais da crítica em matéria de direitos humanos. As ONGs internacionais, assim como mecanismos temáticos de direitos humanos, sem falar na ex-Alta Comissária da ONU para os Direitos Humanos, Mary Robinson, passaram a chamar a atenção para os riscos ou os excessos e abusos cometidos em nome da luta

DO OTIMISMO À DECEPÇÃO 119

global contra o terrorismo[33]. De qualquer forma, como os direitos humanos, mais do que nunca, tornaram-se descartáveis na luta contra o terror ou claramente subordinados aos objetivos de segurança, o caráter politizado do sistema de adoção de resoluções da CDH se tornou ainda mais evidente.

O etnocentrismo tradicional dos países ocidentais foi levado ao paroxismo com a evidência, agora inquestionável, de que estariam dispostos a sacrificar os direitos humanos e as liberdades fundamentais em nome da segurança[34], embora seguissem brandindo a possibilidade de resoluções para os adversários. Os países tradicional ou potencialmente alvos – dos mais fortes (como Rússia e China) aos relativamente mais fracos (como Uzbequistão e Paquistão) – poderiam agora argumentar, com grande eficácia, que suas práticas não são qualitativamente distintas das adotadas no Ocidente ou por ele patrocinadas no pós-11 de setembro. Para os amigos, os países poderosos reservaram a compreensão e a leniência, para os considerados inimigos ou simpatizantes do terrorismo, a receita poderia conter força bruta e o uso dos direitos humanos como mero adorno, a ser invocado como justificativa ou benefício futuro que as intervenções militares de erradicação do terrorismo e as ações preventivas poderiam gerar. A invasão do Iraque e as evidências gráficas da tortura na prisão de Abu Ghraib tornariam ainda mais insustentável o discurso etnocêntrico e, ao mesmo tempo, reforçariam a legitimidade dos argumentos dos países que costumam ser alvos de resoluções da CDH quanto ao caráter seletivo e politizado de tal expediente.

Na luta antiterrorista, tal como tomou corpo no contexto pós-11 de setembro, os direitos humanos foram depreciados,

33 A título de exemplo, ver os relatórios da Anistia Internacional: United Kingdom, Human Rights: A Broken Promise (AI Index: EUR 45/004/2006); USA: Close Guantánamo – Symbol of Injustice (AI Index: AMR 51/001/2007) e Pakistan: Working to Stop Human Rights Violations in the "War on Terror" (AI Index: ASA 33/051/2006), todos disponíveis no sítio: <http://www.amnesty.org>.

34 Talvez valha a pena lembrar, a propósito, a advertência atribuída a Thomas Jefferson e segundo a qual "uma sociedade que troque um pouco de liberdade por um pouco de ordem perderá ambas e não merecerá nenhuma". Trata-se de citação que obviamente saiu de moda nos EUA, sobretudo no pós-11 de setembro.

perderam boa parte da aura de garantia contra o colapso moral da humanidade, foram apropriados pela visão hiper-realista do mundo e, assim, reduzidos a um discurso de dominação, a instrumento adicional, ainda que acessório, na configuração de uma ordem mundial baseada no poder e na força. A visão de mundo hiper-realista, portanto, funcionou como profecia que se autocumpre, moldando o mundo aos seus postulados. A CDH não passou incólume por esse processo e se tornou cenário de novas e acirradas disputas sobre o próprio sentido e a utilidade das resoluções sobre países, uma vez que a luta antiterrorista teria tornado o discurso etnocêntrico ocidental ainda mais evidentemente hipócrita. A nudez ofuscante de um sistema iníquo, agora despido das roupagens e veleidades supostamente humanistas, reforçou a tese da necessidade de abandono do sistema de resoluções relativas a países, ao mesmo tempo em que a invocação do princípio da legitimidade internacional dos direitos humanos perdeu consistência e foi crescentemente tomada como mais um artifício de manipulação política.

* * *

Os obstáculos à implementação dos direitos humanos apareceram muitas vezes de forma combinada e foram fonte constante de tensões nos trabalhos da antiga CDH no período pós-Guerra Fria. Assim, por exemplo, o etnocentrismo de alguns países ocidentais, que se consideram acima de qualquer suspeita, coincide com a valorização dos direitos civis e políticos em detrimento dos direitos econômicos, sociais e culturais; ou a opção de outros por privilegiar a coletividade em detrimento do indivíduo e que, em nome dos direitos econômicos e sociais, justificava ou justifica ainda hoje a opressão política e o desrespeito aos direitos civis e políticos.

O pressuposto lógico do sistema de direitos humanos da ONU é o de que nenhuma sociedade está livre das condições que permitiram a emergência de violações sistemáticas desses direitos. Infelizmente, na prática, muitas das elites dirigentes do mundo continuam acreditando que a supervisão dos direitos humanos são para os outros e que suas sociedades estão

DO OTIMISMO À DECEPÇÃO 121

vacinadas contra abusos, possuem os instrumentos para evitar e remediar as violações mais graves ou obedecem a preceitos políticos ou religiosos que as eximem de obrigações relativas aos direitos humanos. Essa atitude arrogante refletiu-se no sistema de adoção de resoluções sobre países, que não apenas foi incapaz de superar a seletividade que o caracterizava desde os primórdios do monitoramento, como enveredou por um caminho de tensão crescente e agravamento da politização.

Cabe então a pergunta: os direitos humanos poderiam contribuir para impedir o surgimento de formas sociais regressivas, caracterizadas pela reprodução da exclusão e pela opressão sistemática de indivíduos ou grupos? Para cumprirem essa função e para se transformarem em arma de transformação social, os direitos humanos precisam ser mais do que verniz ideológico utilizado para convencer-nos da superioridade moral do Ocidente. Corolário natural dessa visão, a CDH, ou o atual Conselho que a substituiu, não poderia ser vista como braço para impor interesses espúrios travestidos de valores universais. Mas é preciso também rejeitar a suposta divisão entre universalidade dos direitos humanos tida como monopólio ideológico do Ocidente, de um lado, e o respeito às particularidades históricas e culturais, de outro. Em países de regimes autoritários, teocráticos ou não, a defesa da liberdade de opinião e do direito de eleger pelo voto direto e secreto os líderes constitui certamente plataforma revolucionária em si mesma. Em países em que o aparato institucional da democracia formal já se encontra consolidado, desde que ainda não tenha sido abalado pela nova tendência de sacrificar as liberdades em nome da segurança, o desafio será o de criar as condições para a participação efetiva da população e para garantir-lhe bem-estar econômico e social. Em alguns lugares, como em certos países asiáticos, a sociedade civil pode lançar mão da linguagem dos direitos humanos para repelir a falácia de que as particularidades históricas e culturais no Oriente legitimam a centralização do poder político e o banimento da dissidência. Na grande maioria dos países ocidentais, os direitos econômicos e sociais podem servir para dissipar a crença hegemônica de que o mercado, a chamada eficiência empresarial e o consumismo hedonista devam continuar sendo entronizados como princípio organizador das relações sociais e medida universal para avaliar a adequação à "modernidade" e aos "novos tempos".

A visão etnocêntrica, baseada numa concepção de progresso civilizacional geralmente associada à ênfase unilateral nos direitos civis e políticos, não apenas encobre a existência de males sociais e da exclusão sistemática de setores da população. Essa mesma cosmovisão está na base da política externa de alguns países e pode justificar tentativas de imposição de padrões pelos mais fortes. Quando a interdependência de todos direitos humanos é deixada de lado, para afirmar a prevalência de um conjunto de direitos sobre outro, a consequência é a politização excessiva do debate sobre o tema. Os primeiros a perder são as vítimas de todos os tipos de violações, uma vez que sua situação real e suas necessidades de proteção deixam de ser o foco principal da discussão. Trata-se de obstáculo que continua presente e pode contaminar os trabalhos do recém-criado Conselho de Direitos Humanos.

Não será jamais possível eliminar completamente a politização e o uso interessado dos direitos humanos como instrumento de poder entre Estados. Não obstante, os mecanismos de monitoramento de direitos humanos ainda são o modo menos parcial e politizado de implementar os padrões universais e de promover avanços sociais importantes. A politização excessiva deve ser combatida pelos que acreditam no fortalecimento do sistema internacional de proteção dos direitos humanos, uma vez que constitui impedimento à realização ou consolidação das atividades de monitoramento e à aceitação por diferentes atores do diálogo internacional sobre a matéria. Ao lado do etnocentrismo de alguns países desenvolvidos vem a ameaça de unilateralismo, que, por sua vez, recebe como resposta a defesa intransigente dos particularismos de países que se consideram vítimas reais ou potenciais da politização dos direitos humanos. O unilateralismo é expediente dos mais fortes e dos que se consideram imbuídos de um ideal missionário. A ação unilateral (como sanções econômicas, embargos ou uso da força) fere princípios básicos do direito internacional. A falta de respeito ao estabelecido na Carta da ONU, por exemplo, impede que eventuais excessos ou desvios

DO OTIMISMO À DECEPÇÃO   123

em relação ao objetivo proclamado possam ser revertidos e mesmo evitados pelo sistema de freios e contrapesos dos órgãos das Nações Unidas. O risco de resvalar para a pura busca de interesses egoístas é real em situações desse tipo. Por seu lado, a ênfase nos particularismos e na soberania serve a duplo propósito. Em primeiro lugar, reveste-se de contornos legítimos ao apresentar-se como reação ao etnocentrismo ocidental tanto em sua forma "dura" unilateral quanto em sua versão mais suave que se expressa em discursos e projetos de resolução. Em segundo lugar, pode ser meio de desviar a atenção dos problemas e violações graves que pouco ou nada têm a ver com a identidade cultural de um povo, sendo na maior parte das vezes apenas expressão de determinada estrutura de dominação.

Para romper o círculo vicioso da politização não basta que se refute o argumento de que o respeito à soberania e às particularidades locais deve estar acima de qualquer outro objetivo. É preciso que se assegure ao conteúdo semântico das palavras "soberania" e "particularidades" um sentido político compatível com a proteção dos direitos humanos e com a possibilidade de evolução dos grupos humanos em direção a padrões mais universais e humanistas de tratamento das pessoas. Tanto soberania quanto particularidades históricas e culturais são conceitos importantes, mas sua aplicação somente é legítima em um quadro que permita submeter as práticas dos agentes públicos ao controle da sociedade e ao escrutínio da comunidade internacional.

Havia muitas – e quase sempre fundadas – reclamações de que os países ocidentais lançavam mão das resoluções da CDH e da Assembleia Geral da ONU para condenar somente seus adversários, aplicando a regra de dois pesos e duas medidas. As resoluções sobre direitos humanos em países, que em geral criam mandatos de relatores especiais, são obviamente mais suscetíveis às influências políticas e à seletividade. Historicamente, no entanto, serviram de importante instrumento de pressão sobre governos que violavam sistematicamente os direitos humanos como parte da política de Estado. Por essa razão, parece claro que não seria o caso de privar *a priori* o Conselho de Direitos Humanos de importante instrumento

124   A POLITIZAÇÃO DOS DIREITOS HUMANOS

de pressão política. O Conselho é órgão essencialmente político, formado de Estados membros da ONU, e jamais poderá tomar decisões totalmente isentas, mas pode e deve trabalhar para reduzir a politização. Dessa forma, em uma perspectiva positiva, o Conselho exerceria papel assemelhado a uma "consciência coletiva" da comunidade internacional, fazendo juízos de valor e enviando sinal político sobre a situação de direitos humanos em diferentes países.

A politização excessiva em relação a certos países não impediu que, em relação a outros, a CDH tivesse papel construtivo em momentos críticos e ajudasse a mudar situações graves. Paulo Sérgio Pinheiro, na qualidade de relator especial da CDH sobre Mianmar, chegou a ter bom diálogo com o governo daquele país, que via inicialmente com desconfiança a colaboração com o relator. Alguns resultados positivos foram alcançados com esse diálogo, como liberação de presos políticos e sinais de abertura, ainda que reveses se tenham observado posteriormente em função da dinâmica interna do regime. Sem a resolução sobre a situação dos direitos humanos em Mianmar na CDH, contudo, a situação estaria relegada ao virtual esquecimento.

Nesse contexto, uma pergunta que se faz com frequência, por exemplo, é a seguinte: por que Cuba e não outros países com situações muito mais graves? Por que a situação dos direitos humanos ali e não o exame das práticas dos EUA na prisão de Guantánamo ou no Iraque?

Há sem dúvida uma seletividade excessiva que pode e deve ser minimizada, mas, à exceção de alguns países, a seletividade se dá mais frequentemente por "subtração" do que por "adição" de países à lista dos que são objeto de resoluções. Na verdade, a maioria dos países examinados se caracteriza por padrões evidentes de violações sistemáticas dos direitos humanos. A seletividade não reside tanto no exame de alguns países que não deveriam ser condenados quanto na ausência de outros que talvez merecessem ser objeto de resoluções. Como se procurou evidenciar, isso cria incômodo natural e sensação de injustiça, mas não chega a constituir razão para a rejeição de toda e qualquer resolução sobre países. Esse tipo de rejeição criaria situação ainda mais incômoda, a de premiar vários países com que a CDH lidava e que teriam uma razão a menos para estabelecer diálogo com os órgãos multilaterais e promover avanços concretos na área de direitos humanos.

O juiz francês Philippe Texier, perito do Comitê dos Direitos Econômicos, Sociais e Culturais, credita ao êxito dos mecanismos da CDH o esforço para desacreditá-la ao longo dos anos por meio da crescente politização. A pressão política representada por relatórios negativos de relatores especiais levou alguns países a aumentarem o ativismo com o intuito de evitar resoluções desfavoráveis e impedir a renovação de mandatos de relatores muito diligentes. Se isso serve para os países mais fracos, que buscaram alianças políticas com o objetivo de serem retirados da lista dos alvos do monitoramento da CDH, trata-se de constatação ainda mais verdadeira para os países com grande peso político ou econômico, tanto do "mundo ocidental" quanto do chamado "Oriente", que foram capazes de evitar o exame de sua própria situação ou a de seus aliados estratégicos[35]. De qualquer forma, deve-se investir em propostas inovadoras capazes de diminuir o grau de politização e de seletividade, que estimulem o diálogo e a cooperação, mas que incluam a possibilidade de alguma manifestação política ou condenação moral para os casos mais graves[36].

Em que pese o fato de que a seletividade se dê na maioria das vezes por "subtração", a injustiça inerente à prática dos dois pesos e duas medidas solapou a autoridade da CDH e da Assembleia Geral, contribuindo para alimentar a politização. Por isso, é fundamental lançar propostas para aperfeiçoar os métodos de supervisão. A sensação de injustiça ensejada pela

---

35 Ver P. Texier, Droits de l'Homme, une réforme en demi-teinte, *Le Monde Diplomatique*, p. 3.

36 Essas propostas devem ser cuidadosamente calibradas para se diferenciar das que são defendidas pelos que se opõem às resoluções de países por motivos que pouco ou nada têm a ver com o objetivo de aperfeiçoar o sistema de direitos humanos. Afinal, deve-se continuar fortalecendo o princípio da legitimidade da preocupação internacional com os direitos humanos em qualquer país, tal como consagrada na Conferência de Viena. Deve-se evitar que o novo Conselho se torne refém tanto da politização que se expressa na busca de condenações rotineiras de inimigos e adversários políticos quanto da que se traduz na neutralização de qualquer monitoramento capaz de singularizar os casos mais graves e de constranger moralmente seus responsáveis nas altas esferas do Estado.

apresentação de resoluções sobre países mantém relação direta, de um lado, com as decisões sobre quais países serão tratados e, de outro, com os métodos de negociação da respectiva resolução. No tocante a este último aspecto, a falta de transparência dos patrocinadores principais gera desconfianças sobre suas verdadeiras motivações. Quanto à decisão sobre os países que serão objeto de resoluções, seu caráter arbitrário é inegável do ponto de vista formal, uma vez que depende basicamente de iniciativas de delegações individuais ou grupo de delegações (geralmente EUA, Canadá e União Europeia) e tais iniciativas nem sempre guardam relação com uma discussão multilateral franca sobre a conveniência do projeto. Para alterar essas práticas já cristalizadas, seria preciso agir de modo a garantir que os projetos de resolução sobre países tenham base sólida e não sejam simplesmente produto do arbítrio de pseudojuízes autonomeados.

Nos próximos capítulos, ao tratar da criação do novo Conselho de Direitos Humanos, do perfil do Brasil no sistema e de aspectos precisos da reforma da prática de adoção de resoluções sobre países, as questões e os dilemas evocados aqui voltarão à tona. Servirão como lembrete constante das dificuldades e dos obstáculos a superar com vistas a garantir ao novo organismo papel relevante em um mundo em que os direitos humanos parecem relegados a segundo plano.

O discurso e a ideia de direitos humanos sofreram abalos no período analisado no presente capítulo, passaram a ser vistos não como a possibilidade de resgate da dignidade humana e como garantia contra o colapso moral da humanidade, mas como roupagem, cada vez mais rota depois do 11 de setembro, para encobrir estratégias de dominação. A realidade internacional assumiu mais claramente os contornos da descrição feita pela escola realista das relações internacionais. Houve coincidência cada vez maior entre as evidências empíricas e os postulados teóricos realistas, em uma situação em que a estrutura cognitiva dos tomadores de decisão imbuídos da visão realista – com elementos imperiais ou não – parecia encaixar-se perfeitamente na estrutura objetiva da realidade à sua volta.

A construção do Conselho de Direitos Humanos e de suas instituições de monitoramento demonstrarão se há espaço,

DO OTIMISMO À DECEPÇÃO 127

mesmo na atual conjuntura, para um discurso alternativo ao hegemônico, que deverá necessariamente nutrir-se da tradição libertária dos direitos humanos, de seu conteúdo emancipador e de seu caráter de garantia contra as atrocidades que o século xx, infelizmente, tantas vezes testemunhou. Para tanto, esse esforço não poderá ficar indiferente ao fato de que, quando os direitos humanos foram desdenhados como perfumaria em nome de outros objetivos no passado, ou quando a caracterização das relações internacionais como puro jogo da política de poder foi tomada como autoevidente e como seu traço ontológico imutável, a estabilidade se provou ilusória e não tardou em cobrar alto preço em sofrimento humano.

4. A Criação do Conselho de Direitos Humanos

rumo ao fim da politização?

A criação do Conselho de Direitos Humanos pela resolução 60/251 da Assembleia Geral, em 15 de março de 2006, respondeu ao sentimento generalizado de que algo deveria ser feito para resgatar do descrédito o sistema de direitos humanos da ONU. De fato, quem se debruçar dentro de algumas décadas sobre o período final da CDH não poderá deixar de constatar um paradoxo evidente. O jogo de recriminações mútuas e as divergências que caracterizaram os derradeiros anos da CDH foram capazes de produzir consenso inédito em torno da necessidade de não apenas reformar aspectos do sistema, mas de praticamente reinventá-lo. Consenso, portanto, que surgiu do confronto, da oposição e do choque de visões divergentes acerca dos objetivos e propósitos que o sistema deveria perseguir e que, certamente, não pressupõe avaliação idêntica sobre o funcionamento do sistema, nem muito menos significa unanimidade quanto ao que a CDH deveria fazer ou deixar de fazer.

Não obstante, o surpreendente não foi apenas a aceitação geral em se decretar o fim da era da CDH, por conta do descontentamento com um sistema que não atendia mais aos interesses de nenhum grupo de países, mas também a utilização do mesmo léxico no diagnóstico dos problemas que teriam levado àquele estado de deliquescência. Se a avaliação sobre o funcionamento do sistema e seus contornos desejáveis não era idêntica, a utilização de significantes comuns somente se tornou possível devido à ambiguidade (que os multilateralistas mais otimistas qualificam de "construtiva") que permite emprestar às mesmas palavras significados no mínimo distintos, quando não francamente opostos.

A politização e a seletividade da CDH, todos concordavam, eram os males a serem combatidos, ainda que essas palavras tivessem conotações diferentes para os diversos Estados, organizações não governamentais e membros do Secretariado. O descontentamento geral, por diferentes razões, aguçou o senso de urgência na busca de caminho que pudesse levar à reforma do sistema ou à sua refundação. Pode-se dizer que esse consenso sobre a necessidade de refundar o sistema, derivado da convicção de que a crise não se resolveria facilmente ou com rearranjos pontuais, ganhou corpo e gerou decisões concretas, entre outras razões, porque coincidiu com um momento particularmente propício no âmbito da ONU para iniciativas mais ambiciosas. O secretário-geral Kofi Annan, no processo de preparação para a Cúpula de 2005 das Nações Unidas, empreendeu esforço para colocar em marcha amplo plano de reforma da organização que lhe desse novos instrumentos para enfrentar desafios nas áreas da manutenção da paz e da segurança, do desenvolvimento e combate à pobreza e dos direitos humanos. Esse impulso endógeno, combinado com a enxurrada de críticas externas de todos quadrantes recebida pela CDH, contribuiu para consolidar a percepção de que apenas um "novo começo" poderia evitar que o descrédito do sistema de direitos humanos colocasse por terra os avanços alcançados nos últimos sessenta anos e acabasse afetando a credibilidade da ONU como um todo.

O presente capítulo tratará dos antecedentes imediatos da criação do Conselho de Direitos Humanos, das justificativas para a tomada dessa decisão e das primeiras decisões do novo Conselho em seu trabalho de construção institucional. Descreverá, primeiramente, a consolidação do consenso em torno da necessidade de reforma completa do sistema. Ao expor

A CRIAÇÃO DO CONSELHO DE DIREITOS HUMANOS   131

esses antecedentes imediatos, o capítulo ressaltará as razões principais do descontentamento com os trabalhos da antiga CDH, em especial no que se refere ao tratamento da questão dos direitos humanos em países, e a cristalização das propostas de reforma do secretário-geral, modificadas ou não, na forma de um novo mandato para o Conselho de Direitos Humanos. Nesse contexto, apontará algumas insuficiências estruturais dos mecanismos de supervisão dos direitos humanos em países e os caminhos gerais abertos pela criação do Conselho para superar a politização e a seletividade. Além disso, na parte final, oferecerá avaliação preliminar, a ser complementada nos capítulos subsequentes, quanto ao impacto das decisões do Conselho de Direitos Humanos em seu primeiro ano de funcionamento sobre o tratamento da situação de direitos humanos em países específicos.

A CDH foi, em parte, vítima de uma época que, segundo Régis Debray, conseguiu adquirir os meios tecnológicos para realizar o "princípio de Berkeley", segundo o qual a essência dos objetos consistiria na forma pela qual são percebidos (*esse est percipi*)[1]. A percepção do fracasso da CDH foi magnificada pelas lentes da mídia mundial e se tornou verdade incontestável para atores de distintas afiliações ideológicas e proveniências geográficas. O insucesso da CDH, que poderia ser encarado como relativo – tendo em vista que, apesar das deficiências, o organismo nunca deixou de dar contribuição à causa da proteção dos direitos humanos no mundo –, afirmou-se como senso comum, como dado evidente da realidade. A CDH terminou seus dias desacreditada, mas, como nota Lindgren Alves, em entrevista concedida para a elaboração deste trabalho, uma das chaves explicativas se encontra na atitude norte-americana e no bombardeio pela imprensa no momento em que os EUA não conseguem manter sua cadeira naquele órgão:

A CDH efetivamente terminou seus dias desacreditada, mas não pelas causas frequentemente apontadas. Os defeitos e virtudes

1 *Chroniques de l'Idiotie triomphante, 1990-2003*, p. 90. George Berkeley (1685-1753), era bispo da Igreja Anglicana e filósofo irlandês. A sentença latina, acima citada, resume sua teoria do imaterialismo: "ser é ser percebido".

132   A POLITIZAÇÃO DOS DIREITOS HUMANOS

que tinha eram os mesmos de sempre, apenas com composição de forças modificada. As críticas a ela se tornaram demolidoras em função das atitudes neoconservadoras do governo Bush, ostensivamente contrário ao multilateralismo e a tudo o que pudesse tolher a liberdade de ação norte-americana – que, diga-se de passagem, sempre usou como pressuposto, no passado e no presente, o "excepcionalismo" daquele poderoso país. O "beijo da morte", com o consequente bombardeio da CDH pela imprensa, decorreu da não eleição dos Estados Unidos para a comissão, no ano 2000, pela primeira vez desde que fora criada. Essa derrota parlamentar foi explicada como se a ONU tivesse "preferido" a Líbia, o Sudão e outros países de má reputação na área dos direitos humanos, quando, na verdade, os Estados Unidos perderam as eleições para os concorrentes dentro de seu próprio grupo regional: na época, a Suécia e a França. As demais acusações, de seletividade, proteção aos violadores por seus membros assemelhados, falta de seriedade e desapreço pelos direitos humanos, não eram novas e sempre eram verbalizadas, inclusive por Cuba e pelos países afro-asiáticos, objetos quase exclusivos das resoluções adotadas[2].

A não eleição dos EUA para a CDH, pela primeira vez desde a criação da Comissão, gerou editoriais e artigos irados na imprensa norte-americana e ocidental, que tendiam a contrastar aquela derrota com a eleição de países tidos como violadores contumazes dos direitos humanos. Embora os EUA tenham sido eleitos no ano seguinte, a campanha intensa do governo Bush contra a CDH, acompanhada de certa dose de cumplicidade por parte de outros países ocidentais, não arrefeceu. Ao contrário, a eleição da embaixadora da Líbia como presidente da Comissão, em 2003, gerou forte reação negativa dos ocidentais, capitaneados pelos EUA, contra a decisão do Grupo Africano. A função de presidente obedece à lógica de rotação entre grupos regionais, que são os responsáveis pela designação de seu representante. Além disso, trata-se de uma função de condução dos trabalhos, que, afinal, a embaixadora da Líbia exerceu com eficiência reconhecida até por ONGs críticas a seu país. Não obstante, a indicação foi submetida a voto e a confirmação da Líbia serviu de munição adicional para a tentativa de demonstrar que a CDH se teria tornado refúgio de governos sem compromisso com a

2   Entrevista realizada por escrito em 17 maio 2007.

A CRIAÇÃO DO CONSELHO DE DIREITOS HUMANOS 133

proteção e promoção dos direitos humanos. Naquela época, o degelo entre a Líbia e os países ocidentais era incipiente e não havia alcançado os níveis atuais, o que ajuda a explicar o alvoroço que se armou em torno da questão.

O tema da qualidade da composição da CDH tornou-se recorrente e voltou à tona em distintos momentos desde a derrota dos EUA para a CDH. Em 2004, o foco foi a reeleição do Sudão, país com reconhecidos problemas na área de direitos humanos. Em 2005, o alvo foi a nova composição do Grupo de Trabalho da CDH sobre Situações, encarregado de examinar as petições no âmbito do procedimento confidencial da resolução 1503 do ECOSOC. O GT passou a ser integrado por Cuba, Zimbábue, Hungria, Países Baixos e Arábia Saudita. Para parte da imprensa ocidental, a maioria formada por países dotados de governos autoritários no GT teria a consequência de manter as atrocidades fora do radar do sistema da ONU, ao menos aquelas denunciadas via procedimento 1503. O curioso é que o governo norte-americano ressaltou a presença de Cuba e do Zimbábue no GT como verdadeiro escândalo, esquecendo-se convenientemente da Arábia Saudita. A violência verbal contra a CDH tornou-se a regra, sobretudo, mas não exclusivamente, nos redutos mais conservadores nos EUA[3].

As críticas acerbas ao trabalho da CDH não se limitaram à direita norte-americana. O desprestígio da Comissão se refletiu também em pronunciamentos de ONGs e artigos e textos de acadêmicos considerados simpáticos à ONU. Os ocidentais tendiam a ressaltar a importância da composição e da qualidade

---

3   De acordo com Paul Lauren: "Manchetes duras e editoriais no período de 2005-2006 revelam, de forma bastante evidente, o humor acerca da Comissão de Direitos Humanos das Nações Unidas. O *National Review* descreveu o órgão como um dos que escolheu 'dar cobertura diplomática a alguns dos piores tiranos do planeta. Ao fazer isso, foi ativamente destrutivo para os interesses dos direitos humanos'. O embaixador dos EUA na ONU, John Bolton, em um dos seus momentos mais calmos, retratou a Comissão como um 'mecanismo de tomada de decisões intergovernamentais totalmente quebrado'. O jornalista Mark Steyn descreveu a Comissão como não mais que 'uma caixa de ressonância de lamúrias europeias repleta de facínoras africanos' e seu trabalho como 'cerimônia de entrega de prêmios pelo conjunto da obra aos torturadores do mundo'", ver "To Preserve and Build on its Achievements and to Redress its Shortcomings": The Journey from the Commission on Human Rights to the Human Rights Council, *Human Rights Quarterly*, v. 29, n. 2, 2007, p. 307-345, especificamente, p. 308.

dos membros da CDH, tema que seria fundamental na negociação da resolução que criou o Conselho de Direitos Humanos. Naquele momento, surgiram as primeiras ideias acerca de se estabelecerem critérios mais rígidos para que um país possa ser eleito membro da CDH e do futuro Conselho, de modo a evitar que governos pouco comprometidos com os direitos humanos tenham assento no órgão e minem o trabalho de supervisão das obrigações dos Estados na matéria. O "outro lado" – que se manifestou em grupos distintos, como o Grupo Africano, a Organização da Conferência Islâmica e, de modo cada vez mais assertivo, o chamado Grupo Like-Minded[4] – não deixou de fazer-se presente no debate e criticar a CDH, embora tenha centrado suas baterias contra a própria ideia de adoção de resoluções sobre países. Os alvos preferenciais das resoluções da CDH reforçaram a crítica à seletividade e à politização, embalados pelas novas evidências de abusos cometidos pelos EUA em sua política de combate ao terror e de guerra preventiva no Iraque. Esses abusos ajudaram a alimentar o discurso crítico que denunciava a arrogância ocidental, refletida em sua tendência de admoestar os países "em desenvolvimento" e esquecer os seus próprios defeitos. Ambos os lados, porém, continuavam denunciando a politização que acabavam ajudando a reforçar.

Para boa parte dos críticos ocidentais, o modo de evitar a politização seria impedir que as "ditaduras" e "tiranias" tivessem assento na CDH. Para os países considerados alvos reais ou potenciais de resoluções, a solução consistiria em adotar a "cooperação" e o "diálogo" e abandonar de uma vez por todas a "confrontação", senha para o objetivo de eliminar resoluções sobre países. O primeiro grupo acabou defendendo uma visão elitista, como se fosse possível eliminar a politização por meio da nomeação de grupo de "anjos", obviamente todos democracias ocidentais, supostamente capazes de comportar-se como juízes imparciais. O segundo, por sua vez, buscou lançar mão dos defeitos reais do sistema da CDH e das inconsistências do grupo ocidental para defender um simulacro de "despolitização"

---

4 Os principais integrantes desse grupo na CDH e no Conselho são: Argélia, Bangladesh, Belarus, Butão, China, Cuba, Egito, Índia, Indonésia, Irã, Malásia, Mianmar, Nepal, Paquistão, Filipinas, Sri Lanka, Sudão, Vietnã e Zimbábue.

A CRIAÇÃO DO CONSELHO DE DIREITOS HUMANOS 135

através da irrelevância do sistema. A receita do primeiro se resumiu no reforço do sistema de adoção de resoluções voltadas para condenar adversários políticos ou países fracos, poupando eventuais aliados. O segundo pretendeu vender a ideia de que a erradicação da politização passava pela virtual proibição de resoluções condenatórias, consagrando assim sistema que equivaleria a retroceder à época da "doutrina da impotência" que prevaleceu nas primeiras duas décadas da CDH.

No mundo real dos organismos intergovernamentais, como já observado, a política é elemento incontornável. O objetivo exequível não é eliminar todo traço de politização, mas evitar, tanto quanto possível, que o sistema se torne refém do embate político ou da politização excessiva. Sérgio Vieira de Mello, em sua passagem pelo cargo de alto comissário das Nações Unidas para os Direitos Humanos, deu mostras de pragmatismo ao reconhecer que a política era parte do jogo e indicou que o debate na CDH deveria tomar outro rumo por meio da transparência, única maneira de fortalecer os mecanismos de proteção dos direitos humanos:

Deixe-me sugerir, antes de mais nada, que a palavra "politização" e suas variantes sejam aposentadas. Eu mesmo já as usei, então tentarei liderar pelo exemplo. Vou ser franco: a maioria das pessoas nesta sala trabalha para governos ou procura afetar as ações dos governos. Isso é política. Alguns acusarem outros de estarem sendo politicos é um pouco como um peixe criticando outro por estar molhado. A acusação quase não possui mais qualquer significado. Tornou-se um modo de expressar desaprovação sem que tenhamos de dizer o que realmente pensamos. A comissão pode usar uma linguagem mais direta e franca. Isso, mais que acusações de politização, é o que vai realmente nos ajudar a levar adiante políticas de fortalecimento dos direitos humanos em todos os países[5].

A palavra politização, diferentemente do que pretendia Vieira de Mello, contudo, não foi aposentada. Permaneceu na moda e continuou vertebrando discursos e diagnósticos acerca do que fazer com a CDH e o sistema de direitos humanos

---

5 Disponível em:<www.unhchr.ch/huricane/huricane.nsf/(Symbol)/OHCHR. STM.03.26.En?OpenDocument>.

das Nações Unidas. De tanto ser repetida, ao lado de sua companheira inseparável, a seletividade, ajudou a formar o consenso sobre a necessidade de superar a era da CDH, mas não constituiu garantia de que a eventual reforma levaria ao estabelecimento de uma estrutura institucional e a novos procedimentos e práticas voltados para minimizar o risco de tornar o sistema refém de interesses políticos. Não pôde constituir essa garantia justamente porque significava coisas muito diferentes para os distintos governos, ONGs, especialistas e acadêmicos. Por essa razão, ouviram-se algumas raras vozes dissonantes, que chegaram a chamar a atenção para o risco que se corria ao tentar reformar o sistema da ONU de forma radical. Os céticos, em geral acadêmicos com alguma experiência em órgãos de tratados e outras instâncias formadas por peritos independentes da ONU, temiam a renegociação de mandatos no novo órgão que substituiria a CDH e o risco de se colocar a perder os avanços alcançados com os procedimentos especiais, temáticos e por país, assim como os progressos logrados na evolução do conjunto de normas internacionais em matéria de direitos humanos[6]. A pressão por uma reforma profunda, que desse esperança de superar o quadro de descrédito da CDH, tornou--se irresistível quando coincidiu com o momento de reflexão proposto pelo secretário-geral da ONU para culminar com a Cúpula de 2005.

A INEFICÁCIA DA CDH: CONSENSO SOBRE A NECESSIDADE DA REFORMA

Em seu discurso diante da Assembleia Geral, em setembro de 2003, o secretário-geral Kofi Annan anunciou que convocaria painel de alto nível para fornecer visão abrangente dos desafios a enfrentar e das reformas necessárias no âmbito da organização. O secretário-geral solicitou ao painel de personalidades

---

6 Ver, por exemplo, os seguintes artigos: M. Bossuyt; E. Decaux, De la "Commission" au "Conseil" des droits de l'homme: un nom pour un autre?, *Droits Fondamentaux*, v. 5, p. 2-6, disponível em: <www.droits-fondamentaux.org>; F. Hampson, An Overview of the Reform of the UN Human Rights Machinery, *Human Rights Law Review*, v. 7, n. 1, 2007, p. 2-27.

A CRIAÇÃO DO CONSELHO DE DIREITOS HUMANOS   137

eminentes[7] que fizesse avaliação das ameaças à paz e à segurança e das atuais políticas e instituições da ONU para enfrentá-las, bem como formulasse recomendações para o fortalecimento da capacidade das Nações Unidas de garantir segurança coletiva no Século XXI. O relatório do painel, publicado em dezembro de 2004[8], tratou de infinidade de assuntos e aspectos, mas sua clara ênfase foi na questão da segurança coletiva, inclusive com propostas concretas para a reforma do Conselho de Segurança. Os direitos humanos, embora tenham ocupado espaço relativamente pequeno no contexto do informe (cerca de uma página e meia em relatório de quase cem páginas), representaram uma das poucas áreas cobertas pela reflexão do painel que gerariam decisões concretas durante a Cúpula da ONU, em 2005.

Os céticos, mesmo em minoria e sem capacidade de fazer grande barulho, notam, ao analisar o processo iniciado com a nomeação do painel de alto nível, que a reforma do sistema de direitos humanos pode ter sido apenas uma forma de demonstrar que alguma reforma da ONU era possível. Para Françoise Hampson, ex-perita britânica da Subcomissão de Promoção e Proteção dos Direitos Humanos, um dos catalisadores dessa reforma foi:

a visão de que as Nações Unidas como um todo precisavam ser reformadas, possivelmente reforçada pelo desejo do secretário-geral de provar que ele poderia empreender uma reforma significativa antes do termo do seu mandato em 2006. [...]

A tragédia é que enquanto as outras tentativas de uma reforma significativa, mais notavelmente com relação à composição do Conselho de Segurança, pareciam não chegar a lugar algum, a reforma tinha de chegar a algum lugar. A maquinária de direitos humanos da ONU tornou-se vítima do fracasso da reforma alhures no sistema[9].

---

7   O Painel de Alto Nível sobre Ameaças, Desafios e Mudança foi presidido pelo ex-primeiro ministro da Tailândia Anand Panyarachun e contou com a participação brasileira na pessoa do embaixador João Clemente Baena Soares. Os demais integrantes foram: Robert Badinter (França), Gro Harlem Brundtland (Noruega), Mary Chiney Hesse (Gana), Gareth Evans (Austrália), David Hannay (Reino Unido), Enrique Iglesias (Uruguai), Amr Moussa (Egito), Satish Nambiar (Índia), Sadako Ogata (Japão), Yevgeny Primakov (Federação da Rússia), Qian Qiqian (China), Salim Salim (Tanzânia), Nafis Sadik (Paquistão) e Brent Scowcroft (EUA).

8   Documento A/59/565.

9   An Overview of the Reform…, op. cit., p. 8 e 9.

De acordo com essa perspectiva, diante de dificuldades políticas insuperáveis para a reforma do centro nevrálgico das decisões sobre paz e segurança, a criação da Comissão de Construção da Paz e do Conselho de Direitos Humanos serviria para demonstrar que o exercício não havia sido em vão, que os líderes mundiais estavam dispostos a tomar alguma decisão de reforma e que o secretário-geral Annan ainda dispunha de algum prestígio, deixando legado importante para o futuro da organização. Ainda que esses fatores possam ter influenciado as decisões no campo dos direitos humanos, parece exagero subordinar a reforma nessa área a um capricho do secretário--geral ou dos Estados membros mais poderosos. Afinal, a crise do sistema de direitos humanos era, àquela altura, fato reconhecido por todos. O impulso reformista do secretário-geral não fez mais do que acelerar processo que já se encontrava em andamento. Não obstante, é plenamente legítimo perguntar se a melhor forma de superar a crise era a de criar algo inteiramente novo, com a consequência inevitável de abrir a possibilidade de renegociação completa e abrangente de mandatos instituídos pela CDH sob as justificativas da racionalização dos mecanismos existentes e do combate à politização e à seletividade.

No caso específico dos direitos humanos, o painel de alto nível foi econômico em palavras e número de parágrafos, se comparado com outros temas, mas seu diagnóstico correspondeu às expectativas de um público previamente convencido de que era preciso fazer algo urgente e radical. O impulso reformista mais geral na ONU encontrou, no campo dos direitos humanos, terreno já arado e altamente fértil para propostas de mudança. O painel constatou, certamente sem chocar ninguém, que a CDH havia perdido a capacidade de realizar suas tarefas de proteção e promoção dos direitos humanos em função da "erosão de sua credibilidade e profissionalismo". Para o painel, "os Estados haviam procurado tornar-se membros da comissão não para fortalecer os direitos humanos, mas para proteger a si mesmos de críticas e para criticar outros". Mais do que isso, defendia o painel que "a Comissão não pode ter credibilidade se ela for vista como um órgão que aplica um duplo padrão ao lidar com questões de direitos humanos"[10].

10 Documento A/59/565, parágrafo 283.

A CRIAÇÃO DO CONSELHO DE DIREITOS HUMANOS 139

A solução seria tornar a composição da CDH universal, o que no entender do painel diminuiria a politização derivada da disputa política para entrar na Comissão (por essa lógica, ser membro da Comissão era privilégio a ser utilizado para escapar da crítica ou criticar outros, por isso a eleição para aquele órgão mobilizaria sobretudo os mais interessados na politização). Além disso, o relatório sugeriu que os membros da CDH deveriam nomear figuras "eminentes e experientes" no campo dos direitos humanos para chefiar suas delegações, recomendando que o Alto Comissariado elaborasse relatório anual sobre a situação dos direitos humanos em todo o mundo, na linha de uma antiga proposta brasileira que será examinada nos capítulos seguintes, e propondo que os Estados membros considerassem elevar o "*status*" da Comissão para tornar-se um Conselho de Direitos Humanos, não mais como comissão funcional do ECOSOC, mas na qualidade de órgão permanente da Carta, ao lado do próprio ECOSOC e do Conselho de Segurança[11].

O secretário-geral retomaria, em março de 2005, algumas ideias do painel de alto nível. Em seu relatório intitulado "In Larger Freedom: Towards Development, Security and Human Rights for All", escrito para servir de base para as decisões que seriam tomadas pelos líderes mundiais em outubro daquele ano, Kofi Annan repetiu o diagnóstico de que a CDH havia perdido capacidade de desempenhar bem suas tarefas em função do declínio de sua credibilidade e profissionalismo. Dito de outro modo, a ineficácia da Comissão se explicaria pela falta de credibilidade que nasce da politização dos trabalhos e decisões. Annan endossou igualmente a afirmação dos membros do painel segundo a qual esse declínio estaria ligado à prática de buscar a eleição para a CDH com o intuito de proteger-se de críticas ou para criticar outros. Acrescentou, porém, que essa situação resultou no desenvolvimento de um "déficit de credibilidade", que teria lançado uma sombra sobre o sistema da ONU como um todo[12]. Além disso, em vez de propor a "elevação" da CDH à condição de Conselho com composição universal, o secretário-geral defendeu a "substituição" da CDH

11 Documento A/59/565, parágrafos 285, 286, 288 e 291.
12 Documento A/59/2005, parágrafo 182.

140   A POLITIZAÇÃO DOS DIREITOS HUMANOS

por um Conselho permanente de composição mais reduzida[13]. Nesse contexto, mencionou duas opções: os Estados decidiriam se o Conselho seria órgão principal das Nações Unidas ou organismo subsidiário da Assembleia Geral. Em ambos os casos, ressaltou que os membros do novo Conselho deveriam ser eleitos pela Assembleia Geral por maioria qualificada de 2/3 dos Estados membros presentes e votantes[14].

As propostas do secretário-geral para o Conselho de Direitos Humanos seriam elaboradas de forma mais pormenorizada em um adendo ao relatório "In larger Freedom". Nesse novo documento, publicado em maio de 2005, Kofi Annan reconheceu o honroso passado da CDH, mas se permitiu elevar o tom da crítica:

A Comissão de Direitos Humanos em sua forma atual possui notável força e uma história que inspira orgulho, mas sua capacidade de desempenhar suas tarefas foi sobrepujada por novas necessidades e minada pela politização de suas sessões e pela seletividade de seu trabalho. Um novo Conselho de Direitos Humanos ajudaria a superar alguns problemas crescentes – de percepção e em substância – associados com a comissão, permitindo uma reavaliação completa da efetividade da maquinária intergovernamental das Nações Unidas em lidar com as preocupações no campo dos direitos humanos[15].

Nesse mesmo documento, o secretário-geral explicou que a eleição dos membros do Conselho pela Assembleia Geral tornaria o novo órgão mais representativo e lhe emprestaria maior autoridade. Embora não tenha justificado a proposta de eleição por maioria qualificada, defendeu que um Conselho "menor" permitiria realizar debate mais produtivo e focado. Para evitar a politização e a seletividade, Annan inovou

---

13   Essa diferença tem implicações substantivas. A substituição, diferentemente da elevação do "*status*" com novo nome, impõe de imediato a necessidade de definir o mandato e as atribuições do novo órgão, além de colocar automaticamente em pauta a revisão, manutenção ou extinção dos mecanismos e procedimentos da CDH.

14   Documento A/59/2005, parágrafo 183.

15   Documento A/59/2005/Add.1, parágrafo 2. "Add", de *addendum* (adendo), aparece nos documentos oficiais da ONU sempre de forma abreviada, por isso tal forma foi mantida aqui.

A CRIAÇÃO DO CONSELHO DE DIREITOS HUMANOS   141

ao defender que o futuro Conselho instituísse mecanismo de "revisão pelos pares", de modo a garantir o exame universal da implementação pelos Estados de suas obrigações e compromissos em matéria de direitos humanos. Essa inovação não substituiria a obrigação de apresentar relatórios aos órgãos de tratados, nem significaria, ao menos na visão do secretário--geral, o fim das resoluções sobre países, mas constituiria uma forma de garantir o exame da situação de todos os Estados membros sem exceção, baseado nos princípios de universalidade e indivisibilidade dos direitos humanos. Nas palavras do secretário-geral Annan:

Crucial na revisão pelos pares é a noção do exame universal, isto é, que o desempenho de todos os Estados membros no que se refere a seus compromissos com todos os direitos humanos deveria ser objeto de avaliação por outros Estados. A revisão pelos pares ajudaria a evitar, na medida do possível, a politização e a seletividade que são a marca registrada do sistema existente da Comissão [...].

Somando-se às existentes funções e responsabilidades da Comissão [...] o Conselho de Direitos Humanos poderia considerar a situação dos direitos humanos em todos os países com base no supracitado sistema de revisão pelos pares.

[...] os Estados membros deveriam ser capazes de juntar-se e agir juntos quando sérias violações dos direitos humanos ocorressem. A comissão é capaz de fazer isso por ter a opção de adotar resoluções específicas sobre países. Ainda que essa capacidade tenha atingido níveis nocivos de politização – os quais a função proposta de revisão pelos pares do Conselho de Direitos Humanos deveria solucionar – a habilidade de lidar com situações sérias precisa ser mantida e revigorada[16].

As modalidades de implementação do mecanismo de revisão pelos pares, a decisão a respeito do "*status*" do novo Conselho e a definição do que fazer com os mecanismos e procedimentos da CDH ficariam, naturalmente, para a decisão dos Estados membros. Os líderes mundiais, reunidos em Nova York, em outubro de 2005, adotaram um documento final em que decidiram criar o Conselho de Direitos Humanos.

16 Documento A/59/2005/Add.1, parágrafos 8, 10 e 11.

142   A POLITIZAÇÃO DOS DIREITOS HUMANOS

A decisão não foi muito além disso e da costumeira retórica a respeito do compromisso com os direitos humanos. No entanto, os líderes afirmaram que o Conselho deveria lidar com situações de violações dos direitos humanos, "inclusive graves e sistemáticas", e fazer recomendações a respeito. O documento final encomendou ao presidente da Assembleia Geral a tarefa de conduzir "negociações abertas, transparentes e inclusivas" ("open, transparent and inclusive negotiations") com o objetivo de estabelecer o mandato, as modalidades, as funções, o tamanho, a composição, os métodos de trabalho e os procedimentos do Conselho[17]. Essas negociações, pilotadas pelo presidente da Assembleia Geral, o sueco Jan Eliasson, demoraram mais do que o esperado. Foram cerca de cinco meses de negociações em Nova York até a adoção, em 15 de março de 2006, da resolução 60/251, por 170 votos a favor, quatro contra (EUA, Israel, Ilhas Marshall e Palau) e três abstenções (Belarus, Irã e Venezuela).

A resolução refletiu, em grande medida, as ideias do secretário-geral, mas com diferenças importantes. Rejeitou a proposta de maioria qualificada de 2/3 para a eleição dos membros do novo Conselho pela Assembleia Geral e a ideia de organismo muito menor do que a antiga CDH, como era o desejo do secretário-geral e de algumas delegações, sobretudo a dos Estados Unidos. O novo Conselho foi criado como órgão subsidiário da Assembleia Geral, mas com a previsão de revisão desse "status" dentro de cinco anos. Em vez dos 53 membros da CDH, o novo Conselho seria integrado por 47 Estados, a serem eleitos com mandato de três anos e com a proibição, que inexistia na CDH, de reeleição imediata depois de exercer dois mandatos consecutivos. Não estabeleceu critérios rígidos para os candidatos a integrar o novo órgão, como queriam algumas ONGs e delegações de países ocidentais, mas determinou que, ao eleger os membros do Conselho, a Assembleia deveria levar em conta a contribuição dos candidatos para a promoção e proteção dos direitos humanos e seus compromissos voluntários assumidos durante o processo eleitoral. Além disso, facultou à Assembleia, no que foi considerada

17 Resolução A/RES/60/1, parágrafos operativos 157 a 160.

A CRIAÇÃO DO CONSELHO DE DIREITOS HUMANOS   143

grande inovação – embora de efeitos práticos duvidosos –, a suspensão da participação no Conselho de membros que cometam violações flagrantes e sistemáticas dos direitos humanos. Essa suspensão, contudo, exigiria a concordância de 2/3 da Assembleia Geral[18].

Entre os aspectos relevantes incluídos na resolução, sobressaem os seguintes: a. manutenção do mandato de lidar com situações de violações dos direitos humanos e fazer recomendações a respeito, na linha do documento final da Cúpula de 2005; b. estabelecimento de mecanismo de "revisão periódica universal" para o exame do cumprimento pelos Estados de seus compromissos e obrigações em matéria de direitos humanos (esse mecanismo deveria ser "cooperativo", baseado no diálogo interativo, com o pleno envolvimento do país examinado); c. instrução para que o Conselho assuma, revise e, se necessário, melhore e racionalize todos os mandatos, mecanismos, funções e responsabilidades da CDH com vistas a manter um sistema de procedimentos especiais, de assessoria por peritos e procedimento de queixas. A resolução fixou o prazo de um ano, a partir de sua primeira sessão (19 de junho de 2006), para que o Conselho desenvolvesse as modalidades da revisão periódica universal e realizasse a revisão dos mandatos e procedimentos da antiga CDH[19]. Note-se que a resolução não utilizou o termo "revisão pelos pares", que consta do relatório do secretário-geral, mas "revisão periódica universal", o que poderia ser interpretado como a porta aberta para que outros atores, além dos Estados, possam desempenhar algum papel nesse mecanismo. De qualquer forma, a resolução deu amplos poderes para o Conselho formular as modalidades de revisão periódica e determinou que os membros do novo órgão deveriam ser objeto da revisão periódica durante o exercício de seu mandato[20].

A adoção da resolução marcou apenas o ponto de partida para a batalha em torno da chamada construção institucional do novo Conselho de Direitos Humanos. Na prática, forneceu os contornos gerais do mandato do Conselho, mas delegou ao novo órgão a definição dos detalhes tanto do novo

18 Resolução A/RES/60/251, parágrafos operativos 1, 7 e 8.
19 Idem, parágrafos operativos 3, 5(e) e 6.
20 Idem, parágrafo operativo 9.

144 A POLITIZAÇÃO DOS DIREITOS HUMANOS

mecanismo de revisão periódica, quanto dos demais mecanismos e instituições da CDH, notadamente o procedimento de queixas da resolução 1503 do ECOSOC, a Subcomissão de Promoção e Proteção dos Direitos Humanos e os mandatos de relatores especiais, peritos independentes, representantes especiais ou pessoais que, em seu conjunto, são designados como "procedimentos especiais" (temáticos e relativos a países específicos). Dessa forma, a resolução representou resposta ao clamor por mudança e sinalizou a vontade política geral de aumentar o grau de "profissionalismo" e a "credibilidade" do sistema de direitos humanos. As concepções distintas e as visões conflitantes acerca do futuro do sistema de proteção dos direitos humanos da ONU somente não ficaram totalmente nas sombras porque os EUA solicitaram que o projeto de resolução fosse submetido à votação. As explicações de voto no plenário da Assembleia Geral e os discursos na primeira sessão do Conselho dariam razão ao ditado de que o "diabo mora nos detalhes". A promessa de tratamento mais equilibrado no tratamento das situações de direitos humanos, com que praticamente todos poderiam concordar *in abstracto*, revelar-se-ia muito mais complexa de efetivar-se *in concretu*.

RESOLUÇÕES SOBRE PAÍSES SOMENTE
POR CONSENSO?

Os EUA solicitaram o voto para a resolução que criou o Conselho basicamente porque não conseguiram fazer aprovar os seguintes pontos principais que perseguiram durante as negociações: a. aprovação da proposta do secretário-geral de eleição dos membros do Conselho por 2/3 dos votos da Assembleia Geral; b. tamanho reduzido para o novo conselho (no máximo vinte membros), o que evitaria a dispersão de energia; c. oposição a critérios que limitassem a reeleição e a busca de fórmula que permitisse na prática cadeira permanente para os P-5 do Conselho de Segurança; d. adoção de critérios rígidos para evitar que "violadores de direitos humanos" possam se candidatar ao novo Conselho (a delegação norte-americana chegou a defender proibição de candidatura de países sob

A CRIAÇÃO DO CONSELHO DE DIREITOS HUMANOS 145

sanção do Conselho de Segurança)[21]. Já Cuba, no extremo oposto, reclamou da manutenção no texto da possibilidade de suspensão de membros do Conselho por maioria de 2/3 da Assembleia Geral, o que, no entender da delegação cubana, poderia se prestar a manipulações de todo gênero por parte das potências. Apesar de algumas explicações de voto contrárias a determinados aspectos da resolução, a grande maioria de países saudou o texto como a inauguração de uma etapa promissora no sistema de direitos humanos da ONU[22].

Não resta dúvida de que o processo de reforma foi considerado um avanço, em especial pela introdução do novo mecanismo de revisão periódica universal das obrigações de todos os Estados membros no campo dos direitos humanos. O secretário-geral procurou refletir a satisfação majoritária com o resultado obtido e a esperança de que nova era para os direitos humanos se abria nas Nações Unidas, uma era de maior objetividade e equilíbrio, rompendo com o passado de politização, seletividade e recriminações da antiga CDH. Isso ficou evidente no discurso que pronunciou na sessão inaugural do Conselho de Direitos Humanos, no dia 19 de junho de 2006, em Genebra:

uma nova era no trabalho das Nações Unidas pelos direitos humanos foi proclamada.
[...] o trabalho do Conselho precisa marcar uma clara ruptura com o passado, que terá de ficar evidente na forma de desenvolver e aplicar o mecanismo de revisão periódica universal [...]

---

21 Esses mesmos elementos justificaram a decisão do governo Bush de não integrar o Conselho de Direitos Humanos, de modo a demonstrar insatisfação com seus rumos e evitar emprestar-lhe legitimidade.

22 O Brasil foi um dos países que se manifestaram de maneira positiva em relação à resolução 60/251. O então representante permanente, embaixador Ronaldo Sardenberg, lamentou apenas o encolhimento desproporcional da representação do GRULAC no novo Conselho. O GRULAC tinha onze cadeiras, em um órgão de 53, passou a ter oito no novo organismo de 47. Os demais grupos regionais ficaram com os seguintes números de assentos: treze para o Grupo Africano (tinha quinze na Comissão), treze para a Ásia (tinha doze), seis para a Europa do Leste (tinha cinco), sete para o Grupo da Europa Ocidental e Outros (tinha dez). Para um resumo das explicações de voto por ocasião da adoção da resolução, ver síntese preparada pelo Departamento de Informação Pública da ONU, disponível em: <www.un.org/News/Press/docs/2006/ga10449.doc.htm>.

[...] O que tem de ficar evidente, acima de tudo, é a mudança de cultura. No lugar da cultura de confrontação e desconfiança, que permeou a Comissão em seus anos finais, precisamos ver uma cultura de cooperação e compromisso, inspirada por uma liderança madura[23].

Se a cultura da desconfiança e da confrontação derivava do sistema de adoção de resoluções sobre países, o novo mecanismo de revisão periódica universal poderia, em tese, sanar o problema, ao estabelecer o exame de todos os Estados, inclusive os mais poderosos e que se consideravam imunes a críticas. No entanto, faltava muita coisa por definir. Não apenas os detalhes da própria revisão periódica precisariam ser discutidos – por exemplo, sua modalidade de operação, fontes de informação para a análise, periodicidade, ordem dos países a serem examinados, resultados do exercício, entre outros –, mas também a racionalização de todos os mecanismos da CDH, inclusive os relatores para países específicos. Não estava ainda claro tampouco o tipo de vínculo que seria estabelecido, se é que haveria algum, entre o novo mecanismo de revisão periódica e as outras vertentes do monitoramento da situação de direitos humanos, como os procedimentos especiais e o sistema de recebimento de petições da resolução 1503. O que parecia certo, porém, era que a cultura do confronto não seria superada automaticamente, mas teria de ser fruto de trabalho árduo de construção institucional que limitasse a possibilidade de reincidir nos erros que levaram ao desgaste e, finalmente, ao ocaso da CDH. A grande questão, em suma, era dar expressão concreta ao parágrafo preambular 8 da resolução 60/251, que, referindo-se à CDH, reconhecia "a necessidade de preservar suas realizações, construir sobre elas e de reparar seus defeitos".

A visão da maioria das ONGs internacionais de direitos humanos também foi a de que o novo Conselho continha o potencial para superar os defeitos da CDH e fortalecer os mecanismos de proteção dos direitos humanos. O otimismo em relação às novas características do Conselho, conforme estabelecidas pela resolução 60/251, tendia a se fazer acompanhar, entretanto, de dúvidas quanto à vontade política dos Estados

23 Disponível em <www.un.org/apps/sg/printsgstats.asp?nid=2090>.

A CRIAÇÃO DO CONSELHO DE DIREITOS HUMANOS   147

membros de abraçarem de maneira sincera a causa dos direitos humanos. Os aparentes avanços em termos de mandato e novas atribuições, em particular a revisão periódica universal, poderiam, dessa perspectiva, ser solapados pela continuidade da cultura da desconfiança ou pela incapacidade dos Estados de afastarem-se de suas práticas e interesses tradicionais. Ainda assim, a avaliação predominante na comunidade de ONGS foi a de que o novo Conselho introduzia elementos inovadores e arcabouço institucional a ser obviamente detalhado e complementado, mas que, se não era garantia absoluta de êxito, constituía passo importante rumo à consolidação de mecanismos de supervisão dos direitos humanos mais isentos, objetivos e profissionais. Essa avaliação foi comum às ONGS mundiais mais conhecidas, como a Anistia Internacional e a Human Rights Watch, e outras que acompanham diariamente, em Genebra e em Nova York, os trabalhos dos mecanismos e órgãos de direitos humanos, como a organização International Service for Human Rights. A representante desta última resumiu da seguinte forma o sentimento que perpassou a comunidade de defensores de direitos humanos:

O Conselho representa um novo capítulo para os direitos humanos. O Conselho tem algumas novas características, como sessões mais longas e frequentes, a possibilidade de se reportar diretamente à Assembleia Geral, a exigência de revisão periódica de todos os Estados ao invés de apenas alguns poucos selecionados e um melhor processo eleitoral, que garantem maiores oportunidades para que ele seja um mecanismo mais forte e efetivo do que a Comissão [...] Os poderes e funções do Conselho são apenas uma parte do processo de reforma, cujo elemento mais determinante será a disposição dos Estados de mudar sua própria cultura de funcionamento e de dar poder ao Conselho para agir conforme estabelece seu mandato[24].

Não é difícil imaginar o que se deva entender por essa "mudança de cultura". A dificuldade se encontra em viabilizar na prática mudança dessa natureza. No caso dos países ocidentais, isso significaria aceitar critérios mais objetivos, para

24 M. Abraham, *A New Chapter for Human Rights: A Handbook on Issues of Transition from the Commission on Human Rights to the Human Rights Council*, p. 14 e 15.

148   A POLITIZAÇÃO DOS DIREITOS HUMANOS

além do voluntarismo dos iniciadores e patrocinadores, para a apresentação de resoluções sobre a situação de direitos humanos em países específicos. Em outras palavras, dispor-se a submeter a mecânica de apresentação e adoção de tais resoluções a regras gerais negociadas previamente, de modo a assegurar que as decisões nesse campo não sejam encaradas como produto do arbítrio dos patrocinadores, mas o resultado de uma análise multilateral isenta e equilibrada. Para o chamado Grupo Like-Minded[25], a mudança de cultura passaria por aceitar a eventualidade de singularizar casos mais graves de violações de direitos humanos, ou seja, admitir que, mesmo na ausência do consentimento do Estado-alvo, esse tipo de instrumento poderia afigurar-se útil como forma de pressão internacional para mudança de práticas nocivas aos direitos humanos e liberdades fundamentais. A polarização entre esses dois grupos acaba, em última instância, sendo aparentemente cômoda para ambos. O primeiro mantém a liberdade de apresentar resoluções como bem entender sobre os países que deseja eleger como alvos (menos contra si mesmos e seus aliados, obviamente), enquanto o segundo aparece como vítima real ou potencial da seletividade, denuncia as resoluções sobre países como irremediavelmente viciadas e, ao fazê-lo, retira legitimidade de qualquer intento de singularizar casos mais graves. Polarização cômoda para ambos, porém altamente nociva para a manutenção da autoridade e legitimidade do sistema. Foi essa polarização que, em boa medida, levou a CDH ao descrédito.

Essa clivagem se manifestaria em diversos pontos de discussão no primeiro ano de funcionamento do Conselho de Direitos Humanos. Europeus, norte-americanos e canadenses tendiam a manter o *status quo* para a ausência de critérios na apresentação de resoluções para países, enquanto asiáticos, africanos, países do NAM, OIC e Federação da Rússia queriam, na prática, inviabilizar a apresentação de resoluções sobre países. A criação da revisão periódica universal ajudou a nutrir a esperança de que se pudesse dar um salto de qualidade nos trabalhos do novo órgão. Esse novo mecanismo foi imediata-

25   Ver nota 21 supra, p. 111.

mente visto como fundamental para instilar a cultura da cooperação e da confiança no Conselho. As expectativas quanto ao seu funcionamento e alcance, contudo, foram e continuam sendo muito diferentes para distintos grupos. As expectativas e objetivos também são ainda pouco coincidentes quanto ao trabalho de revisão dos mecanismos e procedimentos da antiga CDH. Talvez pela sensibilidade inerente ao tema dos direitos humanos, o primeiro ano de funcionamento do Conselho demonstrou que a cultura da confiança e da cooperação encontrará obstáculos nada desprezíveis para enraizar-se, bem como continuará significando coisas diferentes para os distintos atores. A desconfiança continuou presente, inclusive no que concerne ao estabelecimento da revisão periódica universal, como nota Philip Alston:

No final das contas, o processo de reforma foi, ao menos em princípio, bem sucedido em responder às preocupações tanto dos países ocidentais quanto do Grupo Like-Minded, ao optar por estabelecer um processo de revisão periódica universal. Na prática, porém, as expectativas dos dois grupos serão provavelmente deveras diferentes, com o grupo ocidental pretendendo um processo de revisão de tipo inquisitorial, que gere conclusões críticas a países específicos, e o Grupo Like-Minded um processo mais geral e não conclusivo. O resultado desses debates será assim fortemente influenciado pelos Estados, especialmente os latino-americanos e africanos, que não se alinharam estreitamente com nenhum dos grupos protagonistas[26].

Essa diferença apontada por Alston reproduziu-se em todos os pontos pendentes de decisão no seio do novo Conselho ao longo do primeiro ano, ou seja, em sua fase de "construção institucional". Da discussão a respeito da agenda, passando pelos métodos de trabalho e regras de procedimento e pela revisão dos procedimentos especiais, as posições opostas e a clivagem em torno da questão das resoluções e mandatos sobre países estiveram presentes, pairando sobre as negociações e constituindo-se em eixo fundamental de debates. As prioridades do Grupo Like-Minded foram a busca da

---

26 *Reconceiving the UN Human Rights Regime: Challenges Confronting the New UN Human Rights Council*, p. 22.

150   A POLITIZAÇÃO DOS DIREITOS HUMANOS

eliminação de mandatos para países existentes e a criação de barreiras intransponíveis para futuras resoluções sobre países, uma vez que representariam o defeito mais grave da antiga CDH, por concentrar a seletividade e o grau mais elevado de politização. É difícil não dar razão à constatação de que a politização e a seletividade estavam mais presentes nessas resoluções. No entanto, a inexistência de resoluções diante de situações igualmente graves não deixa de representar, como visto no capítulo anterior, outra forma de politização, não menos deletéria para a credibilidade do sistema de direitos humanos da ONU.

Ilustrativa dessa postura foi a intervenção do embaixador da China em nome do Grupo Like-Minded no dia 3 de outubro de 2006 perante o Conselho. Na ocasião, o embaixador Zukang defendeu a "remoção de todos os mandatos sobre países específicos da agenda do Conselho de Direitos Humanos" e forneceu quatro razões principais para sustentar essa posição: 1. a maioria dos mandatos sobre países é criada por resoluções adotadas depois de negociações duras e, sobretudo, o consenso não é a base dessas decisões, que não contam com o consentimento dos países em questão; os mandatos são portanto produto de politização excessiva e seletividade e não se coadunam com os princípios de cooperação e diálogo autêntico; 2. a revisão periódica universal já garante cobertura universal e tratamento equitativo, não havendo assim utilidade em se manter outro mecanismo que duplicaria o novo mecanismo e manteria inalterada a confrontação política; 3. a maioria dos Estados expressou desejo de manter o procedimento confidencial 1503, que poderá, com alguns ajustes, lidar com casos de violações graves e sistemáticas dos direitos humanos; 4. a resolução 60/251 deu ao Conselho a possibilidade de convocar sessões especiais para os casos realmente graves e as emergências, o que pode ser utilizado de maneira mais eficiente para tratar de violações de direitos humanos em países específicos[27].

A intervenção chinesa tocava em vários pontos que seriam objetos das discussões no âmbito de três grupos de trabalho do Conselho de Direitos Humanos para discutir diferentes

27   Statement on Country Mandates by H. E. Ambassador SHA Zukang on behalf of the LMG on October 3, 2006, disponível em: <www.china-un.ch/eng/xwdt/t275792.htm>.

A CRIAÇÃO DO CONSELHO DE DIREITOS HUMANOS   151

aspectos da sua construção institucional[28]. A busca da imposição de obstáculos intransponíveis para a adoção de resoluções sobre países, à exceção do caso dos territórios ocupados por Israel, foi rejeitada não apenas pelos países ocidentais do Conselho, mas também pelos latino-americanos[29]. Por trás da intervenção da China, que pautaria a atuação dos países mais avessos à ideia de um monitoramento eficaz da situação dos direitos humanos, estava a clara intenção de utilizar a evidência de um defeito real, a excessiva politização e seletividade, como desculpa para impedir qualquer monitoramento digno desse nome. Essa posição de princípio levaria a China e seus aliados naturais – tais como Argélia, Cuba, Paquistão, entre outros – a defenderem as seguintes linhas de ação principais ao longo das negociações: mecanismo de revisão periódica universal sem capacidade de "constranger" eventuais violadores, uma vez que a definição desse mecanismo como "cooperativo" pela resolução 60/251 seria encarada como controle quase completo do Estado examinado sobre o desenrolar do procedimento; o consentimento do governo em questão deveria ser a condição para resolução sobre país específico; alternativamente, em caso de controvérsias, as resoluções dessa natureza deveriam obedecer a regra de procedimento que, na prática, inviabilizaria qualquer resolução (exigência de no mínimo 1/3 de membros do Conselho copatrocinando a iniciativa e maioria de 2/3 para sua aprovação); defesa de mudanças cosméticas do procedimento 1503, incapazes de torná-lo instrumento eficaz para tratamento de questões graves e urgentes; insistência no recurso às sessões especiais, que necessitam

28 O Conselho, em suas primeira e terceira sessões, decidiu estabelecer grupos de trabalho abertos sobre os seguintes temas: 1. GT para desenvolver os pormenores do mecanismo de revisão periódica universal; 2. GT sobre revisão e racionalização de mandatos, mecanismos, funções e responsabilidades com vistas a manter um sistema de procedimentos especiais, assessoria por peritos e procedimento de queixas (esse GT foi dividido em três segmentos: revisão de procedimentos, procedimento de queixas e órgão assessor); 3. GT sobre agenda, programa de trabalho anual, métodos de trabalho e regras de procedimento (este GT foi dividido em dois segmentos: agenda e programa de trabalho, de um lado, e métodos de trabalho e regras de procedimento, de outro).

29 A posição brasileira, que será analisada nos próximos capítulos, foi no sentido de aprimorar o sistema de adoção de resoluções e mandatos por países, sem, contudo, inviabilizar esse instrumento considerado útil para casos mais graves.

152 A POLITIZAÇÃO DOS DIREITOS HUMANOS

de quorum de dezesseis Estados membros, o que garantiria o controle da situação pela maioria de países afro-asiáticos do órgão (26 membros entre os 47); a oposição à inclusão na agenda do Conselho de um item específico sobre situações de direitos humanos, combinado com a defesa da manutenção de item separado para o tema dos territórios ocupados por Israel.

Essa posição dos países *like-minded* equivaleria a abrir mão da consideração da situação de países ou limitar essa análise à perspectiva estrita de promoção dos direitos humanos, entendida como cooperação técnica e construção de capacidades nacionais, sempre com o consentimento prévio do Estado em questão. A função de proteção, que pressupõe não apenas a oferta de cooperação, mas também a faculdade de determinar a responsabilidade internacional do Estado no caso de violações, seria descartada em nome do combate à politização. Essa linha de raciocínio baseia-se na avaliação de que o déficit de credibilidade da antiga CDH derivava tão-somente da inclusão de países na pauta do monitoramento por razões políticas, sem relação com a real preocupação com os direitos humanos. Esquece que o déficit de credibilidade e a falta de eficácia emanavam igualmente da ausência, no rol dos que são alvos de resoluções e mandatos, de países cuja situação grave mereceria a atenção do órgão principal da ONU encarregado da proteção e promoção dos direitos humanos. Contra a politização consubstanciada na escolha arbitrária de países a serem monitorados, defende-se a politização pela omissão, o que não é senão um golpe no próprio princípio, consagrado na Conferência Mundial de Direitos Humanos (Viena, 1993), da legitimidade da preocupação internacional com os direitos humanos em qualquer parte do mundo.

Nesse sentido, a posição adotada pelo Grupo Like-Minded no conselho corrobora a análise do professor Paulo Sérgio Pinheiro relativa aos últimos anos da CDH:

Hoje em dia, além das divisões entre Norte e Sul (em substituição àquela entre Leste e Oeste) no seio da comissão, além das

A CRIAÇÃO DO CONSELHO DE DIREITOS HUMANOS   153

práticas defensivas dos grupos regionais, há a presença do assim chamado Grupo Like-Minded que critica a politização e a seletividade, dando proeminência aos direitos econômicos e sociais e, às vezes, tendo iniciativas que visam a limitar os procedimentos especiais. Denuncia-se a prática de *finger-pointing* pela qual se expõe as violações de países particulares em lugar de o fazer em termos gerais, e a desproporção da atenção dada a alguns países em detrimento de outros. Há, é certo, alguma verdade nessa alegação se se considerar que o principal problema da comissão diz mais respeito àquelas situações concretas que são omitidas do que àquelas que são incluídas[30].

Apesar dessa clivagem e da dificuldade de se implementar na prática uma nova cultura nos trabalhos do Conselho, houve ao longo do primeiro ano certa "trégua" por parte dos países europeus na apresentação de projetos de resolução sobre países específicos. Durante a 5ª e decisiva sessão do Conselho, de 11 a 18 de junho de 2007, quando se adotou o pacote institucional do Conselho, a UE, embora tenha reclamado, não logrou impor obstáculo à eliminação dos mandatos relativos a Belarus e a Cuba. Aparentemente, a estratégia não representou a disposição de rever a prática tradicional de apresentação de projetos de resolução desse tipo, mas a aposta em evitar confronto desnecessário no momento em que se negociavam os contornos das instituições do novo organismo, inclusive um item da agenda que poderia abrigar, no futuro, resoluções sobre países. A decisão prévia de se adotar o pacote por consenso impôs ônus adicional aos inflexíveis, que certamente não gostariam de assumir a responsabilidade pelo eventual fracasso do esforço negociador. A adoção desse pacote, em 18 de junho de 2007, embora não tenha dissipado completamente a cultura da confrontação, certamente abriu novas vias que, se bem aproveitadas, poderão encaminhar o debate no Conselho em direção ao ideal de maior profissionalismo e objetividade no exame das situações de direitos humanos em países.

---

30 Les Etats au sein de la Commission des Droits de l'Homme: la politisation des groupes, em E. Decaux (org.), *Les Nations Unies et les Droits de l'Homme: enjeux et défis d'une réforme*, p. 110.

O MECANISMO DE REVISÃO PERIÓDICA UNIVERSAL, AS RESOLUÇÕES SOBRE PAÍSES E A INEFICÁCIA DO SISTEMA DE RECEBIMENTO DE QUEIXAS DA RESOLUÇÃO 1503 DO ECOSOC

O chamado "Texto do Presidente", do embaixador mexicano Alfonso de Alba, que presidiu os trabalhos do Conselho em seu primeiro ano ou ciclo de sessões, refletiu verdadeiro compromisso entre as delegações e procurou dar resposta às instruções contidas na resolução 60/251 da Assembleia Geral quanto à construção institucional do novo órgão. O documento final deixou ainda várias lacunas, particularmente no que tange à revisão dos mandatos de procedimentos especiais, mas avançou na definição de critérios e modalidades da revisão periódica universal, estabeleceu as regras de procedimento e a agenda do Conselho, adotou critérios para a nomeação de titulares de mandatos de procedimentos especiais, decidiu sobre a criação de um comitê assessor formado por dezoito peritos independentes (em substituição à antiga Subcomissão de Promoção e Proteção dos Direitos Humanos, integrada por 26 peritos), e manteve procedimento de recebimento de petições sobre violações flagrantes e sistemáticas dos direitos humanos nos moldes do procedimento 1503 (com pequenas mudanças que não alteraram substancialmente o mecanismo até então vigente)[31]. Além disso, o Conselho adotou, por insistência do Grupo Africano liderado pela Argélia, uma resolução contendo um "código de conduta" para os peritos detentores de mandatos do Conselho[32]. Embora a primeira versão desse código constituísse clara tentativa de limitar a independência e a eficácia dos procedimentos especiais, as negociações em torno do texto foram capazes de gerar equilíbrio entre as obrigações dos detentores de mandatos de observarem a ética na condução de seu trabalho e a necessidade de os Estados cooperarem com tais mecanismos.

---

31 O Texto do Presidente consta da resolução 5/1 do Conselho intitulada, Institution-Building of the United Nations Human Rights Council.

32 Resolução 5/2 do Conselho de Direitos Humanos intitulada, Code of Conduct for Special Procedures Mandate-holders of the Human Rights Council.

A CRIAÇÃO DO CONSELHO DE DIREITOS HUMANOS   155

As duas questões que ameaçaram o consenso nos últimos momentos da negociação do pacote de construção institucional são reveladoras da importância atribuída às situações sobre países e seu potencial de continuar gerando controvérsias. A primeira questão envolveu a China, que insistia na inclusão, nas regras de procedimento, da obrigação de se alcançar a maioria de 2/3 para aprovação de projetos de resolução relativos a países específicos. A proposta da China, que contava com a simpatia de outros *like-minded*, baseava-se na argumentação de que esse tipo de resolução, por seu potencial de politização e sua importância intrínseca, deveria ser objeto de consideração diferenciada, de forma análoga às decisões mais importantes da Assembleia Geral que implicam mudança da Carta da ONU (casos em que é exigida aprovação por 2/3 dos membros). A argumentação da China começou a tornar-se insustentável quando seus negociadores esclareceram que as resoluções relativas aos territórios ocupados por Israel continuariam sendo aprovadas por maioria simples, uma vez que não constituiriam resoluções sobre países, mas resolução temática sobre "ocupação estrangeira". Os europeus apressaram-se a apontar que, por essa lógica, as resoluções relativas a Israel não seriam consideradas particularmente importantes, já que exigiriam quorum mais baixo do que as outras resoluções sobre países. Diante do imbróglio, a China acabou convencida a trocar sua proposta por uma referência, na seção sobre "cultura dos trabalhos" do "Texto do Presidente", em que o Conselho reconhece a necessidade de que "propositores de uma resolução sobre países têm a responsabilidade de assegurar o apoio mais amplo possível para suas iniciativas (preferivelmente de quinze membros), antes que haja deliberação sobre o projeto"[33].

A outra questão que ameaçou o consenso foi o descontentamento do Canadá, que, nesse aspecto adotou posição sem dúvida semelhante à que tomariam os EUA caso fossem membros do conselho, em relação à inclusão de um item específico na agenda do Conselho para o tratamento dos territórios ocupados por Israel (item 7, intitulado "Human Rights Situation in

33   Anexo da resolução 5/1 do Conselho de Direitos Humanos, parágrafo 117(e).

Palestine and other Occupied Arab Territories"). Para o Canadá, esse item significou prova de seletividade e politização, por ser Israel o único país singularizado na agenda, ao passo que, a seu ver, esse era assunto que deveria ser tratado no âmbito do item geral sobre situação dos direitos humanos em todo o mundo (o novo item 4 intitulado "Human Rights Situations that Require the Council's Attention")[34]. De qualquer forma, a inclusão do novo item 4 ao lado do 7 não deixou de ser produto de clara barganha entre europeus, de um lado, e países *like-minded* e membros da Organização da Conferência Islâmica, de outro. Os primeiros garantiram, apesar da maioria afro-asiática do Conselho, a manutenção de um item para o exame das situações de países, enquanto os segundos obtiveram amplo apoio (com exceção do Canadá) para a manutenção de item relativo aos territórios ocupados por Israel. Nesse particular, os principais protagonistas do jogo de recriminações mútuas na antiga CDH preferiram o "*status quo*" a aventurar-se na elaboração de uma agenda que, mais flexível ou genérica, não lhes oferecesse a certeza de que os temas que consideravam prioritários fossem necessariamente inscritos de maneira duradoura na pauta do Conselho de Direitos Humanos.

De modo geral, as principais ONGs receberam com alívio o resultado das negociações em torno da construção institucional do Conselho. A principal preocupação era sem dúvida a possibilidade de que o mecanismo de revisão periódica universal fosse interpretado como substituto para a adoção de resoluções sobre países, criando sistema engessado que impediria ou adiaria indefinidamente decisões em casos mais graves e urgentes. De fato, a interpretação dos *like-minded* – no sentido de que a revisão periódica universal já garantia por si

---

34 O Canadá chegou a manifestar no plenário do Conselho sua intenção de pedir voto para o pacote, o que não teria feito por ter interpretado que o Texto do Presidente' não havia sido adotado dia 18 de junho de 2007, mas apenas apresentado como resultado final das negociações. No dia 19, início do segundo ciclo de sessões do Conselho, porém, a interpretação do novo presidente do Conselho de que o pacote havia sido adotado por consenso no dia anterior foi colocada em votação a pedido do Canadá e confirmada pelo Conselho. Em suma, conforme afirmou um diplomata brasileiro que acompanhou as negociações, "foi um consenso sobre o qual não houve consenso".

A CRIAÇÃO DO CONSELHO DE DIREITOS HUMANOS   157

só o exame de todos os países e tornava desnecessária a apresentação de resoluções sobre países – não foi endossada pelo "Texto do Presidente". No entanto, a Anistia Internacional não deixou de expressar reservas em relação ao pacote alcançado:

> Após um ano de negociações, a Anístia Internacional desejava e esperava um melhor resultado. Os Estados falharam em erguer-se acima da politização e da desconfiança que perturbou a Comissão de Direitos Humanos e isso causou grande prejuízo às negociações. Todavia, o "Texto do Presidente" fornece a base para o Conselho começar o seu trabalho. Os Estados e outras partes interessadas devem agora avançar com renovado compromisso para garantir que todo o potencial do Conselho seja realizado e para que ele seja forte e efetivo na promoção e proteção dos direitos humanos [35].

Apesar da real politização constatada pela Anistia, a análise da ONG talvez tenha sido baseada em visão maximalista, como se fosse razoável esperar que o fim da cultura da confrontação e dos embates entre distintos blocos pudesse ser alcançado sem maiores contratempos. A criação dessa nova cultura certamente ainda demandará muito esforço, mudanças importantes de posições de diferentes países e, sobretudo, a criação de ambiente mais cooperativo no seio do Conselho. Para que a cooperação, contudo, não seja interpretada como ausência de monitoramento nem como carta branca para a arbitrariedade na escolha dos países examinados e eventualmente singularizados, as instituições do novo órgão precisam criar uma base sólida para que as decisões relativas a países não sejam fruto único de interesses particulares, mas respondam a tratamento objetivo das situações concretas no terreno. Pode-se dizer, apesar de seus defeitos e lacunas, que o "Texto do Presidente" abriu novos caminhos que, se bem explorados, poderão melhorar a eficiência do sistema de promoção e proteção dos direitos humanos. O principal ponto do texto que poderá ter impacto mais direto na sistemática de adoção de resoluções sobre países é o relativo à revisão periódica

---

35 Anistia Internacional, *Conclusion of the United Nations Human Rights Council's Institution Building: has the spirit of General Assembly resolution 60/251 been honoured?* (AI Index IOR 41/015/2007), 20 jun. 2007, p. 3, disponível em: <http://web.amnesty.org/library/print/ENGIOR410152007>.

universal, muito embora outros aspectos, caso sejam aperfeiçoados no futuro, possam também contribuir para gerar um sistema mais objetivo de análise das situações dos direitos humanos em países. Nesse sentido, são igualmente importantes os princípios para a revisão dos mandatos dos procedimentos especiais, o papel do novo Comitê Assessor e o mecanismo de tramitação de queixas.

A observação geral que se impõe é a ausência de parâmetros claros para a apresentação de resoluções sobre países, além da já mencionada recomendação de assegurar amplo apoio no Conselho, preferencialmente de quinze membros. Não se estabeleceu recomendação de submeter a prática de apresentação de tais resoluções ao exame prévio das situações concretas de direitos humanos pelas distintas vertentes e mecanismos de monitoramento, muito embora algumas dessas vertentes possam teoricamente culminar na apresentação de resoluções sobre países ou servir de base para decisão nesse sentido. Para verificar o grau de êxito do Conselho na criação de instituições capazes de evitar a politização excessiva e a seletividade que marcaram a CDH, é necessário saber se os mecanismos de monitoramento serão eficazes a ponto de tornar inegavelmente desnecessária a prática de apresentação de resoluções sobre países de maneira "avulsa", ou seja, sem vínculo ou conexão com o tratamento e a análise das situações por instituições dotadas de autoridade e certa autonomia em relação aos interesses imediatos dos principais países e grupos de países. Ao analisar o "Texto do Presidente" desse ângulo, podem-se identificar pontos positivos e outros que certamente deixam a desejar e que merecerão ser objeto de aperfeiçoamento.

A principal inovação do Conselho, a revisão periódica universal, nasceu já com a vantagem evidente de ser dirigida a todos os países, ou seja, conter o potencial de analisar objetivamente as situações dos Estados membros, independentemente de seu poder e tamanho. O "Texto do Presidente" incluiu a definição de que a revisão é um "processo intergovernamental, dirigido pelos membros das Nações Unidas", o que poderia dar margem à interpretação de que o papel de peritos e organizações da sociedade civil é, na melhor das hipóteses, subsidiário. Não obstante, o mecanismo deverá utilizar como

A CRIAÇÃO DO CONSELHO DE DIREITOS HUMANOS   159

base as informações fornecidas pelo próprio Estado examinado, a compilação – elaborada pelo Escritório do Alto Comissário para os Direitos Humanos – de informações disponíveis no
sistema (relatórios de órgãos de tratados, procedimentos especiais e outros documentos oficiais da ONU) e o resumo – a ser
também preparado pelo Alto Comissariado – contendo "informações fundadas e confiáveis fornecidas por outras partes
interessadas relevantes para a revisão periódica universal"[36]. A
revisão propriamente dita e o "diálogo interativo" entre o Estado examinado e seus pares ocorrerá em um Grupo de Trabalho integrado pelos 47 Estados membros do Conselho.
O processo será facilitado por três relatores escolhidos entre
os Estados membros. Haverá a possibilidade de participação de
Estados membros da ONU observadores no Conselho e da
"presença" de outras "partes interessadas" (*stakeholders*), basicamente ONGS e representantes da sociedade civil não integrantes de delegações oficiais[37]. O GT produzirá relatório, a ser
adotado pelo plenário do Conselho, que deverá conter a síntese
do procedimento, incluindo conclusões e recomendações[38].

A revisão periódica universal foi concebida primordialmente como mecanismo cooperativo, voltado para a identificação tanto de "boas práticas" quanto de "desafios", com o
intuito de ajudar a suprir as necessidades dos Estados em relação ao fortalecimento de suas capacidades nacionais no campo dos direitos humanos. Ainda que os documentos de base,
que serão compilações e não análises novas e atualizadas sobre
cada país examinado, possam conter informações relevantes
que permitam fornecer noção da situação prevalecente no terreno, a revisão propriamente dita será realizada pelos Estados.
Essa característica abre a possibilidade de que se crie situação
em que o maior ou menor rigor dos "examinadores" possa ser
ditado pelos seus próprios interesses políticos. Esse inconve-
niente poderia ser minimizado se a análise da informação fosse
confiada a grupo de peritos, ao passo que aos Estados caberia
a tarefa de dar tratamento às recomendações e tomar a decisão política final. É também com relação a essa questão que

36 Anexo da resolução 5/1 do Conselho de Direitos Humanos, parágrafo 15.
37 Idem, parágrafo 18.
38 Idem, parágrafo 26.

160   A POLITIZAÇÃO DOS DIREITOS HUMANOS

talvez caiba aperfeiçoar a revisão periódica universal, o que deverá ocorrer depois de se completar o primeiro ciclo de revisão de todos os Estados membros (a conclusão desse primeiro ciclo, que teve início em 2008, deve levar quatro anos, de acordo com o previsto em nota de rodapé incluída no "Texto do Presidente"[39]. Conforme ressalta Philip Alston em relação à revisão periódica:

> É a responsabilidade a ser concedida às contribuições dos peritos que vai primariamente distinguir a abordagem mais objetiva e sistemática do Conselho das discussões, aleatórias, não científicas e focadas em países, mantidas pela Comissão. Isso não quer dizer que o resultado será determinado pelos peritos. O processo de tomada de decisão definitiva permanecerá em essência político, repousando firmemente nas mãos dos membros do Conselho[40].

O segundo ponto com impacto relativamente importante sobre o tema das resoluções relativas a países é a revisão e racionalização de mandatos. Os países *like-minded* defenderam no Conselho prioridade para a revisão dos mandatos sobre países. A decisão adotada no "Texto do Presidente" é no sentido de realizar a revisão e racionalização no contexto da negociação da respectiva resolução, obedecendo ao programa de trabalho anual do órgão. Na prática, todos os mandatos foram prorrogados até que o Conselho possa revisá-los (as exceções já mencionadas foram a eliminação dos mandatos sobre Cuba e Belarus, sob justificativa de que já haviam cumprido seus objetivos). Em dois parágrafos do "Texto do Presidente", a questão dos mandatos relativos a países é tratada diretamente, estabelecendo resumidamente o seguinte: a. decisões sobre criação, revisão ou eliminação de mandatos sobre países devem levar em conta os princípios da cooperação e do diálogo autêntico com vistas ao fortalecimento da capacidade dos Estados membros de cumprirem suas obrigações em matéria

---

39 A nota de rodapé se refere ao parágrafo 14 do Anexo da resolução 5/1 do Conselho e afirma o seguinte: "A revisão periódica universal é um processo em evolução; o Conselho, após a conclusão do primeiro ciclo de revisão, poderá reavaliar as modalidades e a periodicidade desse mecanismo com base nas melhores práticas e nas lições aprendidas".

40 *Reconceiving the un Human Rights Regime...*, p. 29 e 30.

A CRIAÇÃO DO CONSELHO DE DIREITOS HUMANOS   161

de direitos humanos; b. na hipótese de situações de violações de direitos humanos ou falta de cooperação que requeiram a atenção do Conselho, devem ser aplicados os princípios da objetividade, não seletividade e da eliminação da politização e da prática de "dois pesos e duas medidas" (*double standards*)[41]. Ao dar orientação geral para a revisão e a criação de mandatos relativos a países, o Conselho admite sua existência, apesar do esforço em sentido contrário dos *like-minded*. Além disso, mesmo abstendo-se de estabelecer regras específicas a serem observadas, não deixa de ressaltar os princípios sem os quais as resoluções sobre países perdem legitimidade.

O Conselho também resolveu criar um Comitê Assessor, formado por dezoito peritos independentes a serem eleitos pelo próprio Conselho com base em candidaturas submetidas pelos Estados membros das Nações Unidas. O novo organismo deve ser apenas uma instância de reflexão acadêmica que executará tarefas que lhe sejam encomendadas pelo Conselho, sem a capacidade, como tinha a Subcomissão, de iniciar estudos, adotar resoluções e decisões e criar grupos de trabalho por conta própria. A subcomissão já havia perdido nos últimos seis anos de existência a faculdade de adotar resoluções relativas a países. Essa proibição foi mantida para o novo Comitê Assessor, que também tem a obrigação de restringir-se às instruções precisas do Conselho na elaboração de contribuição substantiva, que deverá limitar-se às áreas temáticas (ou seja, nada de referência a países específicos). Da forma como foi concebido, o Comitê assessor do Conselho tem papel reduzido na tarefa de proteção dos direitos humanos. Esse aspecto de seu trabalho ficará limitado ao exame inicial de petições no âmbito do procedimento de queixas, na linha do Grupo de Trabalho sobre Comunicações da Subcomissão. O Comitê Assessor, que poderia ser órgão ativo ou ter participação mais central na análise de informações e na preparação de recomendações para o Conselho, foi pensado para não ter a autonomia de que gozava a Subcomissão. Com isso, perdeu-se a possibilidade, pelo menos nesse primeiro momento, de confiar funções mais técnicas no exame de situações a esse órgão

---

41 Anexo da resolução 5/1 do Conselho de Direitos Humanos, parágrafos 63 e 64.

de peritos, inclusive no âmbito do mecanismo de revisão periódica, o que poderia aumentar a objetividade e a eficácia de tal exercício.

O procedimento de recebimento e tramitação de queixas sobre violações flagrantes e sistemáticas de direitos humanos adotado não pode ser chamado de "novo". Na verdade, não passou da reedição, com mudanças superficiais, do antigo procedimento da resolução 1503 (XLVIII) do ECOSOC, de 27 de maio de 1970, modificado pela resolução 2000/3 do mesmo órgão, de 19 de junho de 2000[42]. A controvérsia sobre a eficácia desse mecanismo e sobre sua utilidade nos dias de hoje não chegou a reverberar nas salas de negociação do Conselho. Os Estados membros não tiveram dificuldades de concordar quanto à conveniência de manter o procedimento e de, sobretudo, resguardar sua confidencialidade, que, segundo o "Texto do Presidente", constitui fator que fortalece a cooperação com o Estado em questão[43]. É possível que a energia necessária para elaborar as modalidades de implementação da revisão periódica universal e os outros aspectos institucionais do Conselho não tenha sido suficiente para exame detido do procedimento de queixas ou, o que talvez seja ainda mais provável, que as várias frentes de negociação com potencial maior de controvérsia tenham gerado poucos incentivos para abrir uma frente adicional para se reformar profundamente o procedimento 1503. A ONG Comissão Internacional de Juristas esteve entre os que defenderam a simples abolição desse mecanismo[44].

A principal vantagem para as vítimas de abusos do procedimento 1503 residia na análise pela CDH de queixas em relação

---

42 Para descrição do contexto histórico e dos principais elementos do procedimento confidencial tal como implementado na década de 1970, ver supra 66-73.

43 Anexo da resolução 5/1 do Conselho de Direitos Humanos, parágrafo 86.

44 Para essa organização: "Com respeito ao 'procedimento 1503' confidencial, a CIJ considera esse mecanismo uma relíquia antiquada de uma ordem ultrapassada. É simplesmente inaceitável que certos Estados possam ser examinados sob um manto de silêncio. [...] Além de ser amplamente ineficaz, esses procedimentos [sic] minam a confiança do público em geral, incluindo as vítimas, na capacidade da ONU de atender as suas necessidades". Ver International Commission of Jurists, *Reforming the Human Rights System: A Chance for the United Nations to Fulfill its Promise*, disponível em: <http://www.icj.org/IMG/pdf/ICJUNreform05.pdf>, p. 19.

A CRIAÇÃO DO CONSELHO DE DIREITOS HUMANOS   163

a todos os países e todos os direitos humanos, independentemente da ratificação de tratados. A base legal era e continuará
sendo principalmente a própria Carta das Nações Unidas e a
Declaração Universal dos Direitos Humanos. As deficiências
se concentravam no requisito de que as queixas revelassem
um "um padrão consistente de graves e seguramente comprovadas violações dos direitos humanos" (considerado um pa-
tamar elevado demais para a análise de casos de abusos), na
demora da tramitação, na confidencialidade de todo o processo e na ausência de informações aos peticionários a respeito
do tratamento e do resultado de sua queixa. O procedimento adotado pelo Conselho teve o mérito de atacar dois desses
problemas. O autor da petição será comunicado do resultado
final da tramitação e do tratamento reservado a sua queixa
nos seguintes estágios: quando a queixa for considerada inad-
missível pelo Grupo de Trabalho sobre Comunicações, quando for admitida para consideração pelo GT sobre Situações ou
quando a comunicação for mantida pendente por um dos GTs
ou pelo Conselho[45]. A questão da demora excessiva também
recebeu atenção do Conselho, que decidiu permitir duas reuniões anuais dos dois GTs, no lugar de apenas uma, de modo
a acelerar o exame das comunicações. Manteve, contudo, prazos confortáveis para as respostas dos Estados. Na tentativa de
encurtar os tempos até então aplicados, o Conselho estabeleceu que o prazo máximo entre a remessa da queixa ao Estado
interessado e a consideração pelo Conselho "não excederá, em
princípio, 24 meses"[46]. Os demais aspectos do procedimento
1503 permaneceram essencialmente os mesmos, inclusive as
alternativas de resultados da tramitação, entre elas o eventual
tratamento em sessão pública como penalidade máxima[47].

45 Anexo da resolução 5/1 do Conselho de Direitos Humanos, parágrafo 106.
46 Idem, parágrafo 105.
47 O Conselho poderá tomar as seguintes medidas em relação às situações examinadas por intermédio do procedimento de recebimento de queixas: a. deixar de considerar a situação; b. manter a situação sob exame e solicitar ao
Estado em questão que forneça informação dentro de um prazo razoável; c.
manter a situação sob exame e nomear um perito independente para monitorar a situação e submeter relatório ao Conselho; d. deixar de considerar a
matéria no procedimento confidencial para considerá-la em procedimento
ostensivo. Ver Anexo da resolução 5/1 do Conselho de Direitos Humanos,
parágrafo 109.

Para que esse mecanismo tenha alguma relevância, como será visto no capítulo final, novos ajustes terão de ser efetuados, inclusive à luz de necessária discussão acerca das vantagens e desvantagens de manter-se a confidencialidade e da busca de alternativas para acelerar a tramitação das queixas.

* * *

Ainda é cedo para formular resposta definitiva à pergunta que serve de título ao presente capítulo. Não resta dúvida de que, apesar do embate entre grupos ao longo do primeiro ano de construção institucional do Conselho, alguns passos importantes foram dados em direção ao estabelecimento de um arcabouço de regras e princípios que podem contribuir para um ambiente menos eivado de desconfianças. A confirmação dessa tendência dependerá, em grande medida, do fortalecimento do profissionalismo dos mecanismos de monitoramento, o que significa, entre outras coisas, fundar a autoridade moral das decisões políticas relativas a países em evidências, objetivamente comprovadas pelo próprio sistema, da gravidade de eventuais abusos e da melhor via para remediá-los. A criação do mecanismo de revisão periódica universal talvez seja a medida que mais gerou expectativas nesse sentido, mas sua configuração inicial não é ainda garantia de tratamento eficaz de situações de direitos humanos. Esse mecanismo não foi certamente criado para ser um tribunal inquisitorial dos países ou palco para recriminações e acusações recíprocas, reproduzindo a politização dos debates sobre situações de países da CDH, mas tampouco é desejável que se torne mera encenação em que o Estado examinado finge que presta contas e os examinadores fingem que examinam a situação real no terreno.

As demais decisões sobre outros aspectos das instituições e mecanismos também demonstraram concordância de princípio com a necessidade de afastar do Conselho as velhas práticas de politização e seletividade. Durante as negociações, a fonte principal da politização foi identificada e respondia pelo nome de resoluções sobre países. As negociações no Conselho pareciam oscilar entre dois extremos igualmente inaceitáveis, ou seja, a criação de obstáculos intransponíveis para

A CRIAÇÃO DO CONSELHO DE DIREITOS HUMANOS   165

a apresentação dessas resoluções ou a manutenção do *status quo*. O Brasil procurou romper essa falsa dicotomia, ao apresentar, como será analisado nos próximos capítulos, um documento de reflexão contendo ideias para o estabelecimento de parâmetros mais claros para projetos de resolução relativos a países. Em meio à polarização extrema é sempre mais difícil apresentar soluções de compromisso, mas esses são os momentos em que tais soluções são mais necessárias. O processo negociador revelou uma União Europeia em compasso de espera, procurando manter a possibilidade de apresentar livremente projetos de resolução sobre países, seja porque isso corresponde a uma prioridade da agenda política europeia, seja porque os seus Estados membros ainda não se convenceram que o sistema tal como está configurado será capaz de singularizar os casos mais graves[48]. Em ambos os casos, apenas o funcionamento eficaz dos órgãos de monitoramento (revisão periódica, procedimentos especiais existentes e procedimento de queixas) poderá retirar o incentivo dos patrocinadores tradicionais para a apresentação discricionária de projetos de resolução.

Quanto aos países mais avessos ao exame de situações específicas, em especial os integrantes do Grupo Like-Minded, o primeiro ano do Conselho revelou a continuidade da desconfiança em relação aos mandatos e resoluções relativos a países[49]. Durante as negociações, esse grupo colocou em questão

48   Em entrevista concedida ao autor, a ex-diretora do Departamento de Direitos Humanos e Temas Sociais (DHS) do Ministério das Relações Exteriores, embaixadora Ana Lucy Gentil Cabral Petersen, ressaltou que, durante o primeiro ano e meio do Conselho, não houve introdução de novos projetos de resolução sobre países, mantendo-se na pauta projetos que já existiam no período da CDH (com a exceção de Cuba e Belarus, cujo monitoramento foi encerrado). Haveria, portanto, dúvidas quanto aos objetivos que serão perseguidos pelos iniciadores desse tipo de resolução. De acordo com ela, a existência de uma clara maioria de países afro-asiáticos seria um fator inibidor para a apresentação de novos projetos de resolução sobre países, o que poderia levar alguns países europeus, além do Canadá e dos EUA, a utilizarem a Terceira Comissão da Assembleia Geral como veículo para suas iniciativas condenatórias de países. Caso se confirme essa hipótese, poder-se-ia simplesmente transferir o exercício de recriminações de Genebra para Nova York, com graves consequências para o cumprimento do mandato do novo Conselho (entrevista realizada pessoalmente, em Brasília, em 29 nov. 2007).

49   A desconfiança em relação às resoluções sobre países não impediu que os *like-minded*, em especial os países árabes e os integrantes da Organização

o instrumento das resoluções sobre países e procurou, sempre que possível, evitar que os mecanismos do novo Conselho pudessem constranger de alguma forma os governos. Para compreender a posição desses países, é preciso reconhecer que retiram a força de seus argumentos de um problema real e inegável, que se traduz no uso seletivo do instrumento das resoluções sobre países. Ao atacar tanto a ideia de apresentação de resoluções relativas a países quanto a possibilidade de que as novas instituições do Conselho possam impor constrangimentos aos governos, esse grupo perdeu de vista que a chave para evitar o arbítrio das resoluções dessa natureza talvez se encontre no fortalecimento do monitoramento técnico com a capacidade de aferir a gravidade das situações e propor remédios, de modo a colocar os Estados membros do Conselho diante de uma massa crítica de informações objetivas e avaliações abalizadas que tornem politicamente mais difícil a apresentação de resoluções como puros vetores de interesses derivados de agendas políticas domésticas dos patrocinadores.

Continua sendo necessária a busca de caminho que preserve a capacidade de singularizar casos graves e não incorra na prática da recriminação por motivos que nada têm a ver com a preocupação real de proteger os direitos humanos. O primeiro ano de construção institucional do Conselho de Direitos Humanos abriu algumas vias para que essa busca seja bem-sucedida. A resistência das visões tradicionais, que estão na base da politização e da seletividade da antiga Comissão, não foi ainda totalmente vencida. Será necessário esforço adicional e contínuo para que o novo Conselho de Direitos Humanos, nas decisões concretas que tomará doravante, confirme a inauguração de um "novo capítulo" para os direitos humanos nas Nações Unidas. O papel dos países latino-americanos e, em particular, do Brasil, será central para que se possa cristalizar uma nova cultura no âmbito do sistema de direitos humanos da ONU. É provável que esse esforço não dê resultados

da Conferência Islâmica, intensificassem o ativismo em relação às práticas de Israel nos territórios palestinos ocupados e no Líbano. Das cinco sessões especiais do Conselho, três versaram sobre esse tema e apenas duas voltaram sua atenção para questões relacionadas a outras áreas geográficas: Darfur e Mianmar. Os relatórios das sessões especiais do Conselho se encontram disponíveis em: <http://www.ohchr.org>.

A CRIAÇÃO DO CONSELHO DE DIREITOS HUMANOS   167

imediatos e que novos defeitos sejam identificados na operação de mecanismos como a revisão periódica universal, mas são os latino-americanos e outros países com agendas semelhantes que podem fazer pender a balança a favor de um sistema sólido e legítimo de proteção desses direitos.

Para romper a polarização e a política do tudo ou nada que a acompanha normalmente, apenas um terceiro elemento moderador poderia, em princípio, introduzir lógica diversa da que preside a atuação dos dois grupos que protagonizam os embates. Não se trata de simplesmente "fazer a ponte" entre dois campos opostos, imagem normalmente utilizada para descrever o papel do Brasil em negociações internacionais (ponte entre o mundo desenvolvido e os países em desenvolvimento; ponte entre os países africanos, asiáticos, árabes e muçulmanos, de um lado, e o mundo ocidental, de outro). Essa metáfora não é a que melhor expressa a tarefa que o Brasil e boa parte dos países latino-americanos podem e devem desempenhar. Não é a melhor imagem porque essa ponte, para aproximar ou unir os dois lados, precisa mais do que a boa vontade do elemento moderador, exige igualmente e sobretudo que as duas partes não encarem seus objetivos de longo prazo como irreconciliáveis. Talvez seja pedir demais que ocidentais e países *like-minded* abandonem seus objetivos nacionais espontaneamente para que essa ponte possa ser construída.

A alternativa encontra-se em mostrar as vantagens, para ambas as partes que monopolizam boa parte do confronto no sistema de direitos humanos, da construção de uma ponte em outro ponto desse rio caudaloso; ponte pela qual todos poderão transitar com segurança, por ter pilares mais sólidos e oferecer garantias de que nenhum dos lados terá tudo o que quer, mas tampouco terá a sensação de haver sido fragorosamente derrotado em um jogo de soma zero. Essa ponte alternativa não é obra de ficção; ela começou a ser construída, ao menos parcialmente, com a adoção da revisão periódica universal. O desafio será evitar que desmorone, demonstrando que é possível, se vontade política houver, blindar os mecanismos do Conselho de Direitos Humanos contra a instrumentalização por qualquer dos lados da polarização acima referida, para que tais mecanismos possam, em função de sua competência técnica

168 A POLITIZAÇÃO DOS DIREITOS HUMANOS

e objetividade, fundamentar decisões dos Estados membros dotadas de autoridade moral e legitimidade política.

Nos próximos capítulos, ao traçar o perfil do Brasil no sistema de direitos humanos e apresentar conclusões e propostas concretas, procurar-se-á levantar as razões que credenciam o Brasil e outros países de nossa região a exercer papel ativo na conformação do sistema de direitos humanos. Não é o caso, obviamente, de superestimar o que se pode fazer nesse campo, nem conferir às ações desses países poder análogo a um *deus ex machina* cuja intervenção milagrosa é capaz de desenredar a trama que, deixada a sua própria sorte, não teria perspectivas de solução. Trata-se antes de assinalar a confluência de valores, interesses e práticas nacionais cuja combinação, nesses países, assume uma forma que lhes permite defender sinceramente um sistema capaz de singularizar os casos mais graves, mas não os tornam menos críticos do uso indiscriminado e interesseiro do instrumento das resoluções sobre países. É essa característica singular que explica o potencial de certos países, entre eles o Brasil, de propor alternativas e romper com a lógica da polarização, ainda que para traduzir esse potencial em propostas concretas e viáveis seja preciso mais do que sua enunciação. Os próximos capítulos demonstrarão que o Brasil possui fortes incentivos para explorar ao máximo o referido potencial, não apenas por predisposição por assim dizer axiológica, derivada dos valores democráticos e de direitos humanos inscritos na Constituição e na própria identidade nacional brasileira, e que encontram realização na sua prática interna, mas também por corresponder ao objetivo de projeção de legítimos interesses do país na cena internacional, tanto no campo multilateral quanto no relacionamento bilateral com seus distintos parceiros.

5. O Brasil na CDH e no Conselho de Direitos Humanos

Durante os primeiros trinta anos de funcionamento da CDH, período marcado pelo conflito Leste-Oeste e pelo processo de descolonização, o Brasil permaneceu praticamente alheio ao dia a dia daquele órgão. Nessa primeira metade da vida da CDH, a postura brasileira foi mais a de um observador distante do que a de um participante engajado. Esse período coincidiu com a fase legislativa da CDH, em que o foco foi principalmente a negociação de instrumentos internacionais de direitos humanos. A ausência na CDH não impunha custos de grande monta, uma vez que os instrumentos negociados em seu âmbito passariam necessariamente pelo Conselho Econômico e Social (ECOSOC) e pela Terceira Comissão da Assembleia Geral, antes de sua eventual adoção pelo plenário desta última[1].

---

1 O Brasil, mesmo sem participar da CDH, teve papel nas negociações dos documentos elaborados por aquela Comissão em outras instâncias, como na Assembleia Geral. A delegação brasileira votou a favor, na AGNU, dos dois Pactos de Direitos Humanos em 1966. Teve também papel importante em foros regionais, como por exemplo ao apresentar projeto sobre a criação de uma Corte Interamericana de Direitos Humanos durante a IX Conferência Internacional Americana de Bogotá, em 1948. De acordo com Cançado Trindade, houve um recuo nessa participação na segunda metade dos anos de 1960, com o endurecimento do regime militar. Ver A. A. Cançado Trindade,

A POLITIZAÇÃO DOS DIREITOS HUMANOS

Pode-se dizer que o Brasil não possuía incentivos negativos ou positivos palpáveis para a participação na CDH. Na primeira categoria recairia, por exemplo, eventual risco de monitoramento ou supervisão mais incisiva sobre a realidade brasileira, possibilidade que inexistia em função da prevalência da doutrina da impotência da CDH até pelo menos o final da década de 1960 e início dos anos de 1970. Em relação à segunda categoria (a dos incentivos positivos), podemos citar interesses articulados por uma sociedade civil organizada, capazes de influenciar posições de governo no campo dos direitos humanos em foros multilaterais, o que viria a surgir no Brasil apenas no final da década de 1970 e início dos anos de 1980, já no âmbito da luta pela superação do regime militar.

O Brasil somente se interessou em participar mais ativamente da CDH no final da década de 1970, em meio às pressões internacionais sobre a situação dos direitos humanos e liberdades fundamentais no país. Eleito pela primeira vez para integrar a CDH em 1977, o Brasil ocupou assento no órgão de 1978 a 1998, ficou de fora por um ano, em 1999, e voltou assumir uma vaga de 2000 a 2005. Com a criação do Conselho de Direitos Humanos, foi eleito para o mandato inicial de 2006 a 2008[2]. Ao longo desses quase trinta anos de presença na CDH (justamente a segunda metade da vida da Comissão) e no Conselho, as mudanças profundas por que passou o país nos campos político, econômico, social e cultural teriam impacto sobre o perfil da delegação brasileira nos foros multilaterais e, em particular, na CDH. Não resta dúvida de que o fim do ciclo autoritário e a inauguração de um governo civil em 1985 constituíram ponto de inflexão, marcando o fim de um período eminentemente defensivo, em que a presença nos foros de direitos humanos tinha o objetivo de impedir eventuais condenações morais do país, para um período de adesão crescente às obrigações derivadas dos instrumentos internacionais de direitos humanos.

A Proteção Internacional dos Direitos Humanos no Limiar do Novo Século e as Perspectivas Brasileiras, em G. Fonseca Jr.; S. H. N. Castro (orgs.), *Temas de Política Externa Brasileira II*, .v. I, p. 167-187 e passim.

2 Para uma lista completa dos membros da CDH ao longo de sua história, ver o seguinte endereço na Internet: <www.ohchr.org/english/bodies/chr/docs/Membership1947-2005.doc>.

O BRASIL NA CDH E NO CONSELHO DE DIREITOS HUMANOS   171

Nunca houve, por parte do Brasil, postura de rejeição completa ao sistema, mas a participação inicial na CDH esteve muito longe de constituir engajamento firme no fortalecimento dos mecanismos de monitoramento. Nesse sentido, tratava-se de uma participação sujeita a limites em função do próprio regime vigente no país – ainda que o período corresponda ao início da abertura política. O esquema mental utilizado para interpretar a participação brasileira na CDH, portanto, continuava sendo a de que era necessário evitar "interferências" nos assuntos tidos como exclusivamente internos. O incentivo para atuar na CDH era claramente negativo, uma vez que obedeceria ao propósito de evitar que a análise da situação no procedimento confidencial, de que o Brasil foi objeto entre 1974 e 1976, voltasse à pauta e eventualmente desembocasse em exame público. De fato, conforme assinala Lindgren Alves, a motivação para a busca da eleição à CDH foi não apenas resultado do exame da situação brasileira no procedimento confidencial, que foi encerrada por meio da articulação bizarra de regimes de direita e esquerda autoritários, mas também reação diante da criação do procedimento ostensivo para examinar o Chile de Pinochet e da eleição de Jimmy Carter, nos EUA, com plataforma de política exterior centrada nos direitos humanos:

> Tendo sido encerrado [...] o exame confidencial da situação do Brasil em 1976, graças à esdrúxula combinação de forças da Iugoslávia socialista com o Uruguai sob regime militar de direita, numa fase de atividades das Nações Unidas em que o controle ostensivo de situações acabava de ganhar impulso com o estabelecimento do Grupo de Trabalho Especial sobre o Chile, tornava-se aconselhável para o governo brasileiro a busca de um lugar na Comissão de Direitos Humanos que o habilitasse a atuar mais concretamente, com voto e iniciativas próprias. A participação acautelatória, com motivação defensiva, apresentava-se ainda mais recomendável diante da vitória eleitoral de Jimmy Carter, com a bandeira dos direitos humanos, para a Presidência dos Estados Unidos[3].

A transição democrática, a adoção da nova Constituição em 1988, a adesão aos tratados internacionais de direitos humanos e

3 *Os Direitos Humanos como Tema Global*, p. 89.

172 A POLITIZAÇÃO DOS DIREITOS HUMANOS

a mudança do discurso quanto ao sentido da participação do Brasil no sistema de direitos humanos foram elementos que se reforçaram mutuamente, dando expressão às aspirações de partidos, sindicatos e organizações da sociedade civil que haviam lutado pelo fim do regime militar. A atuação na CDH, nesse novo contexto, não poderia permanecer a mesma e assumiu paulatinamente postura de compromisso com o monitoramento, não mais visto como interferência indevida, mas antes como importante instrumento para fomentar as mudanças que a sociedade brasileira com muito custo passara a implementar. O incentivo para participar da CDH passou a ser positivo, uma vez que o fortalecimento do regime multilateral de direitos humanos foi visto como elemento adicional, porém não menos importante, para consolidar a escolha democrática da sociedade brasileira. É possível, portanto, identificar três fases distintas na atuação do Brasil na CDH:

de 1978 a 1984, de 1985 a 1990, de 1991 até agora. A primeira, que corresponde ao estádio final do período militar, é caracterizada por posições conservadoras, mas não obstrucionistas; a segunda, correspondente ao período de transição do governo Sarney, pelo reconhecimento, ainda relativamente tímido, da legitimidade das iniciativas multilaterais de controle das violações; a atual, pela plena compreensão de que os mecanismos internacionais não configuram atentados ao princípio da não intervenção estabelecido no Artigo 2º, parágrafo 7º da Carta das Nações Unidas, constituindo, ao contrário, importantes adjutórios aos esforços nacionais para a observância dos direitos humanos[4].

Pelo que se depreende dessa periodização, a plena aceitação da supervisão internacional sofreu ligeiro atraso em relação ao fim do regime militar e ao novo discurso em prol dos direitos humanos e da democracia. Houve uma fase transitória, que coincide mais ou menos com o governo Sarney, em que a visão a respeito do papel do Brasil na CDH continha ainda resquícios da postura defensiva que prevalecera sob o regime militar. Na realidade, os fundamentos da postura defensiva não necessariamente tinham a ver somente com a natureza

4   Idem, p. 92.

autoritária do regime anterior, ainda que esse caráter a exacerbasse de maneira evidente. Ela guardava relação com o cálculo político que, reivindicando a visão realista do mundo, tende a colocar na balança os custos e benefícios para o Brasil de um sistema de direitos humanos da ONU capaz de cobrar e constranger moralmente países. No regime militar, o temor era de que a própria natureza autoritária do regime fosse colocada em questão, ao passo que, no período de transição democrática, o receio era o de que o governo pudesse ser responsabilizado por abusos que não eram cometidos deliberadamente nem derivavam da natureza do regime político, mas que eram antes produtos das dificuldades materiais de controle dos agentes públicos cuja responsabilidade, em nossa Federação, recai sobretudo na esfera de competência dos Estados. Além disso, a ideia de que nossas deficiências no campo dos direitos humanos, mesmo no período já democrático, pudessem ser utilizadas politicamente por ONGS internacionais ou por governos estrangeiros para afetar a projeção dos interesses nacionais pode ter contribuído para a contradição entre o discurso geral de defesa dos valores de direitos humanos e a aceitação reticente, nesses primórdios de volta da vida democrática ao país, do princípio, posteriormente consagrado consensualmente na Conferência de Viena sobre Direitos Humanos (1993), da legitimidade da preocupação internacional com os direitos humanos em qualquer país.

Essa visão de mundo não desapareceu totalmente, mas foi de certa forma empurrada para as sombras, de onde surgiria com diferentes roupagens, impondo no início do período democrático resistências ao engajamento ativo no sistema e à aceitação de novas obrigações e responsabilidades[5]. De certa forma, o país teve de aprender que o discurso de defesa dos direitos humanos e da democracia, incorporado na retórica oficial, precisa ser processado pelo Estado, sobretudo pelo Itamaraty, e traduzido em posições concretas no sentido de aceitar

5 O exemplo mais evidente desse tipo de resistência inicial à nova postura na área de direitos humanos foi a demora entre o anúncio feito pelo próprio presidente Sarney da intenção de ratificar os Pactos de Direitos Civis e Políticos e de Direitos Econômicos, Sociais e Culturais, durante seu discurso na Assembleia Geral da ONU em 1985, e a efetiva ratificação desses instrumentos, que ocorreu apenas em 1992.

174   A POLITIZAÇÃO DOS DIREITOS HUMANOS

ou não novas obrigações, de contribuir mais diretamente ou não para que o sistema da ONU aumente sua capacidade de supervisionar situações em todo o mundo e, mais delicado, de votar projetos de resolução relativos a países. Teve de aprender também que a tradução do discurso mais genérico de engajamento no sistema multilateral dos direitos humanos em posições específicas e concretas na CDH e no Conselho não é automática, mas obra do processo nem sempre fácil e evidente de definição progressiva de um perfil diplomático que se considera o mais adequado para dar expressão aos valores e princípios que passaram a integrar a própria identidade nacional. Nesse processo, é claro que os objetivos no campo dos direitos humanos, incorporados em uma concepção democrática do interesse nacional brasileiro, não podem e não devem ser vistos isoladamente, mas precisam ser encarados como parte dos esforços do país para consolidar seu desenvolvimento, entendido em seu sentido amplo e holístico, que compreende não apenas o desenvolvimento econômico, mas também o desenvolvimento social.

Em função da necessidade de enxergar os objetivos na CDH e no Conselho como parte de um todo mais complexo, as preocupações realistas acima esboçadas ainda oferecem apelo, mas não por aquilo a que originalmente visavam, ou seja, a adoção de postura tão defensiva que poderia colocar a diplomacia em rota de colisão com a sociedade e os valores consagrados na Constituição Federal de 1988[6], e sim pela imposição de outras exigências relacionadas à busca de uma ordem internacional em que o Brasil possa realizar suas potencialidades e à perseguição totalmente legítima de relações com distintos

6   É quase impossível encontrar traços escritos ou expressão formalizada dessa visão que, em suma, encarava os novos compromissos e obrigações de direitos humanos para o Brasil como um "tiro no pé", uma vez que abriria o flanco para o país ser atacado pelas ONGs e outros Governos não necessariamente interessados na situação real dos direitos humanos. Cientificamente, os analistas da academia teriam dificuldades de provar sua existência, uma vez que ela se expressa mais pela oralidade, em momentos informais, ao longo do processo decisório. Esse sentimento, que se alimenta da velha escola realista e de um certo nacionalismo que esteve em voga durante o regime militar, perdeu, contudo, força ao longo dos últimos vinte anos, tanto no Itamaraty quanto em outros setores do governo e no Congresso Nacional.

parceiros que auxiliem na consecução do projeto nacional de desenvolvimento. Nesse sentido, a pergunta que se deve fazer, no atual contexto democrático, não é se um regime de direitos humanos da ONU capaz de condenar moralmente países está em contradição com os objetivos brasileiros de manter boas relações com seus parceiros no contexto da busca do desenvolvimento e do fortalecimento de sua projeção em distintos tabuleiros das relações internacionais. A melhor pergunta seria a que procurasse identificar qual o sistema de direitos humanos que, sem abrir mão do monitoramento eficaz que corresponde aos valores e aos interesses brasileiros no campo dos direitos humanos, possa minimizar custos para a realização de outros objetivos igualmente importantes, sobretudo nos momentos de decidir sobre projetos de resolução relativos a países. Esta última pergunta leva em conta elemento realista na análise do cenário internacional, pois não ignora as relações de poder no mundo e o fato de que o Brasil possui objetivos em diferentes áreas de seu relacionamento externo que podem ser afetados por posições adotadas nos foros de direitos humanos. Mas é uma pergunta que tampouco fecha os olhos às limitações e aos riscos de um cálculo realista puro, que poderia recomendar posições insustentáveis por simplificar os objetivos e interesses nacionais, tomando-os como emanações da *Realpolitik* desprovida de conteúdo ético.

O presente capítulo tem por objetivo principal analisar o perfil geral da delegação brasileira no seio do sistema de direitos humanos da ONU e os interesses que estão em jogo, da perspectiva nacional brasileira, no processo de reforma desse sistema. Trata-se de pôr em relevo não apenas o compromisso do governo brasileiro com os direitos humanos, em especial a partir da transição democrática, mas também a tradução desse compromisso em posições concretas adotadas pelo país, com ênfase no exame das resoluções sobre países na CDH. O capítulo tentará demonstrar os riscos que instrumentos politizados e seletivos de supervisão dos direitos humanos sobre países acarretam para os interesses brasileiros, tanto no plano do compromisso do Brasil com o aperfeiçoamento e com a credibilidade do sistema de direitos humanos da ONU quanto no tocante às

176 A POLITIZAÇÃO DOS DIREITOS HUMANOS

relações bilaterais do país com parceiros que são alvos reais ou potenciais de resoluções e com aqueles que são patrocinadores tradicionais dessas iniciativas. Buscar-se-á argumentar que a busca de caminho que minimize a seletividade e a politização, sem abandonar o instrumento da pressão política incorporada em resoluções e na nomeação de relatores especiais, corresponde aos compromissos do Brasil na matéria de direitos humanos; e que essa linha de ação constitui a via para evitar, na medida do possível, que posições adotadas no Conselho sobre resoluções relativas a países causem prejuízos irreparáveis às relações bilaterais com distintos parceiros. Ao realizar essa análise, serão feitas algumas referências a propostas brasileiras para aperfeiçoar o sistema e evitar a seletividade e a politização. Essas propostas serão exploradas de maneira mais detida, contudo, no próximo capítulo, que pretende apresentar conclusões e sugestões que contribuam para o aperfeiçoamento, do ponto de vista brasileiro, do sistema de adoção de resoluções sobre países, garantindo nível adequado de autoridade e legitimidade para o Conselho de Direitos Humanos.

O BRASIL E O COMPROMISSO
COM A CAUSA DOS DIREITOS HUMANOS

O Brasil abraçou a causa dos direitos humanos de maneira inequívoca, ao menos na retórica oficial, com a inauguração do primeiro governo civil após o ciclo de governos militares de 1964 a 1985. A nova identidade que o país procurava forjar passava necessariamente pelos direitos humanos. O compromisso com esses direitos foi anunciado como parte de um reencontro da sociedade brasileira consigo mesma. O discurso do presidente José Sarney na XL Assembleia Geral da ONU, em 1985, pode ser considerado o marco inaugural da nova retórica oficial nos foros multilaterais, demonstrando a importância que se passava a atribuir aos valores de direitos humanos como parte do esforço de transformação democrática do Estado e da sociedade brasileiros. O Brasil decide então iniciar o processo de inserção plena no sistema dos direitos humanos, com a adesão e ratificação dos principais tratados na matéria[7].

Se o discurso na AGNU de 1985 foi o marco no âmbito da retórica oficial para os direitos humanos, a Constituição de 1988 foi o pilar jurídico do engajamento na promoção e proteção desses direitos. A nova Carta Magna do país consagrou os direitos humanos como parte de seus princípios fundamentais, ao estabelecer que o Brasil constitui um Estado democrático de direito que tem como fundamento, entre outros, a dignidade da pessoa humana (Art. 1º, inciso III), e determinar que, em suas relações internacionais, a República Federativa do Brasil rege-se, *inter alia*, pelos princípios da prevalência dos direitos humanos, autodeterminação dos povos, repúdio ao terrorismo e ao racismo e cooperação entre os povos para o progresso da humanidade (Art. 4º, incisos II, III, VIII e IX). Além disso, a Constituição estabeleceu amplo leque de direitos e liberdades, concentrados sobretudo no seu Título II (Dos Direitos e Garantias Fundamentais), em particular no artigo 5º (Dos Direitos e Deveres Individuais e Coletivos). Em uma aparente preparação para a plena incorporação de normas e obrigações internacionais no ordenamento jurídico brasileiro, os constituintes introduziram o parágrafo 2º no Art. 5º, de modo a afirmar claramente que os direitos expressos na Constituição não excluem outros decorrentes do regime e

---

7 Nas palavras do presidente Sarney: "Os direitos humanos adquirem uma dimensão fundamental, estreitamente ligada à própria prática da convivência e do pluralismo. O mundo que os idealizadores da Liga das Nações não puderam ver nascer, e cuja edificação ainda esperamos, é um mundo de respeito aos direitos da pessoa humana, que as Nações Unidas procuram promover através dos Pactos Internacionais de Direitos Humanos. A Declaração Universal dos Direitos Humanos é, sem dúvida, o mais importante documento firmado pelo homem na História contemporânea. E ele nasceu no berço das Nações Unidas. Com orgulho e confiança, trago a esta Assembleia a decisão de aderir aos Pactos Internacionais das Nações Unidas sobre Direitos Civis e Políticos, à Convenção contra a Tortura e outros Tratamentos ou Penas Cruéis, Desumanos ou Degradantes, e sobre Direitos Econômicos, Sociais e Culturais. Com essas decisões, o povo brasileiro dá um passo na afirmação democrática do seu Estado e reitera, perante si mesmo e perante toda a Comunidade internacional, o compromisso solene com os princípios da Carta da ONU e com a promoção da dignidade humana", ver Discurso na Abertura da XL Sessão Ordinária da Assembleia Geral das Nações Unidas, em L. F. S. Corrêa (org.), *O Brasil nas Nações Unidas: 1946-2006*, p. 449 e 450.

178 A POLITIZAÇÃO DOS DIREITOS HUMANOS

dos princípios por ela adotados, ou dos tratados internacionais em que o Brasil seja parte.

Depois da promulgação da Constituição, abriu-se um período de adesão e ratificação de tratados internacionais de direitos humanos que continua até os dias de hoje. Em 1992, além da ratificação dos Pactos de Direitos Civis e Políticos e de Direitos Econômicos, Sociais e Culturais, ambos adotados pela Assembleia Geral em 1966, o Brasil ratificou a Convenção Americana sobre Direitos Humanos (Pacto de San José), adotada em 1969. A Convenção Internacional para a Eliminação de Todas as Formas de Discriminação contra a Mulher foi ratificada em 1984, mas a entrada em vigor da nova Constituição permitiu ao Estado brasileiro retirar as reservas que havia feito em função de uma legislação que à época da ratificação não garantia a plena igualdade entre homens e mulheres. Em 1989, ratificou-se a Convenção contra a Tortura e outros Tratamentos ou Punições Cruéis, Desumanos ou Degradantes. Em 1990, o país se tornou parte da Convenção sobre os Direitos da Criança, alcançando assim a ratificação dos principais instrumentos internacionais de direitos humanos, uma vez que já era parte, desde 1969, da Convenção para a Eliminação de Todas as Formas de Discriminação Racial (CERD)[8]. É interessante observar que essas ratificações não foram acompanhadas de declarações previstas em alguns dos tratados, nem da adesão a protocolos facultativos habilitando os respectivos comitês de monitoramento (*treaty bodies*) a considerar queixas individuais de não cumprimento pelo Estado de suas obrigações. Prevalecia ainda a noção de que era necessário assumir obrigações de maneira paulatina, sem dar passos que pudessem acarretar eventuais constrangimentos.

Usava-se com frequência o argumento de que o Brasil já lidava com o mecanismo de queixas individuais processado pela Comissão Interamericana de Direitos Humanos (CIDH), que podia examinar casos de alegadas violações de direitos consagrados na Declaração Americana e no Pacto de San José. A aceitação de outros mecanismos de queixas, tais como os

---

8 A tabela de ratificações dos principais instrumentos internacionais de direitos humanos encontra-se disponível em <http://www.ohchr.org/english/bodies/docs/status.pdf>.

O BRASIL NA CDH E NO CONSELHO DE DIREITOS HUMANOS   179

previstos nos tratados multilaterais no âmbito da ONU, poderia constituir, dessa perspectiva, duplicação desnecessária, desviando recursos e energia de maneira pouco eficaz e sem impacto real na proteção dos direitos humanos. No entanto, esse argumento, defendido quase sempre de maneira informal dentro do Itamaraty, desconsiderava a regra da chamada "litispendência" internacional, que impede que os *treaty bodies* considerem queixas de mesmo teor que tramitam em outros mecanismos de comunicações individuais. Prevalecia, nesse primeiro momento, portanto, a visão de que o Estado precisava proteger-se contra o uso de mecanismos de denúncia. Sobrevivia ainda nesse período, pelo menos de maneira subterrânea, noções de razão de Estado e de soberania descoladas da legitimidade popular. A sua fragilidade residia na inconsistência de encarar como potencialmente contraditórios os objetivos do Estado e a disponibilização de certos instrumentos que permitissem aos cidadãos contestar no plano internacional práticas e políticas internas alegadamente contrárias aos preceitos e obrigações em matéria de direitos humanos.

A aceitação de elementos mais "intrusivos", ao menos no âmbito das convenções, começou mais tarde. O primeiro passo nesse sentido foi a aceitação pelo Brasil da competência contenciosa da Corte Interamericana de Direitos Humanos, em dezembro de 1998. Esse processo teve seguimento em 2002, quando o Brasil se tornou parte do Protocolo Opcional da referida Convenção para a Eliminação de Todas as Formas de Discriminação contra a Mulher, reconhecendo a competência do respectivo comitê de monitoramento para receber denúncias individuais. No governo Lula, esse processo foi intensificado e ganhou novo impulso. Em 2003, o Brasil fez a declaração facultativa do artigo 14 da Convenção para a Eliminação de Todas as Formas de Discriminação Racial, reconhecendo a competência do comitê para receber denúncias de discriminação racial no país. Em 2004, ratificou dois Protocolos Facultativos relativos à Convenção sobre os Direitos da Criança (um sobre envolvimento de crianças em conflitos armados e outro relativo à venda de crianças, prostituição infantil e pornografia infantil). No final de 2005, foi encaminhada ao Congresso Nacional a solicitação de autorização para ratificar os dois Protocolos ao Pacto de Direitos Civis e Políticos (o que autoriza recebimento de queixas pelo Comitê e o relativo à abolição da pena de morte). Em 2006, foi depositada a declaração facultativa do artigo 22 da Convenção contra a Tortura (da sigla em inglês, CAT), que reconhece competência para recebimento de queixas relativas a torturas e tratamentos correlatos. Igualmente importante, em janeiro de 2007, o Brasil ratificou o Protocolo Opctional à CAT, que prevê sistema de visitas realizadas de surpresa com o objetivo de prevenir a tortura[9].

Na CDH, a palavra de ordem passou a ser a cooperação com os mecanismos não convencionais, correspondendo, no âmbito do órgão político encarregado da promoção e da proteção dos direitos humanos, ao movimento de contração voluntária de obrigações juridicamente vinculantes derivadas de tratados. O discurso do embaixador Rubens Ricupero na CDH, em 1991, representou, de acordo com Lindgren Alves, importante correção de rumo:

O ponto de inflexão de nossa política em matéria de direitos humanos [...] pode ser identificado na intervenção feita em Genebra, em 26 de fevereiro de 1991, pelo chefe da delegação brasileira à 47ª Sessão da CDH, embaixador Rubens Ricupero, dentro do item 12 da agenda. Enquanto os demais países utilizavam-se do tema das violações para pontificarem sobre as situações de terceiros, o Brasil houve por bem dedicar dois terços de sua fala à situação brasileira. Descreveu iniciativas tomadas pelas autoridades nacionais, o diálogo em curso com as ONGs, a atuação do Conselho de Defesa dos Direitos da Pessoa Humana, os esforços para responder às denúncias e comunicações de relatores temáticos, assim como as dificuldades encontradas para evitar a violência social e as violações de direitos humanos no país[10].

A transparência em relação aos problemas internos, em vez da política da negação, passou a reger o relacionamento do Brasil com os mecanismos de direitos humanos[11]. Por trás

9 Para um apanhado geral dos compromissos assumidos pelo Brasil no primeiro Governo Lula, ver C. S. Figuerôa, *A Política Externa de Direitos Humanos no 1º Governo Lula* (*mimeo*), passim.
10 *Os Direitos Humanos como Tema Global*, p. 96.
11 A questão da transparência passou a ser recorrente no discurso oficial, tanto em intervenções públicas quanto nas comunicações internas do Itamaraty.

desse endosso da transparência e da cooperação encontra-se a clara convicção de que, em contexto de democracia e pluralismo, qualquer tentativa de negar os problemas ou repelir a ação de monitoramento internacional seria contraprodutiva em dois sentidos. Primeiro, porque retiraria credibilidade do governo que nega o que não pode ser negado, uma vez que atitudes que poderiam ser descritas como "tapar o sol com a peneira" ou "um comportamento de avestruz" são receitas certas para o fracasso político e a perda de legitimidade interna e internacional. Segundo, porque se acredita que os instrumentos internacionais podem ajudar nos esforços internos para a proteção dos direitos humanos, além de constituírem garantia adicional de que, independentemente da conjuntura interna em cada Estado, os indivíduos continuarão desfrutando da condição de sujeitos de direito na cena internacional. Para um país como o Brasil, abrir-se soberanamente ao monitoramento e à crítica de ONGs e relatores temáticos da CDH foi passo importante para desmistificar a ideia de que essa abertura poderia conduzir à perda de projeção ou ao comprometimento da soberania nacional em função da exposição das fragilidades do país. Ao contrário, esse passo decisivo ajudou a consolidar posição mais equilibrada, ao demonstrar que para governos cooperativos e comprometidos com os direitos humanos não basta denunciar, mas é necessário também remover obstáculos estruturais – por meio, por exemplo, da cooperação internacional – que impedem o exercício dos direitos humanos. A condição de país democrático, porém em desenvolvimento, contribuiu para a postura que o Brasil adotaria na CDH. Conforme nota Gilberto Saboia em relação à transparência brasileira ao lidar com seus próprios problemas:

> Houve, inegavelmente, um grande progresso no Brasil, tanto no campo da normatividade, quanto na adoção pelo governo

O embaixador Celso Amorim, em avaliação dos trabalhos da CDH de 1993, assinalou o seguinte em comunicação transmitida ao MRE: "Vossa Excelência, melhor do que ninguém, sabe que não há alternativa à transparência. As tentativas de melhoria da 'imagem internacional' através da negação retórica ou da rejeição ao monitoramento restringem-se hoje a governos totalitários. A invocação da soberania como escudo contra a observação dos direitos humanos pela comunidade internacional é feita, atualmente, apenas por poucos países a que não nos podemos associar sob esse prisma", *Missão em Genebra*, p. 87.

de uma política transparente, que encara as críticas não mais como uma tentativa de ingerência em assuntos internos e sim como uma contribuição para a busca de soluções para os problemas que todos queremos resolver e que dizem respeito principalmente, mas não apenas, ao campo social[12].

O mesmo autor ressalta a insuficiência da perspectiva centrada apenas na denúncia:

As violações dos direitos humanos devem, é claro, ser denunciadas e condenadas onde quer que ocorram e independentemente das circunstâncias que as cerquem, mas a cooperação internacional para o aperfeiçoamento dos direitos humanos deve ir além da simples condenação e buscar desenvolver os meios para superar obstáculos econômicos, sociais e políticos que impedem o acesso a níveis dignos de existência a grande parte da humanidade[13].

Aos poucos, o Brasil foi ampliando sua cooperação e seu diálogo com os mecanismos da CDH, criando uma relação de confiança importante. Entrevistados durante a elaboração deste livro, dois ex-secretários de Direitos Humanos, o embaixador Gilberto Saboia e o professor Paulo Sérgio Pinheiro, concordaram que o diálogo, as visitas *in locu* e os informes preparados pelos relatores temáticos foram de grande importância para os esforços internos no sentido de implementar as obrigações contraídas pelo Estado brasileiro (tanto internacionais como internas) na matéria. Nas palavras de Gilberto Saboia:

Acho que a presença dos relatores no Brasil quase sempre resulta em benefício para os processos internos, que sempre são conturbados. Uma de minhas primeiras tarefas como SEDH foi preparar a visita do relator especial contra a tortura Nigel Rodley (hoje Sir Nigel). Demos ordem de assegurar-lhe total acesso a qualquer lugar de detenção, sem aviso prévio. Ele foi recebido pelo presidente e por várias outras autoridades. Localizou instrumentos de tortura escondidos em locais de detenção de adolescentes, entrevistou prisioneiros torturados e fez um relatório crítico destes métodos,

12 Direitos Humanos, Evolução Institucional Brasileira e Política Externa, em G. Fonseca Jr. e S. H. N. Castro (orgs.), *Temas de Política Externa Brasileira II*, v. I., p. 190.
13 Idem, p. 199.

O BRASIL NA CDH E NO CONSELHO DE DIREITOS HUMANOS   183

mas muito elogioso da atitude do governo brasileiro e esperançoso quanto às melhorias. [...] No Brasil, estas experiências despertam forças que depois atuam no plano interno[14].

Paulo Sérgio Pinheiro assinala, por sua vez, que a importância desse diálogo é evidente desde a volta da democracia. Em sua passagem pela Secretaria de Estado de Direitos Humanos, pôde confirmar essa percepção:

Desde a volta à democracia e na minha efêmera passagem pelo governo, os relatórios dos relatores e visitas foram essenciais para fortalecer a política de Estado do Governo Federal. Por isso, o presidente Fernando Henrique Cardoso, por sugestão minha, fez o *standing invitation*, aliás, sem pestanejar. As visitas foram também muito pedagógicas para os governos estaduais. As recomendações dos relatores tiveram seguimento nos Estados e no Governo Federal. Acho que muito progresso se fez (por exemplo, na luta contra a tortura e o das execuções sumárias) graças às visitas dos relatores[15].

A partir de sua experiência e envolvimento crescente com os mecanismos de direitos humanos – de que é exemplo o convite permanente (*standing invitation*) estendido em 2001 para que os relatores temáticos da CDH visitem o país, o compromisso do Brasil com o fortalecimento do sistema adquiriu relevância crescente. Se, internamente, esse diálogo com o sistema, baseado na transparência e na cooperação, ampliava as possibilidades de implementar mudanças necessárias para alcançar o bem-estar da população, no campo internacional essa atitude reforçou as credenciais do país, que passou a ser ouvido e a se fazer ouvir na CDH e em outros foros munido de argumentos sólidos quanto à direção a ser conferida ao sistema. Não resta dúvida de que o compromisso com os direitos humanos, em suas dimensões interna e internacional, constitui, como aponta Celso Lafer, uma espécie de *soft power*, embora sua transitividade, ou seja, sua capacidade de aumentar a influência do país em distintos foros dependa, entre outros, de fatores conjunturais na cena internacional (em época de guerra global contra o terrorismo, por exemplo, esse *soft power*

14 Entrevista realizada por escrito em 13 jun. 2007.
15 Entrevista realizada por escrito em 12 ago. 2007.

tende a perder parte de sua eficácia, embora isso não retire o mérito do compromisso consistente com os direitos humanos no longo prazo)[16].

O compromisso brasileiro com os direitos humanos na CDH e outros foros de direitos humanos, portanto, era síntese de uma realidade interna – caracterizada pelo pluralismo, pelo funcionamento de instituições democráticas, pela existência de uma sociedade civil organizada e cada vez mais atuante, mas também pela persistência de problemas e obstáculos ao desenvolvimento – e da necessidade de conferir à atuação internacional do país contornos coerentes com o que ocorria internamente. E essa busca de coerência ou de convergência entre os compromissos internos, contraídos pelo Estado e pela sociedade, e a dimensão internacional se refletiu em posições favoráveis ao fortalecimento do sistema de monitoramento de direitos humanos da ONU. De maneira esquemática, pode-se afirmar que, desde o início da década de 1990, cristalizaram-se os seguintes princípios que norteiam a atuação do Brasil no sistema de direitos humanos da ONU:

A. transparência e cooperação – esse binômio indica que o Brasil valoriza o diálogo com o sistema como parte dos esforços internos para superar problemas que reconhece serem graves, revelando compromisso real com o monitoramento, mas matizando a necessidade de manter a pressão e as denúncias com a oferta de ajuda, cooperação e assistência técnica para os que se mostram dispostos a cooperar;

B. legitimidade da preocupação internacional com os direitos humanos em qualquer parte do mundo – antes mesmo de esse princípio ser consagrado na Conferência de Viena de 1993, o Brasil já o havia esposado, baseado na evidência de que as pressões internacionais para pôr fim aos regimes autoritários na América Latina foram importantes para alcançar a

---

16 De acordo com Lafer: "na lógica política da vida mundial e regional, a legitimidade dos Estados e sociedades, o seu *locus standi* no plano diplomático, a sua credibilidade e seu acesso à cooperação internacional se veem reforçados com a promoção dos direitos humanos e a sua proteção democrática. Por isso, democracia e direitos humanos, no plano interno, passaram a ser um ingrediente relevante de *soft power* no plano internacional", Direitos Humanos e Democracia no Plano Interno e Internacional, *Política Externa,* v. 3, n. 2, p. 68-76, aqui especificamente, p. 76.

democracia, mas sem perder de vista a necessidade de que essa preocupação internacional não se expresse apenas pela denúncia – ainda que esta não possa ser descartada – e não enverede pelos caminhos da seletividade e da politização, mostrando-se equânime, equilibrada e pragmática;

C. universalidade dos direitos humanos – longe de encarar a universalidade como imposição do Ocidente ou tomá-la como noção em franca oposição ao respeito às particularidades, o Brasil tende a interpretar esse princípio como a garantia de que todos os direitos humanos devem ser aplicados de maneira global e de que o monitoramento não pode dar pesos diferentes para os distintos conjuntos de direitos, nem reger-se pelo etnocentrismo que fecha os olhos para violações em uma parte do mundo, tida como naturalmente civilizada, para concentrar a atenção em alvos previamente selecionados;

D. interdependência e reforço mútuo da democracia, dos direitos humanos e do desenvolvimento – o Brasil foi um dos responsáveis pela introdução desse princípio na Conferência de Viena, segundo o qual a falta de desenvolvimento não justifica violações de direitos civis e políticos, mas a fruição das liberdades nunca será plenamente satisfatória em contextos de pobreza extrema e falta de desenvolvimento. Adota-se, assim, concepção holística que não considera possível dissociar a busca pela implementação e aperfeiçoamento dos elementos dessa tríade, cuja realização plena depende justamente de um esforço simultâneo e integrado, a ser empreendido primordialmente pelos governos nacionais, mas com o auxílio fundamental dos mecanismos de promoção e proteção de direitos humanos das Nações Unidas.

Esses princípios em grande parte refletem o que foi acordado em Viena, mas sua interpretação, como acima esboçada, revela identidade própria e especificamente brasileira dentro do sistema de direitos humanos da ONU. Reflete também, o que é mais importante, a realidade interna brasileira e a consolidação do compromisso com os direitos humanos não apenas como decisão de Estado, mas também como opção da sociedade, expressas, ambas, em textos legais internos e na adesão a tratados internacionais.

Esses princípios servem igualmente para balizar posições gerais e indicar caminhos a tomar nos grandes debates sobre direitos humanos nas Nações Unidas. Não fornecem, contudo, um mapa detalhado do caminho, nem constituem em si orientações precisas e pormenorizadas para o exame de situações concretas de direitos humanos ou para a configuração de um sistema de resoluções sobre países menos politizado e seletivo. O que esses grandes princípios oferecem são linhas gerais de atuação que reforçam a disposição brasileira para emprestar ao sistema caráter equilibrado, ou seja, desprovido de politização excessiva e capaz de singularizar casos graves de violações sistemáticas de direitos humanos. Nesse sentido, pode-se dizer que esses princípios pautam a condução da política externa brasileira para os direitos humanos de maneira geral, mas as posições específicas, iniciativas e mesmo os votos a serem adotados no caso de projetos de resolução sobre reforma ou sobre situações em países dependem de esforço adicional, de modo a encontrar a posição que melhor corresponda, no caso concreto sob consideração, àqueles princípios (que são menos gerais que sua formulação no documento final de Viena, mas certamente não são suficientemente específicos para garantir sua aplicação automática a todos os aspectos das decisões tomadas no âmbito da CDH ou do Conselho de Direitos Humanos)[17].

A franqueza do diálogo do Brasil com os mecanismos de direitos humanos a respeito dos problemas brasileiros e a defesa geral de um sistema menos politizado certamente não colocam o país em posição delicada. A transparência adotada como método de trabalho e princípio norteador da política externa para os direitos humanos, associada ao reconhecimento da importância da contribuição dos mecanismos temáticos para auxiliar os esforços internos, criou situação em que mesmo críticas severas são recebidas com total serenidade pelo governo brasileiro. No plano mais geral, a defesa de um

17 Os compromissos voluntários assumidos pelo Brasil em 2005, no processo eleitoral do Conselho de Direitos Humanos, constitui exemplo de exercício de traduzir em posições concretas no plano internacional os grandes princípios e normas jurídicas e práticas internas norteadores da política externa brasileira para os direitos humanos. O documento de compromissos voluntários se encontra disponível em: <http://www.un.org/ga/60/elect/hrc/brazil.pdf>.

sistema menos politizado e seletivo é também uma constante que não oferece resistências, ao menos formais, no âmbito do sistema de direitos humanos da ONU, onde esse discurso é recebido com naturalidade. Nesse sentido, as posições brasileiras, tanto em relação à sua interação com o sistema quanto no tocante à identificação das deficiências estruturais desse mesmo sistema, não colocam o país em situação incômoda, uma vez que não afetam diretamente interesses de outros atores. Bem diferente, contudo, é a necessidade de tomar posição em relação aos projetos de resolução sobre países, quando o Brasil se vê diante da possibilidade real de assumir custos, seja em relação aos patrocinadores de determinada iniciativa, seja no que concerne ao país que é objeto do projeto.

O desafio é encontrar a posição que melhor corresponda aos princípios acima indicados, sem, contudo, sacrificar de maneira desnecessária interesses brasileiros igualmente legítimos em outras áreas do relacionamento bilateral ou de nossa atuação multilateral. Com a criação do Conselho de Direitos Humanos, surgiu a oportunidade para a implementação de reforma que permita minimizar os custos de uma decisão sobre país específico, caso seja possível fundar sistema em que os projetos de resolução sejam dotados de maior legitimidade e não sejam assimilados à arbitrariedade dos patrocinadores na escolha de seus alvos ou deixados à mercê de reações iradas destes no seu esforço por defender-se. Não obstante, durante sua atuação na CDH, o Brasil teve de votar distintos projetos de resolução e procurou sempre levar em conta o nível de politização da iniciativa, seu efeito real sobre os direitos humanos no terreno e, claro, as consequências do voto para os seus interesses em outros campos e tabuleiros das relações internacionais.

Com o tempo, a diplomacia brasileira foi-se dando conta de que eventuais custos de uma posição adotada durante o exame de determinado país poderiam ser minimizados se o sistema fosse percebido como mais legítimo, isento, menos seletivo e dotado de grau mais elevado de autoridade moral. A prática concreta de ter de votar essas resoluções estimulou reflexão interna que se refletiu nos discursos e em algumas propostas gerais do país para a reforma do sistema, em especial

188 A POLITIZAÇÃO DOS DIREITOS HUMANOS

a ideia de um relatório global de direitos humanos para assegurar a universalidade do exame de situações e combater a seletividade nociva tanto para a credibilidade do sistema em seu conjunto quanto para os interesses de países como o Brasil. Ainda que a promoção e proteção dos direitos humanos em todo o mundo seja parte dos interesses nacionais brasileiros, tal como determina a Constituição e impõe a organização democrática de nosso sistema político e da sociedade, não se pode negar a tensão que por vezes emerge entre esses objetivos na área dos direitos humanos e outros interesses nos campos político, econômico e comercial. A fonte dessa tensão não seria uma incompatibilidade ontológica entre os direitos humanos e a busca de interesses em outras áreas, mas uma série de fatores, mais ou menos rígidos, que contribuem para que a realidade seja vista nesses termos. Caberá atuar sobre esses fatores para que a tensão seja superada ou minimizada. Entre tais fatores, sobressai a configuração institucional que caracteriza o sistema de direitos humanos em dado momento histórico.

RESOLUÇÕES SOBRE PAÍSES E O BRASIL: PERFIL ADOTADO PELA DELEGAÇÃO BRASILEIRA

O Brasil sempre manteve, ao longo de sua história de participação na CDH, perfil discreto e cauteloso no tema das resoluções sobre países. Prova disso foi a relutância em fazer intervenções no item da agenda relativo às situações dos direitos humanos em qualquer parte do mundo, assim como a "opção preferencial pela abstenção" no exame das resoluções sobre países, salvo nos casos de alinhamento mais tradicional com os países do chamado Terceiro Mundo, como nas resoluções referentes aos territórios árabes ocupados por Israel e outras resoluções envolvendo a condenação ao colonialismo e à ocupação estrangeira ou ao racismo. Mudança importante ocorreu com o já mencionado discurso do embaixador Ricupero na CDH, em 1991, quando o Brasil passou a pronunciar-se sobre o tema. No entanto, manteve-se ainda cautela, evitando-se tanto endossar quanto condenar a prática de adoção de reso-

O BRASIL NA CDH E NO CONSELHO DE DIREITOS HUMANOS   189

luções sobre países. O endosso sem críticas a essa prática não era possível porque, apesar de se reconhecer sua necessidade em determinados casos (como a história latino-americana demonstrara), havia projetos que obedeciam claramente à lógica da politização e da seletividade. A crítica aberta à politização tampouco parecia prudente, uma vez que, não estando o país ainda plenamente inserido no sistema (o processo de ratificação de tratados estava no seu início e inexistia massa crítica de cooperação e diálogo com os procedimentos especiais temáticos), os pronunciamentos contra esse desvio poderiam ser interpretados como rejeição *in totum* do sistema.

Aos poucos, porém, o Brasil foi inclinando-se por posição menos abstencionista no exame de resoluções sobre países. No começo da década de 1990, sobretudo a partir de 1993, a delegação brasileira começa a dar votos favoráveis a determinados projetos de resolução que, a seu ver, refletiam situações graves que mereciam a atenção da comunidade internacional. A título de exemplo, o Brasil votou favoravelmente no exame dos projetos de resoluções sobre direitos humanos nos seguintes países ou territórios: Timor Leste (1993, 1997), Sudão (1994, 1995, 1998, 2001 a 2003), Bósnia e Herzegovina (1994), Iraque (1994 a 1998 e 2000 a 2002), Irã (1994 a 1998, 2000), Nigéria (1997), República Democrática do Congo (1998), ex-Iugoslávia (2000), sul da Europa (2001), Guiné Equatorial (2002), Belarus (2003 e 2004), República Democrática da Coreia (2003 a 2005), Turcomenistão (2004)[18]. Note-se que em 1999 o Brasil não foi membro da CDH, daí a ausência de votos brasileiros nesse ano.

A posição se manteve mais ou menos constante em relação aos casos em que a óbvia politização dos projetos de resolução não permitia um voto favorável, mas em que tampouco o voto negativo poderia ser adotado em função da existência de problemas reais que talvez merecessem ser abordados de maneira distinta, fora do contexto do confronto direto entre adversários declarados. O exemplo paradigmático foi o projeto

18 O registro dos votos brasileiros foi retirado dos relatórios da CDH ao ECOCOC. Ver documentos E/CN.4/1993/122, E/CN.4/1994/132, E/CN.4/1995/176, E/CN.4/1996/177, E/CN.4/1997/150, E/CN.4/1998/177, E/CN.4/2000/167, E/CN.4/2001/167, E/CN. 4/2002/200, E/CN.4/2003/135, E/CN.4/2004/127, E/CN.4/2005/135. Ver a tabela com as posições do Brasil em projetos de resolução sobre países sob o item 9 da agenda da CDH, no período de 2001 a 2005, infra p. 270.

190 A POLITIZAÇÃO DOS DIREITOS HUMANOS

de resolução sobre Cuba, em que se manteve a abstenção desde o final da década de 1980 até a última sessão substantiva da CDH, em 2005. Em outros casos, a posição evoluiu em função de mudanças nos países examinados que, no entender do Brasil, não mais justificavam projeto de resolução com claro teor condenatório. O início do processo de reformas no Irã pode ser considerado o caso mais ilustrativo dessa posição. Embora tivesse votado a favor de maneira ininterrupta de 1994 a 1998 e em 2000, o governo brasileiro decidiu passar à abstenção nos dois últimos anos em que projetos sobre aquele país foram apresentados e submetidos a voto na Comissão, em 2001 e 2002. Esse voto foi adotado como forma de sinalizar que resoluções condenatórias, caso se tornem ritual automático que desconheça os matizes e a dinâmica das situações, podem ser contraprodutivas e causar isolamento do país, o que certamente não contribui para a causa dos direitos humanos.

O caso do Irã é particularmente ilustrativo da avaliação independente que o Brasil procura fazer da situação no terreno, sem deixar de fazer acompanhar eventual gesto favorável aos governos singularizados com a manifestação de esperança de que a via da mudança e das reformas seja aprofundada. Quando o governo reformista Khatami assumiu no Irã, o Brasil justificou sua mudança do voto favorável para a abstenção com o argumento de que era preciso incentivar as reformas e alguns gestos positivos na área dos direitos humanos. Isso não impediu, porém, que a delegação brasileira fizesse intervenções em explicação de voto para cobrar a continuidade e aprofundamento das mudanças e o respeito aos direitos das minorias, em especial dos Bahá'i. Não é fácil determinar, na prática, quando as mudanças internas seriam suficientes para justificar o fim das condenações, que tendem muitas vezes a serem automáticas, e quando uma postura de engajamento passa a ser mais eficaz do que a simples confrontação. Essas são decisões difíceis por natureza, mas que poderiam ser menos excruciantes se o próprio sistema de condenações pudesse oferecer base mais objetiva para pautar o julgamento dos Estados pelos seus pares.

Em outros projetos de resolução ou em votações de "moções de não ação" relativos seja a alguns "pesos pesados" ou

O BRASIL NA CDH E NO CONSELHO DE DIREITOS HUMANOS   191

a situações em que os países da região possuem posição concertada, a regra geral foi a da abstenção. A China é um caso
particularmente importante em função de seu peso na cena
mundial e sua capacidade de articular alianças, exercer pressão e obter apoio para sua posição. Os projetos de resolução
sobre a China começaram a ser apresentados em 1990 pelos
Estados Unidos e pelos países europeus em reação ao massa-
cre de estudantes e trabalhadores na Praça da Paz Celestial
de Pequim, ocorrido em 1989. A China, como outros países
que são alvos de resoluções na CDH, encarou a iniciativa obviamente como ato inamistoso das potências ocidentais, supostamente incapazes de compreender as particularidades
históricas e culturais do país. Sempre que se viu confrontada
com projetos de resolução condenatórios, a China mobilizou
aliados e invocou a regra 65(2) das Regras de Procedimento
das Comissões Funcionais do ECOSOC, que permite apresentar
"moções de não ação" que, se adotadas, impedem a comissão
de votar a matéria ou o projeto de resolução submetidos à apre-
ciação. Na prática, essa manobra de procedimento visa a negar
a legitimidade da Comissão de sequer tomar conhecimento e
dar seu veredicto sobre a substância do projeto de resolução.

Pelo que se constata da leitura dos relatórios da CDH ao
ECOSOC, a China invocou essa regra de procedimento todas as
onze vezes em que foi objeto de projeto de resolução de 1990 a
2004. Apenas uma vez, em 1995, a moção chinesa foi derrotada, quando houve empate em 22 votos favoráveis e contrários,
com nove abstenções. O projeto de resolução propriamente dito
pôde então ser levado à votação, mas foi rejeitado por 21 votos
contrários, 20 a favor e doze abstenções. Nesse ano, o Brasil se
absteve tanto no exame da moção chinesa quanto na consideração do projeto de resolução. Em duas ocasiões, porém, o Brasil
se afastou da posição tradicional de abstenção em relação à moção chinesa. Em 1996, a delegação brasileira votou contra a moção submetida pela China, ao passo que em 2004 esse voto foi
favorável. O voto contra a moção chinesa foi justificado com
base no apego do Brasil ao princípio da legitimidade da preocupação internacional com a situação dos direitos humanos
em qualquer país, embora se tenha explicado que, na eventualidade de consideração do projeto substantivo, a delegação

adotaria a abstenção. A moção apresentada pela China foi interpretada, pelo Brasil e outros países, como tentativa de negar o direito da CDH de examinar a situação chinesa.

Para a China, porém, o voto foi interpretado como contrário a seus interesses e favorável às potências ocidentais, até porque não lhe interessava entrar no que considerava um debate demasiado técnico ou de princípio sobre o significado abstrato da moção de não ação. A reação chinesa foi a de expressar consternação em todas as oportunidades, demonstrando sua insatisfação com a posição brasileira. A pressão foi crescente e o Brasil voltou ao padrão anterior no ano seguinte (1997), quando aceitou convite da China para enviar o então secretário de Direitos Humanos José Gregori àquele país. A visita de Gregori ensejou diálogo bilateral no campo dos direitos humanos e o início de um intercâmbio de experiências. Conforme nota Ana Candida Perez:

Na 53ª CDH o Brasil retornou à abstenção quanto à moção porque a importância dos interesses e da parceria com a China prevaleceu sobre a postura principista (que, de resto, era dispensável enquanto incremento da consistência da diplomacia brasileira, sobretudo tendo em vista a inconsistência das atitudes do próprio grupo ocidental em relação à China)[19].

A apresentação pelos EUA de projeto de resolução sobre a China em 2004, mais do que em ocasiões anteriores, foi claramente marcada por motivações políticas, sobretudo pela intenção do governo Bush de fazer um gesto para parte dos eleitores norte-americanos e setores que cobravam atitude mais firme em relação ao país asiático, apesar da parceria econômica entre ambos os países. De fato, ao conversar com diplomatas brasileiros que acompanharam o tema em Genebra e em Brasília, entre março e abril de 2004, foi possível tirar algumas conclusões: a. a relativa falta de empenho do governo Bush em fazer *lobby* pelo projeto de resolução, o que indicaria a falta de entusiasmo dos próprios patrocinadores principais com iniciativa que parecia mais encenação para setores do eleitorado interno nos EUA do que objetivo perseguido com

19 *Evolução da Política Externa de Direitos Humanos – Conceitos e Discurso*, p. 124.

convicção por aquela Administração; b. o desconforto de delegações latino-americanas com a situação de se ver instrumentalizadas por objetivos de política interna dos EUA, ao ter de votar um projeto de resolução que ocasiona custos que não poderiam ser facilmente absorvidos na relação com a China (diferentemente dos EUA, que podem se permitir apresentar tal projeto e ainda assim manter a parceria com a China em setores estratégicos); c. a eficácia das gestões intensas da China junto ao Brasil, em diferentes níveis, tanto em Genebra quanto em Brasília, indicando que, diante da clara politização e da forma descabida e extemporânea pela qual foi apresentado o projeto, a expectativa era de poder contar com o voto favorável do Brasil à moção de não ação chinesa.

Certamente o peso político e econômico da China e a coincidência de visitas de alto nível àquele país foram determinantes para a mudança da posição brasileira, mas não foram os únicos fatores relevantes. A politização excessiva da questão deixou claro que os custos do voto considerado contrário aos interesses chineses recairiam, sobretudo, sobre os parceiros em desenvolvimento daquele poderoso país. Além disso, nos últimos anos da CDH, o Brasil começou a mostrar certa fadiga e insatisfação crescente em relação a projetos de resolução sobre países, o que se refletiu não apenas na alteração de algumas posições tradicionais, como também no endurecimento da crítica a um sistema cuja credibilidade era decrescente. Os mesmos fatores explicam a nova posição adotada pelo Brasil no que tange ao projeto sobre a Chechênia (Federação da Rússia). O Brasil absteve-se em 2000, 2001 e 2002, mas esse padrão foi alterado em 2003 e 2004, quando o voto passou a ser contrário ao projeto de resolução. A instrução para mudar o voto se baseou em "desdobramentos positivos" no terreno e determinou que se fizesse explicação de voto em que se assinalaram os seguintes elementos:

(i) a disposição do governo russo em receber a visita do Alto Comissário para os Direitos Humanos, no período de 27 de junho a 01 de julho próximo; (ii) a realização recentemente de referendo na Chechênia que, embora ainda insatisfatório, não deixa de representar progresso; (iii) a expectativa brasileira de que o governo

194 A POLITIZAÇÃO DOS DIREITOS HUMANOS

russo receberá, no curto prazo, também o Alto Comissário para Refugiados.

Na mesma linha das mudanças de votos no tocante à China e à Chechênia pode ser incluída, ademais, a relativa à Belarus. Se em 2003 e 2004 a delegação brasileira votou a favor do projeto, em 2005 resolveu abster-se. A razão foi a aceitação do argumento das autoridades daquele país, que consideravam o projeto uma iniciativa politicamente motivada dos EUA e da UE. Além disso, sabe-se que a Rússia teve papel preponderante ao advogar em favor dos interesses da Belarus junto a seus parceiros. Em ordem diferente de preocupações se insere a abstenção brasileira diante das moções de não ação relativas aos projetos de resolução sobre o Zimbábue (2002, 2003 e 2004), assim como a abstenção diante da emenda apresentada pela UE ao projeto de resolução do Grupo Africano relativo a Darfur (Sudão) em sessão do Conselho de Direitos Humanos em novembro de 2006. Além da politização, o governo brasileiro procurou levar em conta a posição do grupo regional, claramente contrária à perspectiva simplesmente condenatória. No caso do Zimbábue, o diferendo com o Reino Unido sobre a questão da distribuição de terras no país africano contribuía para emprestar à questão certo grau de politização, conferindo-lhe dimensão de disputa bilateral, o que tornava a posição do Grupo Africano mais convincente. Em relação a Darfur, região do Sudão em que as atrocidades cometidas por rebeldes e por agentes governamentais são conhecidas, prevaleceu o entendimento de que soluções impostas sem o consentimento do grupo regional, que, no caso, parecia disposto a continuar tratando o tema, apenas exacerbariam a confrontação sem resultados concretos para as vítimas dos abusos[20].

20 É raro que posições adotadas pelo Brasil na CDH ou no Conselho despertem paixões. Este foi o caso da abstenção brasileira em relação à emenda europeia, que gerou editorial da *Folha de S. Paulo* de 3 dez. 2006 intitulado Em Péssima Companhia. O tom crítico também prevaleceu na reportagem do jornalista Jamil Chade em *O Estado de S. Paulo* de 01 dez. 2006, que assinala ter o Brasil se abstido "para não contrariar o Sudão". Essas críticas, contudo, arrefeceram quando em meados de dezembro, na IV Sessão Especial do Conselho de Direitos Humanos sobre Darfur, o Brasil contribuiu para aproximar posições entre ocidentais e africanos, o que permitiu adoção consensual de uma

A "fadiga" em relação aos projetos de resolução sobre países não representou sua rejeição *a priori*[21], mas expressou a progressiva insatisfação com sistema que, por ser claramente desequilibrado, impunha custos principalmente aos países em desenvolvimento, cuja capacidade de suportar pressões, tanto de patrocinadores quanto dos parceiros que eram objeto de resoluções condenatórias, é reconhecidamente limitada. E o desequilíbrio era ainda mais patente se levado em conta o silêncio diante de aberrações como a detenção arbitrária de suspeitos de terrorismo em Guantánamo e alhures, o crescente recurso à tortura na "guerra contra o terrorismo", a prática dos EUA de obter a "entrega" (*rendition*) por outros países de suspeitos de terrorismo sem as formalidades da extradição e a generalizada suspensão não declarada do direito à privacidade

resolução que previu o envio de uma missão de avaliação. Devido ao interesse suscitado pela questão, o Itamaraty divulgou uma nota à imprensa sobre a adoção dessa resolução e o papel construtivo desempenhado pelo Brasil. Ver Nota à Imprensa 680 de 13 dez. 2006, disponível na Internet em <http://www.mre.gov.br/portugues/imprensa/nota_detalhe3.asp?ID_RELEASE=4138>. No final de 2007, o tema voltou aos jornais na forma de reportagens e um novo editorial da *Folha de S. Paulo*, de 15 dez. 2007, intitulado "O Itamaraty Reincide". Desta vez, acusou-se o Itamaraty de trabalhar por resolução menos incisiva no contexto da revisão do mandato do relator especial sobre os Direitos Humanos no Sudão, realizada na segunda parte da VI Sessão ordinária do Conselho. O Brasil trabalhou para alcançar meio-termo entre a posição maximalista da UE (que gostaria não somente de manter o mandato do relator, mas também do grupo de peritos instituído pela sessão especial) e a postura mais reticente do grupo africano. A prorrogação do mandato do relator em uma resolução de consenso certamente constitui resultado potencialmente mais útil para as vítimas de abusos do que a apresentação de projeto maximalista que correria o risco de derrota no plenário do Conselho.

21 A prova disso foi o papel destacado do Brasil nas negociações que levaram à adoção de uma resolução sobre os direitos humanos no Mianmar, durante a V Sessão Especial do Conselho de Direitos Humanos, no dia 02 out. 2007, no contexto dos protestos de monges budistas que chamaram a atenção para a política repressiva da Junta Militar daquele país. Embora a resolução tenha sido adotada por consenso, o que retira o ônus de uma tomada de posição em votações, o Brasil trabalhou ativamente para alcançar esse resultado, evitando tanto a posição maximalista do Reino Unido, que desejava linguagem excessivamente dura, quanto as posições reticentes da Rússia e da China quanto à possibilidade de deplorar a situação grave no Mianmar. De forma inédita, diante do consenso alcançado, a delegação brasileira foi além da prática tradicional e copatrocinou a iniciativa. Foi um sinal importante para demonstrar na prática que o discurso brasileiro crítico à seletividade não se confunde com a rejeição de iniciativas meritórias que singularizem casos graves, desde que os projetos sejam equilibrados e não busquem a condenação como um exercício meramente punitivo.

e às liberdades em geral pelo Ocidente desenvolvido, por motivos de segurança. Por isso, além das mudanças nos votos acima indicados, o discurso crítico em relação à politização e à seletividade tornou-se uma constante. Durante a década de 1990, a crítica à politização e à seletividade, como notou Ana Candida Perez em sua análise do discurso oficial em matéria de direitos humanos, foi "parcimoniosa", devido sobretudo ao sequestro do tema por países com os quais não desejávamos associar-nos[22]. Pode-se acrescentar, ademais, o fato de que o Brasil ainda não havia consolidado o diálogo e a transparência que caracterizam hoje sua relação com os procedimentos especiais temáticos. Na medida em que esse diálogo tornou-se política de Estado não apenas no discurso, mas se aprofundou na prática – como demonstram as visitas realizadas com total liberdade por vários titulares de mandatos da CDH[23] e o convite permanente estendido a todos os relatores temáticos em 2001 (convite que foi reiterado no documento de compromissos voluntários durante o processo de eleições para o Conselho de Direitos Humanos) –, o receio de associação indevida aos países que mantêm postura de clara oposição ao monitoramento eficaz dos direitos humanos pelas Nações Unidas perdeu força.

O Brasil, democrático e plenamente engajado no sistema de promoção e proteção dos direitos humanos, pôde assumir uma identidade própria, que se manifestou, entre outros aspectos, na crítica à politização excessiva. Essa crítica não

22 Op. cit., p. 8.
23 De 1998 a 2007, foram onze visitas para avaliar a situação brasileira, realizadas com total apoio do governo brasileiro, que produziram relatórios que constituem subsídio importante para os esforços do governo e da sociedade civil no campo dos direitos humanos. Esses informes elaborados com base nas visitas de titulares de mandatos de procedimentos especiais se encontram disponíveis na Internet em <http://www.ohchr.org/english/bodies/chr/special/countryvisitsa-e.htm#brazil>. A última dessas visitas, realizada em novembro de 2007, foi a do relator especial sobre Execuções Extrajudiciais, Sumárias ou Arbitrárias, Philip Alston, que deverá ainda produzir um informe circunstanciado. Sua nota à imprensa constitui um exemplo do tipo de documento com o qual o Brasil deve se defrontar e que, em síntese, reconhece desenvolvimentos positivos, mas não deixa de apontar as sérias deficiências que ainda caracterizam a implementação dos direitos humanos no país. Essas críticas, como já mencionado, são hoje tomadas com naturalidade. A nota à imprensa do relator se encontra disponível em <http://www.unhchr.ch/huricane/huricane.nsf/view01/7F0F08340A31AC6FC1257394003B5D47?opendocument>.

O BRASIL NA CDH E NO CONSELHO DE DIREITOS HUMANOS   197

constituiu manobra para esconder o objetivo de enfraquecer a capacidade real de monitorar situações e singularizar casos graves, mas uma forma de romper a falsa dicotomia que reduz a escolha a duas opções igualmente inaceitáveis: a reprodução do sistema de adoção de resoluções que obedece ao arbítrio exclusivo dos patrocinadores tradicionais, em particular os EUA e a UE (e os países árabes para o caso exclusivo dos territórios ocupados por Israel) ou a criação de um sistema que, em nome do fim da politização, consagraria na prática a noção arcaica da soberania como escudo para evitar a supervisão internacional dos direitos humanos, o que representaria limitação inaceitável do sistema à tarefa de promoção e assistência técnica.

O discurso brasileiro, portanto, passou a criticar de maneira inequívoca a politização, mas, ao fazê-lo, não se furtou a apontar direção alternativa para a correção dos desequilíbrios no sistema de adoção de resoluções sobre países, o que certamente estava muito longe de sua simples eliminação, como pareciam desejar sobretudo os países do chamado Grupo Like-Minded[24]. A principal proposta concreta para alcançar esse objetivo consistiu na recomendação de que se elaborasse, no seio do sistema de direitos humanos da ONU, um relatório sobre a situação desses direitos em todo o mundo. Essa proposta foi apresentada pela primeira vez de maneira oficial pelo governo brasileiro na intervenção do então secretário nacional de direitos humanos, José Gregori, no plenário da CDH, no dia 17 de março de 1998:

> Sería muy útil que esta Comisión diera inicio a un examen sobre la necesidad de lograrse un consenso sobre algunos criterios objetivos y universalmente aceptados para evaluar la situación de los derechos humanos en los países. En base a dichos criterios, la Comisión, a cada dos años, elaboraría un informe, cuya legitimidad estaría vinculada a su carácter multilateral, sobre la situación de los derechos humanos en el mundo[25].

24 Sobre a atuação desse grupo na CDH e no Conselho de Direitos Humanos, ver supra p. 129-168.
25 Discurso de S.E. Sr. José Gregori, Secretario Nacional de Derechos Humanos de Brasil, 54º período de sesiones Comisión de Derechos Humanos, Ginebra,

198 A POLITIZAÇÃO DOS DIREITOS HUMANOS

A ideia de um relatório global de direitos humanos como forma de combater a politização excessiva e a seletividade, contudo, foi apresentada cerca de um ano antes do discurso do secretário José Gregori pelo então perito brasileiro na Subcomissão de Prevenção de Discriminação e Proteção de Minorias, José Augusto Lindgren Alves:

Em 1997, diante da seletividade reinstaurada ostensivamente na CDH, cheguei a propor na Subcomissão, seu órgão subsidiário de que fui membro, a título individual, no período 1994-1997, que se substituíssem as resoluções sobre situações específicas por um relatório da ONU sobre todos os países do mundo, tal como aqueles feitos pelas principais ONGs (e o Departamento de Estado dos Estados Unidos, sem incluir, evidentemente, eles próprios), sob a responsabilidade do colegiado da Subcomissão. A ideia não foi avante, por oposição dos peritos asiáticos e de Cuba, mas foi retomada depois pelas delegações oficiais do Brasil à CDH, tendo sido postulada ainda em 2004[26].

De fato, a proposta foi várias vezes reiterada, ainda que sem maior elaboração e não necessariamente como substituto para as resoluções sobre países, mas antes como forma de colocar a CDH e o Conselho diante de uma avaliação mais objetiva das situações em todo o mundo, evitando a arbitrariedade e a seletividade na escolha de países que mereceriam ser singularizados por meio de resolução, decisão ou simples declaração do presidente do órgão de direitos humanos da ONU. O processo de reforma colocado em marcha nas Nações Unidas deu novo ânimo à proposta brasileira. Em seu discurso na Terceira Comissão da Assembleia Geral sob o item relativo às questões de direitos humanos, em 2003, a delegação brasileira subiu o tom da crítica à politização e à seletividade e procurou fornecer alguns elementos adicionais para a implementação da proposta de relatório global de direitos humanos:

Enfatizamos a necessidade de conter a politização excessiva. É preocupante que, no ambiente internacional atual, os direitos

17 de marzo de 1998", disponível em: <http://www.unhchr.ch/huricane/huricane.nsf/view01/6A0D71C5CF5D0F5780256831004EE864?opendocument>.

26 *Os Direitos Humanos na Pós-Modernidade*, nota 19, p. 227.

O BRASIL NA CDH E NO CONSELHO DE DIREITOS HUMANOS   199

humanos venham sendo usados cada vez mais seletivamente. Os direitos humanos são importantes demais para serem vistos como instrumento de política externa de alguns Estados. Os mecanismos temáticos da CDH são de particular importância devido ao escopo universal de seus mandatos, mas é verdade que os relatores e representantes especiais para países podem ser necessários para lidar com situações mais sérias. Todavia, o duplo-padrão aumenta o risco de enfraquecer o sistema internacional de promoção e proteção dos direitos humanos. Convocamos todos, portanto, a aperfeiçoar os mecanismos multilaterais, agindo de forma significativa através de uma abordagem mais construtiva e cooperativa. Como proposto pela minha delegação durante a 56ª sessão da CDH, um relatório global de direitos humanos pode constituir uma valiosa fonte de informações objetivas e de análise para avaliar a necessidade de lidar com situações específicas[27].

A crítica à politização excessiva voltou com força redobrada na 60ª Sessão da CDH, em abril de 2004, quando o Brasil proferiu intervenção particularmente dura no âmbito do item 9 da agenda, em que se referiu expressamente à prática de apresentação de resoluções sobre direitos humanos em países. A crítica, feita no contexto do embate entre o Grupo Africano e os países ocidentais em torno do projeto de resolução sobre o Zimbábue, fez-se acompanhar de nova menção à proposta do relatório global:

> Minha delegação solicita a palavra com o propósito de expressar o crescimento da preocupação crescente do Brasil com o aumento da politização e da seletividade na comissão durante a discussão das resoluções específicas sobre países. Não podemos senão lamentar, Sr. Presidente, o fato de que aspectos e assuntos não relacionados com a promoção dos direitos humanos estão constantemente interferindo no processo de negociação de resoluções. Lamentamos também a prática continuada de abordagem seletiva caso a caso. Precisamos concentrar nossos esforços e recursos em assegurar a credibilidade da Comissão. Nesse sentido, o Brasil está pronto a considerar alternativas à maneira pela qual o assunto da promoção dos direitos humanos é considerado sob o item 9. Apoiamos – e

27 Statement by the Brazilian Delegation on Human Rights Questions – LVIII General Assembly, Third Committee – New York, 17 November 2003, disponível no endereço: <www.un.int/brazil/speech/003d-fdem-HumanR3-Comm-1711.htm>.

declaramos isso muitas vezes – a elaboração de um relatório global de direitos humanos pelas Nações Unidas. O Brasil espera que todos os países, os em desenvolvimento e particularmente os desenvolvidos, demonstrem vontade política e abertura para trabalhar nessa direção.

No ano seguinte, em 2005, o Brasil chegou a circular na CDH projeto de resolução preliminar sobre o relatório global em que previa um estudo de viabilidade para a implementação dessa ideia. O projeto de resolução, contudo, não chegou a ser tabulado[28] em função da dificuldade de angariar amplo apoio para a iniciativa. Os países ocidentais foram certamente os que impuseram os maiores obstáculos, considerando a proposta de relatório global excessivamente ambiciosa para as capacidades do sistema de direitos humanos. Os membros do Grupo Like-Minded tampouco demonstraram entusiasmo pela iniciativa devido à suspeita de que tal relatório pudesse dar demasiado poder ao Secretariado ou a peritos independentes, eventualmente sujeitos a pressões políticas dos países ocidentais. Essa mesma lógica prevaleceu nas negociações da resolução da Assembleia Geral que criou o Conselho de Direitos Humanos (60/251). Não obstante, a proposta voltou a ser mencionada de maneira solene no discurso do ministro Celso Amorim durante a sessão inaugural do Conselho de Direitos Humanos, em 19 de junho de 2006, conforme citado na introdução. O objetivo brasileiro, ressaltou o ministro, é alcançar "um enfoque universal e equilibrado para os direitos humanos por meio de um relatório global a ser preparado por equipe imparcial de especialistas das Nações Unidas" e "com base em parâmetros multilateralmente definidos". Além disso, "resoluções sobre países ocorreriam apenas em casos excepcionais de flagrantes violações, em situações que sejam graves e urgentes"[29].

Embora a proposta de relatório global não tenha vingado de maneira autônoma, a evolução das negociações em Genebra sobre a implementação do mecanismo de revisão periódica

---

28 Apresentado formalmente para circular como documento da ONU.
29 Discurso do Ministro de Estado das Relações Exteriores, Embaixador Celso Amorim, no Segmento de Alto Nível da Primeira Sessão do Conselho de Direitos Humanos, Genebra, 19/06/2006, disponível em: <http://www.mre.gov.br/portugues/politica_externa/discurso_detalhe.asp?ID_DISCURSO=2859>.

universal no âmbito do Conselho de Direitos Humanos poderia, em tese, levar à consagração, por via transversa, dessa proposta. Essa é a opinião do principal negociador brasileiro no conselho, embaixador Sérgio Florêncio, que, indagado se a proposta estaria ultrapassada pela marcha das negociações, afirmou o seguinte ao autor do presente trabalho:

Na verdade, a implementação correta do UPR significará, ao final do primeiro ciclo, que desejamos seja de cerca de quatro anos, a existência de relatórios individuais sobre todos os países. Em outros termos, a proposta brasileira estará, se tudo correr bem, implementada. A Internet resolve o problema, menor, de sua operacionalização. Basta colocar no "site". A proposta, que ontem era um problema para muitos países, hoje virou parte natural da solução[30].

É claro que a implementação da proposta brasileira, para ser feita via revisão periódica universal (da sigla em inglês, UPR), dependerá de outros fatores, uma vez que a intenção original era que o relatório servisse de base objetiva e isenta para as decisões propriamente políticas do conselho em relação a situações de direitos humanos em países específicos. Ciente da necessidade de criar parâmetros multilaterais para a adoção de resoluções dessa natureza em casos urgentes, que o UPR talvez não possa resolver sozinho (os países devem ser examinados nesse mecanismo em intervalos de quatro anos[31]), de modo a reduzir a politização e afastar a seletividade, a delegação brasileira circulou *non-paper* contendo considerações iniciais com vistas ao estabelecimento de critérios que pautariam tais iniciativas. A proposta, que foi apresentada em formato de ideias para a reflexão e não como projeto acabado, defendia

---

30 Entrevista realizada por escrito em 9 set. 2007.

31 Durante a VI Sessão regular do Conselho de Direitos Humanos, definiu-se a lista dos primeiros países que serão examinados no âmbito mecanismo de revisão periódica universal, entre eles o Brasil, que foi o nono a ser submetido ao exercício durante a primeira sessão da revisão, em abril de 2008. A lista foi feita por grupo regional e obedeceu aos seguintes critérios: primeiramente, países com mandato no Conselho e, em seguida, países voluntários e países sorteados. Os Estados examinados devem apresentar seu relatório, com base em diretrizes aprovadas pelo Conselho, o que demandará importante esforço de consolidação de informações.

que os mandatos sobre países deveriam resultar de uma avaliação objetiva da situação por meio de distintos mecanismos de direitos humanos, tais como o procedimento de queixas, os procedimentos especiais, os órgãos de monitoramento estabelecidos por tratados (*treaty bodies*) e o próprio UPR. Com a proposta do relatório global e a apresentação desse *non-paper*, o Brasil deu mostras de que sua crítica dura à politização e à seletividade não se confunde com a tentativa de deslegitimar o uso de resoluções para os casos graves. Mais do que isso, emitiu sinal importante e inequívoco para os demais governos, mas também para as ONGS nacionais e internacionais, de que seu compromisso com o fortalecimento do sistema não poderia avalizar uma postura passiva, uma vez que tanto a manutenção de uma prática de adoção seletiva de resoluções sobre países quanto a mera eliminação desse instrumento de pressão política não convinham ao país[32].

Enquanto o Conselho discutia a implementação das decisões relativas à chamada "construção institucional" (aspectos relacionados aos requisitos para integrar o novo Comitê Assessor, os pormenores da revisão periódica universal e a revisão dos mandatos da antiga CDH), o Brasil propôs, paralelamente, a adoção de sistema de metas voluntárias de direitos humanos, que seriam inspiradas nas metas do milênio das Nações Unidas. A proposta foi introduzida no segmento de Alto Nível da IV Sessão do Conselho, em março de 2007,

---

32 O Brasil também apresentou iniciativas na CDH e no Conselho que, se bem que não guardem relação direta com o tema das resoluções sobre países, demonstraram um genuíno interesse em contribuir de maneira ativa para a efetiva implementação dos direitos humanos em diversas áreas. Logo após a Conferência de Viena, o Brasil passou a apresentar regularmente, tanto na CDH quanto na Terceira Comissão da AGNU, o projeto de resolução sobre o fortalecimento do Estado de Direito, que visava a assegurar apoio do Alto Comissariado a atividades de capacitação e assistência técnica para a consolidação das instituições do Estado de Direito, como o Judiciário, o Ministério Público, o Parlamento, as polícias, entre outras. Mais recentemente, já no começo dos anos 2000, o Brasil reforçou seu perfil ativo ao propor os projetos sobre "Incompatibilidade entre Democracia e Racismo", "Acesso a Medicamentos no Contexto de Pandemias como HIV/Aids, Tuberculose e Malária" e "O Direito de Todos ao Desfrute do Mais Alto Padrão Atingível de Saúde Física e Mental". Durante a 2ª Sessão (reconvocada) do Conselho de Direitos Humanos, em novembro de 2006, o Brasil pôde pela primeira vez aprovar esses três projetos por consenso (muito provavelmente em função da ausência dos EUA, que sempre encontraram dificuldades com os textos dessas iniciativas).

pelo secretário especial de Direitos Humanos da Presidência da República, ministro Paulo Vannuchi. A ideia foi endossada pelos membros plenos do Mercosul e pelo Chile, que viram mérito em marcar o aniversário de sessenta anos da Declaração Universal dos Direitos Humanos (10 de dezembro de 2008) com essa nova iniciativa, que incluiria, entre outras metas, a ratificação dos principais tratados de direitos humanos, a elaboração de planos nacionais de direitos humanos, a definição de ações em áreas como educação para os direitos humanos e a identificação de necessidades de cooperação internacional[33].

De qualquer forma, a iniciativa não deixa de reforçar o perfil ativo do Brasil no novo Conselho, demonstrando a preocupação do país em apresentar alternativas inovadoras e de caráter cooperativo para a efetiva implementação dos direitos humanos. Embora o efeito dessa iniciativa sobre o monitoramento de países em situação crítica não seja evidente, sua implementação, ainda que totalmente voluntária, abriria janela adicional de oportunidade para os governos que queiram sinceramente aperfeiçoar suas práticas na matéria. Um sistema mais objetivo para a adoção de resoluções sobre países terá de levar em conta se o Estado em questão tem dado sinais de que pretende fazer cessar as violações e abusos. A existência de mecanismos voluntários, como o proposto pelo Brasil, é essencial, portanto, não apenas para os que já têm compromisso com os direitos humanos, mas também para os que precisam ainda provar seu engajamento em prol desses direitos. Indiretamente, a proposta brasileira representa também clara contribuição para o funcionamento equilibrado do sistema de adoção de resoluções críticas para os casos mais graves, tendo em vista que o equilíbrio só é alcançável, nessa seara, mediante a existência de alternativas reais de cooperação que possam ser voluntariamente aproveitadas pelos governos.

---

33 A iniciativa tomou a forma de um projeto de resolução, tabulado na primeira parte da VI Sessão do Conselho, em setembro de 2007, e aprovado por consenso na segunda parte daquela sessão, em dezembro do mesmo ano. Em vez de instituir o sistema de metas voluntárias, a resolução prevê um processo aberto intergovernamental para elaborar essas metas.

A "BILATERALIZAÇÃO" DO TRATAMENTO MULTILATERAL DOS DIREITOS HUMANOS

Um desafio importante que se apresenta ao Brasil, assim como a outros países latino-americanos que convivem bem e construtivamente com os sistemas internacional e regional de proteção dos direitos humanos, reside em contribuir para a superação da politização excessiva sem fazer o jogo dos que não possuem outra intenção senão assegurar a ineficácia do sistema de monitoramento. A maioria dos países latino-americanos, até o momento, não se tem caracterizado pela arrogância etnocêntrica que leva alguns a assumirem papel de supostos juízes imparciais da humanidade, mas tampouco estão indiferentes, em função de seu passado de golpes e regimes autoritários, às violações sistemáticas dos direitos humanos que têm lugar diariamente em várias partes do mundo. Nesse sentido, procuram fortalecer os instrumentos extraconvencionais temáticos, cooperam com os mecanismos de monitoramento convencionais (*treaty bodies*) e não deixaram no período da CDH de pronunciar-se e de votar favoravelmente em relação aos projetos de resoluções relativos a países que, a seu juízo, refletiam situação verdadeiramente grave de abusos generalizados aos direitos humanos e liberdades fundamentais.

Em razão de estarem comprometidos com a universalidade dos direitos humanos sem endossar a visão etnocêntrica que move alguns países desenvolvidos, muitos países latino-americanos se limitam a votar a favor de várias resoluções sobre países, mas dificilmente chegam a copatrociná-las. Esse é claramente o caso do Brasil, que tem procurado votar de acordo com a avaliação da necessidade de manter a pressão política para reverter práticas de violação sistemática dos direitos humanos[34]. À diferença dos países patrocinadores, em grande parte das vezes não temos relações bilaterais que permitam absorver o impacto de um voto dessa natureza em função da

---

34 Nesse sentido, o copatrocínio do projeto de resolução sobre o Mianmar, conforme visto acima, constitui uma novidade que se explica, contudo, pelo caráter consensual do projeto, pelo papel do Brasil na negociação e por um contexto em que a polarização entre os protagonistas foi relativamente menor do que em outros casos.

densidade de interesses e da interdependência em outras áreas do relacionamento. Por essa razão e por acreditar no multilateralismo, o Brasil insiste sempre que suas posições nos foros de direitos humanos não guardam relação com a agenda bilateral, mas se baseiam tão-somente no princípio da legitimidade da preocupação internacional com os direitos humanos em qualquer país. Seria equivocado, porém, crer que os votos do Brasil ou de qualquer outro país possam ser decididos sem consideração às consequências concretas para o relacionamento bilateral. Na maior parte das vezes, os países que são alvos de projetos de resolução – tanto projetos claramente politizados quanto os que refletem preocupação real com os direitos humanos – tendem a invocar os laços bilaterais em suas gestões e esforços diplomáticos com o fito de repelir tais iniciativas e reagir a um voto que os descontente.

Essa situação pode acarretar custos políticos, sobretudo porque nem todos os países que são objeto de resoluções compreendem ou querem compreender a intenção brasileira de favorecer os direitos humanos e procuram, assim, levar para o âmbito bilateral o que deveria cingir-se à esfera multilateral. Em determinados casos, pleitos brasileiros em outros campos das relações internacionais podem deixar de ser atendidos e o irritante do voto poderia, hipoteticamente, se desdobrar em perdas de oportunidades políticas, comerciais e econômicas ou em reações internas desfavoráveis ou politicamente custosas da parte de grupos de interesse. Esses custos reais e potenciais devem servir de estímulo para criar sistema em que os países que violam sistematicamente os direitos humanos tenham menos incentivos para retaliar bilateralmente. É preciso evitar que perspectivas, ainda que remotas, de perdas de negócios ou o risco de retirada de apoio político sejam utilizados com êxito para induzir mudança de posições, especialmente daqueles que têm menos condições de resistir, seja porque possuem política externa multilateral menos consistente do que a brasileira, seja porque seus respectivos governos e sociedades não estão tão comprometidos com os direitos humanos quanto o Brasil. De qualquer forma, tampouco o Brasil possui capacidade de resistência ilimitada, o que pode gerar potencial de tensão entre a necessidade de manter coerência em relação aos compromissos internos e internacionais em matéria de direitos humanos e outros objetivos não menos legítimos e importantes, tais como a projeção de interesses políticos em outras arenas multilaterais e regionais, a busca da participação crescente nas correntes do comércio mundial e a necessidade de forjar parcerias que contribuam para o desenvolvimento nacional e para a inserção soberana do país na economia global.

Não se trata, conforme já assinalado, de tensão entre objetivos incompatíveis ou irreconciliáveis, como tenderia a fazer crer certa visão realista tradicional. Trata-se antes de tensão real que é exacerbada artificialmente pelo desequilíbrio, pelas insuficiências e pela politização no sistema multilateral de monitoramento de direitos humanos. A visão realista interpreta as relações internacionais em última instância como luta das unidades soberanas em um ambiente anárquico de individualismo extremado (*self-help*), enquanto o interesse nacional é tomado consequentemente como conceito não problemático, estático, cristalizado na forma da perseguição constante de uma melhor posição relativa na distribuição mundial de poder, entendido este como força militar e/ou econômica. Nesse sentido, no mundo da *Realpolitik*, os direitos humanos não passariam de instrumentos ou vetores da luta mundial pelo poder, cuja característica intrínseca seria justamente a desconsideração das dimensões ética e moral.

Sob esse prisma de análise, o Brasil não teria nada a ganhar – ao contrário, teria apenas a perder – com as resoluções sobre países, tendo em vista que o país não possui interesses estratégicos ou de outra ordem que o levem a defender ou propor tais iniciativas, nem excedentes de poder que lhe permitam bancar atitude mais pró-ativa em favor dos direitos humanos sob outras soberanias. Essas resoluções seriam apenas um fardo, portanto, para um país como o Brasil, cuja luta pelo incremento do poder no cenário internacional está antes ligada à diversificação de parcerias do que à manutenção ou ampliação de posições de poder por meio de tentativas de contenção de potenciais adversários com interesses políticos distintos. Seguindo essa linha de raciocínio, o realismo levado ao paroxismo poderia recomendar linha de ação diplomática insustentável e mesmo absurda, que seria a de se votar sistematicamente contra todas as resoluções ou advogar sua mera eliminação, de modo a evitar custos desnecessários ao país – ou, de forma mais direta, a de simplesmente retirar-se dos sistemas multilateral e regional de proteção dos direitos humanos.

Essa visão realista, apresentada de maneira um tanto esquemática, não é ilusão de mentes acadêmicas ou uma elucubração para efeitos somente didáticos, mas uma força real no mundo contemporâneo. Do ponto de vista da história do pensamento político, Maquiavel é a fonte óbvia de inspiração para orientar a ação nesse domínio. Mais recentemente, porém, o pensamento weberiano vem sendo apropriado para os mesmos fins. Na introdução da edição francesa de *Política como Vocação* de Max Weber, Raymod Aron joga água no moinho dos que pretendem curvar-se a uma essência por assim dizer "infernal" da política, visão que também se reproduz no realismo em relações internacionais:

> Entrar na política, é participar de conflitos cujo objeto é o poder – poder de influir sobre o Estado e através dele sobre a coletividade. Da mesma forma, nos obrigamos a nos submeter às leis da ação, ainda que sejam contrárias à nossas preferências íntimas e aos dez mandamentos, e se estabelece um pacto com os poderes infernais, e condenamos a nós mesmos à lógica da eficácia[35].

O realismo em relações internacionais nada mais é do que a projeção externa dessa tradição, rendendo-se à crença de que não se pode entrar na política – ou na sua dimensão interestatal, a diplomacia – como vestais. A política não seria para anjos, mas para quem aceita o pacto com as forças diabólicas que regem esse mundo à parte. Para que os Estados logrem seus objetivos, portanto, não bastaria a profissão de fé em um mundo novo, mas a utilização dos instrumentos do mundo realmente existente para transformá-lo. Visão instrumental do poder e da diplomacia que, em nome da eficácia dos meios, abre mão justamente da ética da responsabilidade de Weber, a qual impõe não desconhecer os resultados poten-

---

35 Introduction, em M. Weber, *Le Savant et le politique*, p. 24.

A POLITIZAÇÃO DOS DIREITOS HUMANOS

ciais do uso de instrumentos ilegítimos. A razão meramente instrumental da eficácia, voltada para a busca de objetivos de influência e poder sem consideração pela dimensão ética, tem como pressuposto a impossibilidade de entrar na política, mundo infernal por excelência, sem ser profundamente afetado por ela, sem demonizar-se. Conforme lembra Bertrand Badie, daí deriva a desconfiança da diplomacia em relação aos direitos humanos:

De um modo geral, a diplomacia não ama muito os direitos humanos: pressente-se que seus repertórios já não se assemelham. De um lado, o poder, o interesse, a segurança nacional; de outro, a pessoa e o controle do soberano[36].

O mesmo autor recorda que a ênfase unilateral no poder ou na potência pode ser menos eficaz do que se imagina:

Sente-se confusamente que o poder não tem resposta a tudo e que as novas relações internacionais são plenas de lógicas substitutivas que assumem o argumento da impotência do poder, dessa diferença crescente entre a natureza dos problemas a resolver e o uso clássico das receitas da realpolitik[37].

Seria ingênuo, porém, combater a visão realista de mundo com as armas do idealismo principista ou com a ética pura da convicção, para ficar no universo weberiano, em que os objetivos de proteção de direitos humanos são absolutizados em uma política que desconsidera suas consequências em outras esferas da vida do país. Essa resposta diametralmente oposta ignora os objetivos variados e o caráter multifacetado da política, que se move em ambiente em que os parâmetros axiológicos precisam ser compatibilizados com resultados concretos em termos de aumento de bem-estar e realização das aspirações da população. Por isso, a busca da realização dos direitos humanos em todo o mundo, objetivo esposado pela sociedade brasileira, não se confunde com a perspectiva imbuída de ideal missionário e intervencionista – potencialmente conflitivo e,

---

36 La Diplomatie des Droits de l'Homme, p. 17.
37 Idem, p. 320.

portanto, em confronto com a sua própria essência –, mas precisa adequar-se às condições políticas realmente existentes e ao imperativo de não comprometer os outros objetivos igualmente importantes acima mencionados em distintas esferas de ação.

A aplicação prática do realismo na esfera da política externa para os direitos humanos é impossível no Brasil de hoje porque o funcionamento da democracia e a presença de uma sociedade civil organizada impedem a desconsideração, pura e simples, dos elementos éticos nas relações internacionais ou a sua submissão simplista a interesses materiais ou a considerações de poder. Para ficar no terreno realista e combater essa visão com suas próprias armas, poder-se-ia dizer que uma proposta de evitar resoluções sobre países pelo efeito negativo que podem acarretar para os objetivos de incremento da influência política e econômica do país teria apenas o efeito de minar a credibilidade da diplomacia brasileira, tanto internamente quanto no nível internacional.

Internamente, a sociedade civil e as ONGs de direitos humanos estão cada vez mais atentas para as posições brasileiras nos foros multilaterais de direitos humanos e certamente não deixariam de manifestar seu descontentamento, retirando legitimidade da política que se afaste dos valores professados e certamente procurando submeter seus formuladores ao opróbrio público. No campo internacional, representaria colocar por terra as credenciais conquistadas desde a democratização – reconhecidas especialmente com a atuação decisiva do Brasil na Conferência de Viena em 1993 – e que têm sido importantes para emprestar credibilidade aos esforços do país no sentido de criar uma ordem internacional mais estável, justa e regida pelo direito internacional. O raciocínio realista, contudo, tem o mérito de levantar a questão da tensão que por vezes surge e que exige decisões políticas nem sempre fáceis ou isentas de custo. Nesse sentido, seus postulados, se tomados como antídoto contra a visão puramente principista, são úteis e podem estimular a busca de caminhos que permitam compatibilizar na prática os valores éticos e de direitos humanos com a busca de posição mais favorável para o país nas múltiplas esferas de seu relacionamento com o exterior.

O verdadeiro objetivo, em suma, não é evitar custos, até porque não se faz política externa sem correr determinados riscos calculados, mas impedir que a "bilateralização" – que é outra forma de politização do debate sobre direitos humanos – funcione como obstáculo ao pronunciamento da comunidade internacional sobre situações graves. E o pronunciamento sobre situações dessa natureza corresponde aos valores defendidos pelo governo brasileiro, sustentados pela sociedade civil e cristalizados em nosso ordenamento jurídico e no nosso *ethos*. A existência de um relatório global ou documento equivalente, por exemplo, poderia fornecer base sólida de legitimidade para os votos das delegações, que se pautariam por critérios mais objetivos. Desse modo, tornar-se-ia mais difícil para os países que violam sistematicamente e de forma deliberada os direitos humanos lançar mão do expediente da pressão bilateral, pois o voto no exame de um projeto de resolução não poderia mais ser tomado facilmente como "ato inamistoso", sobretudo diante de evidências de relatório com a chancela da ONU.

Na mesma linha, pressões de patrocinadores para que se vote a favor de determinado projeto perderiam força se o relatório demonstrasse avanços e a disposição sincera do governo em questão de melhorar a situação. Dessa forma, a preocupação realista, no que ela contém de positivo, estaria contemplada na medida em que os danos às relações com nossos parceiros eventualmente visados por resoluções encontrariam anteparo na base objetiva que serviria para tomar decisões condenatórias. A lógica é a de que, quanto mais politizado e seletivo for o sistema como um todo, maior o custo de um voto favorável a projeto de resolução, mesmo que tal projeto reflita situação verdadeiramente grave de abusos sistemáticos dos direitos humanos. Inversamente, quanto mais objetiva for a justificativa para a apresentação do projeto, menor será esse custo, já que o voto não poderá ser interpretado tão facilmente como preferência ou *parti pris* na disputa politizada entre países patrocinadores e países-alvos de resoluções, mas decisão ancorada em análise isenta por parte de mecanismos multilaterais dotados de autoridade e credibilidade.

Conforme notou o embaixador Gilberto Saboia, na entrevista que concedeu ao autor deste trabalho, os conflitos potenciais e a tensão entre valores de direitos humanos e outros objetivos estarão sempre presentes, mas, ao contrário do que pode parecer, a coerência em relação aos princípios pode contribuir para avançar interesses em outras searas, ao emprestar maior credibilidade à diplomacia brasileira – ao dar-lhe mais *soft power*, para usar um conceito que tem transitividade tanto nas correntes do idealismo quanto nas do realismo. Mas essa atitude baseada em princípios não se confunde com principismo e não precisa descambar para a estridência:

Estes aparentes conflitos de interesse sempre estarão presentes, mas é preciso ter coragem para enfrentá-los e manter alguma consistência na defesa dos princípios. [...] A memória das atrocidades perdura e pode acabar prejudicando os que com elas foram complacentes. Quando estive em países da África meridional fazendo gestões em favor da reforma do Conselho de Segurança e ao ingresso do Brasil e dos membros do G-4 como membros permanentes, o presidente da Namíbia e um ministro da Tanzânia recordaram a péssima lembrança dos métodos coloniais empregados pela Alemanha em seu país, e sua falta de contrição até hoje. Para que seja possível uma atitude baseada em princípios, mas sem estridência desnecessária, é preciso que esteja baseada em avaliação sólida. Para isso são importantes os depoimentos de peritos. A sociedade civil tem também importante papel em pressionar os políticos para que se mantenham fiéis a "princípios", o que nem sempre é fácil. [...] Acho que o Brasil deve continuar a atuar com serenidade, mas sem omissão, diante dos dilemas que se podem apresentar. Se quisermos ser um candidato com legitimidade a um assento permanente no CSNU, não podemos ficar silentes ante violações flagrantes de direitos humanos. Isto não quer dizer que tenhamos que adotar um discurso duro, de denúncia; há várias formas de fazer sentir sua voz. Nos anos de 1980, quando Saddam Hussein usou armas químicas contra o Irã, eu chefiava a DNU e propus que o Brasil fizesse uma declaração contra este crime na Conferência do Desarmamento. Poderia ser uma declaração serena, sem dramas. Mas não tive apoio. Acho que foi um erro[38].

Ao fazer escolhas e tomar posições, incorre-se sempre em algum tipo de ônus, que pode ser maior ou menor em função dos contornos do sistema de direitos humanos vigente. Se esse

38   Entrevista realizada por escrito em 13 jun. 2007.

sistema for percebido como menos parcial, o ônus será naturalmente menor. Por isso, vale a pena, também dessa perspectiva, trabalhar pela limitação da seletividade e pelo aperfeiçoamento, tanto quanto possível, dos critérios para a apresentação de resoluções sobre países. A omissão tampouco é uma opção para um país com as características do Brasil, tanto em função dos compromissos democráticos compartilhados pela sociedade quanto devido à necessidade de manter a credibilidade internacional. Dessa forma, a tensão entre objetivos aparentemente conflitantes pode ser substancialmente reduzida com reformas no sistema de direitos humanos. De todo modo, as escolhas nesse campo devem levar em conta que, nos casos de violações sistemáticas, o pronunciamento da comunidade de Estados adquire papel central, que não equivale, porém, à indução ou imposição da transformação de fora para dentro das sociedades nacionais, mas representa a possibilidade de potencializar a luta travada internamente pela realização dos direitos humanos.

Trata-se de uma ajuda às forças que, no nível doméstico, buscam alterar a balança de poder em favor dos setores discriminados, promover instituições democráticas e pôr fim aos abusos. Contribuir ativamente para consolidar um sistema que ajude a provocar essas mudanças é imposição não apenas dos valores e princípios que guiam o Estado e a sociedade, mas imperativo político e estratégico para um país que pretende exercer responsabilidades crescentes no cenário internacional. Desse ponto de vista, elementos tão opostos no mundo da teoria pura, tais como a *Realpolitik* ou a política entendida como a busca estrita do incremento do poder, de um lado, e os valores de direitos humanos ou a dimensão ética da política externa, de outro, encontram, ao menos no que tange a países com as características do Brasil, terreno inesperado em que podem, em tese, reconciliar-se.

Ao criticar a politização e a seletividade, a verdadeira fonte da tensão criada entre valores de direitos humanos e outros interesses, e apontar caminho construtivo para sua superação, o Brasil mantém suas credenciais diplomáticas e busca corresponder aos anseios de sua sociedade. Nesse sentido, sua posição, que deve ser uma política de Estado e não de um governo, é a da defesa de princípios e valores de forma pragmática, por meio da negociação e do diálogo construtivo, com vistas a alcançar o melhor resultado possível para as vítimas de abusos de direitos humanos. Ao agir dessa forma, aplica a sabedoria contida numa antiga máxima do ex-secretário-geral da ONU Dag Hammarskjöld e que, em sua fórmula sintética, combina idealismo com pragmatismo, alia a ação pautada por valores à sensibilidade política. A máxima, cuja formulação original já não é possível recuperar, tantas foram as vezes que foi citada em diferentes contextos e escrita de distintas maneiras, diz essencialmente que as Nações Unidas não foram criadas para assegurar-nos o paraíso, mas sim para livrar-nos do inferno. O que certamente não é pouco.

* * *

Liberado do constrangimento que poderia impor a falta de abertura não só retórica, mas também prática ao monitoramento internacional, por meio do diálogo e de visitas de relatores temáticos – e mecanismos regionais de monitoramento, como a Comissão e a Corte Interamericana de Direitos Humanos –, o Brasil soube criar, na CDH e no Conselho, perfil de maior consistência e credibilidade, tanto para criticar os defeitos do sistema quanto para propor soluções com o intuito de torná-lo mais eficaz e legítimo. As propostas, ainda que esboçadas em termos genéricos, de um relatório global de direitos humanos e do estabelecimento de critérios mais claros e objetivos para a apresentação de resoluções sobre países, demonstraram a vontade real de combater a seletividade e a extrema politização que caracterizaram sobretudo os últimos anos da CDH, sem abrir mão de valores básicos e o compromisso de fortalecer a promoção e a proteção dos direitos humanos não apenas no Brasil, mas em todo o mundo. Consciente, igualmente, de que nem todos os países do mundo têm postura semelhante à brasileira, de transparência e determinação no trato do tema e na abordagem de seus próprios problemas com os mecanismos e procedimentos da CDH, o Brasil não procurou pontificar, mas dar o exemplo do aprofundamento contínuo dessa via de cooperação voluntária, advogando, ao mesmo tempo, reformas que aumentem os incentivos positivos para que outros países hoje avessos à transparência, tanto em desenvolvimento quanto desenvolvidos, sigam essa mesma trilha por nós percorrida.

O rigor que o Brasil aplica a si próprio ao assumir obrigações e submeter-se ao monitoramento certamente fortalece suas credenciais, mas não diminui as dificuldades ao ver-nos diante de projetos de resoluções sobre outros países. As principais potências ocidentais, com raras exceções, tendem a ser extremamente rigorosas com os outros, sobretudo adversários políticos, mas condescendentes consigo mesmas e com certos aliados estratégicos. Os países que são alvos tradicionais tendem a espelhar a atitude dos ocidentais ou, mais comumente, defendem um sistema de direitos humanos condescendente com todos sem distinção. Para um país como o Brasil, seria possível aventar outra via, diametralmente oposta aos ocidentais, que seria a de manter o rigor consigo mesmo e evitar pronunciamento sobre a realidade dos demais países. Esse seria um arremedo de solução, pois submeteria o monitoramento dos direitos humanos à cooperação voluntária dos Estados, quando se sabe que a possibilidade de uma resolução condenatória, desde que seja utilizada de maneira não abusiva, pode ser um poderoso incentivo para dar início ao diálogo ou para lograr avanços que de outra forma não existiriam. Do ponto de vista interno, seria equivocado pensar que a sociedade brasileira estaria satisfeita se o rigor aplicado ao próprio país se fizesse acompanhar da recusa sistemática de pronunciar-se sobre os outros, como demonstram as atividades de acompanhamento da política externa de direitos humanos que vem realizando o Comitê Brasileiro de Direitos Humanos e Política Externa[39]. Uma das primeiras atividades desse comitê foi

39 Criado formalmente no início de 2006, com o apoio decisivo da Comissão de Direitos Humanos e Minorias da Câmara dos Deputados, esse comitê tem por objetivo monitorar a política externa brasileira para os direitos humanos, inclusive no tocante às posições adotadas nos foros multilaterais. As seguintes entidades públicas e privadas participaram da sua criação: Comissão de Direitos Humanos e Minorias da Câmara dos Deputados, Comissão de Direitos Humanos e Legislação Participativa do Senado Federal, Centro de Estudos em Direitos Humanos daUnieuro, Comunidade Bahá'í do Brasil, Conectas Direitos Humanos, Fórum de Entidades Nacionais de Direitos Humanos, Fundação Friedrich Ebert, Instituto Brasileiro de Análises Sociais e Econômicas

a de produzir, por meio da ONG Conectas Direitos Humanos, um informe sobre as posições adotadas pelo Brasil em relação a resoluções sobre países nos últimos anos da CDH, não deixando de demonstrar, ainda que de maneira cuidadosa, certa preocupação com alguns votos brasileiros[40].

Os riscos internos e externos para o Estado brasileiro no exame de resoluções sobre países serão tanto maiores quanto mais politizado for o sistema. Isso explica a motivação da diplomacia brasileira em encontrar soluções reais capazes de evitar, a um só tempo, a politização que se manifesta pela seletividade ou a que pretende se instalar por meio de um sistema ineficaz, incapaz de singularizar os casos graves e urgentes e, portanto, não menos nociva para a credibilidade do novo Conselho de Direitos Humanos e das Nações Unidas em geral. As propostas e ideias brasileiras para a reforma do sistema e para o novo Conselho de Direitos Humanos, embora ainda careçam de maior elaboração, indicam caminho alternativo que precisa ser explorado. O sentido dessas propostas parece ser o de reforçar os aspectos mais técnicos e jurídicos do sistema, ou seja, elevar a importância da análise objetiva e da avaliação de situações concretas por peritos independentes. Para tanto, será necessário integrar os "achados" (*findings*) desses mecanismos ao processo decisório que desemboca na apresentação de projetos de resolução sobre países.

As decisões de um órgão como o Conselho de Direitos Humanos caberão, em última instância, como não poderia deixar de ser, aos Estados membros. Nesse particular, como se procurou ressaltar, não é possível – e, provavelmente, tampouco seria desejável – eliminar o caráter eminentemente político das decisões. A força das resoluções do Conselho emana

(Ibase), Instituto de Desenvolvimento e Direitos Humanos (IDDH), Instituto Migrações e Direitos Humanos (IMDH), Instituto de Estudos Socioeconômicos (INESC), Movimento Nacional de Direitos Humanos (MNDH), Justiça Global, Procuradoria Federal dos Direitos do Cidadão (Ministério Público Federal), Programa Nacional de DST/AIDS (Ministério da Saúde), União Nacional dos Analistas e Técnicos em Finanças e Controle (UNACON).

40 Conectas Direitos Humanos, *Política Externa e Direitos Humanos: O Brasil na Comissão de Direitos Humanos da ONU*. O teor desse informe se encontra disponível no seguinte endereço na Internet: <http://www.conectas.org/arquivospublicados/docspe/PAPEDH-Informe1eax.pdf>.

justamente da natureza intergovernamental desse órgão, cujas decisões são políticas e não jurídicas, buscando determinar a responsabilidade política dos Estados na implementação de suas obrigações convencionais e não convencionais. É por isso que jamais o Conselho poderá ser confundido com um tribunal de direitos humanos ou substituir-se aos mecanismos que visam a determinar a responsabilidade jurídica dos Estados. No entanto, as decisões intrinsecamente políticas, para serem eficazes, precisam ser legítimas, ou seja, devem ser percebidas como fundamentalmente motivadas pelos valores e interesses que dizem servir. No campo dos direitos humanos, a via para alcançar essa legitimidade e resgatar a autoridade perdida dos juízos políticos emitidos pela antiga CDH reside na criação de vínculos mais sólidos entre a determinação e a análise objetiva de fatos realizada pelos peritos, de um lado, e a elaboração, negociação e adoção de resoluções sobre países, de outro. Trata-se de estimular a adoção de parâmetros multilateralmente acordados para a adoção de resoluções que, pela sua importância, não deveriam responder apenas à vontade dos patrocinadores. Ainda que, em vários casos, seja possível constatar coincidência entre valores e objetivos de direitos humanos e os interesses desses patrocinadores em projetos de resolução desse tipo, trata-se hoje de uma coincidência que não é gerada de maneira sistêmica, baseada em critérios acordados no âmbito multilateral, mas é antes fortuita e casual.

O que se deseja, portanto, é introduzir reformas que tornem a apresentação de projetos de resolução menos sujeita aos humores e interesses de delegações individuais e assegurem que os textos de tais projetos reflitam o exame objetivo e menos politizado dos diferentes mecanismos existentes formados por peritos independentes. O próximo capítulo buscará oferecer algumas conclusões, levantar ideias e formular sugestões com vistas a alcançar esse objetivo, tendo presente a necessidade de insistir na direção já apontada pela delegação brasileira.

6. Conclusões e Propostas

A criação do Conselho de Direitos Humanos gerou a expectativa de que o sistema de direitos humanos da ONU possa reencontrar-se com os objetivos consagrados na Carta das Nações Unidas, na Declaração Universal, em diversas resoluções sobre a matéria e nos principais tratados internacionais de direitos humanos. Embora a história dos direitos humanos na ONU tenha sido plena de contradições e tropeços, o balanço pode ser considerado claramente positivo.

Ao lançar um olhar retrospectivo sobre os sessenta anos desde a adoção da Declaração Universal, é possível afirmar que a persistência tenaz dos problemas da politização e da seletividade não inviabilizou avanços importantes, nem chegou a comprometer de maneira irreversível a autoridade e a legitimidade da antiga Comissão de Direitos Humanos em determinados pronunciamentos específicos sobre países. Os procedimentos especiais por ela criados contribuíram para fortalecer a supervisão de obrigações dos Estados e tiveram impacto positivo no exercício dos direitos humanos em diversas partes do mundo, inclusive na América Latina, cujo processo de democratização encontrou importante apoio nas deliberações da CDH e no trabalho de seus mecanismos. A partir do final dos anos de 1990 e, sobretudo, depois de 2001, já no contexto da "guerra global contra o terrorismo", o nível de politização foi claramente elevado à enésima potência, contribuindo para minar a legitimidade de muitas das decisões da CDH em matéria de países específicos e retirando-lhe, em consequência, a autoridade necessária para contribuir de maneira eficaz para a promoção e proteção dos direitos humanos em todo o mundo. Esse processo de degradação, contudo, não deve ofuscar o balanço positivo da perspectiva histórica, que constitui ativo importante a ser preservado nos esforços de reforma com vistas a dissipar a imagem de descrédito que acabou prevalecendo nos últimos anos.

O Conselho é resultado da necessidade premente de superar um sistema em crise de autoridade. Trata-se de crise que se alimenta do contexto mais geral de unilateralismo e desconsideração pelos direitos humanos na luta contra o terrorismo, mas que surge principalmente da própria configuração institucional do sistema de direitos humanos e do enrijecimento de posições de diferentes países e grupos de países. O êxito da reforma que o conselho pretende empreender nos anos vindouros, contudo, dependerá em grande parte da capacidade dos Estados membros de evitar a reprodução, no seio do novo órgão, dos mesmos fatores que levaram ao ocaso da antiga CDH.

Entre eles sobressai a politização excessiva e a seletividade na apresentação e adoção de resoluções sobre países. A construção de diques para conter a invasão da politização excessiva passa por duas ordens de reformas. A primeira seria propriamente institucional, relativa à configuração, ao desenho, às modalidades e aos mandatos das instituições e procedimentos do Conselho de Direitos Humanos. A segunda ordem de reformas diz respeito à cultura negociadora e às práticas das distintas delegações no que tange a aspectos como a tomada de decisões sobre a apresentação de iniciativas sobre países, a linguagem a ser utilizada nessas resoluções, o grau de abertura e transparência nas negociações, a capacidade e disposição de patrocinadores de submeter-se a algum "controle de qualidade" no processo de redação e apresentação de projetos de resolução e a capacidade e disposição dos países que são alvos

CONCLUSÕES E PROPOSTAS 219

de resoluções específicas de aceitarem o diálogo franco e o monitoramento real de suas situações, não confundindo cooperação com poder de veto sobre a supervisão independente do cumprimento de suas obrigações.

A primeira ordem de reformas, para ser efetiva, depende da segunda, no sentido de que instituições melhores, embora ofereçam incentivos para conter a politização e a seletividade, podem ser solapadas por práticas sistemáticas que contradigam seus objetivos originais. Do mesmo modo que a primeira depende da segunda, a segunda dependerá da percepção de que as reformas institucionais introduzidas representam a possibilidade real de um salto de qualidade, incrementando as chances de que o sistema encontre ponto de equilíbrio e se torne capaz de tomar decisões mais equânimes, baseadas na análise objetiva que deriva sobretudo do trabalho de peritos independentes. O sucesso dessas reformas e a progressiva consolidação de um sistema que constitua "síntese dialética" dos trabalhos da CDH – uma verdadeira *Aufhebung* hegeliana, a superação com conservação – requer o rompimento da polarização entre grupos de países que caracterizou os últimos anos da CDH e cujos ecos se fizeram ouvir no primeiro ano de funcionamento do Conselho de Direitos Humanos. Nesse contexto, o papel de países como o Brasil e outros latino-americanos é crucial.

Por sua condição de país democrático e em desenvolvimento, comprometido internamente com a causa dos direitos humanos e genuinamente interessado em lograr um sistema eficaz e orientado para resultados, o Brasil só tem a ganhar se as reformas levarem à consolidação de um conselho que imponha filtros à politização excessiva. Esse Conselho idealmente seria assim capaz de singularizar casos graves e urgentes com a autoridade de uma decisão que retira seu peso antes da observação de critérios acordados no âmbito multilateral do que da coincidência muitas vezes casual entre os valores universais e interesses particulares dos principais patrocinadores de resoluções sobre países. Decisões dotadas dessas características interessam ao Brasil não apenas porque permitem minimizar custos no relacionamento bilateral com nossos parceiros nos dois extremos do espectro político, mas também porque correspondem ao objetivo diplomático mais geral do país de dar racionalidade à ordem internacional por meio do fortalecimento do direito, por oposição à ordem que se instaura e se mantém pela força e pelas relações de poder no sentido estrito.

Dessa forma e de uma perspectiva positiva, o Conselho pode e deve exercer papel assemelhado a uma "consciência coletiva" da comunidade internacional, fazendo juízos de valor e enviando sinal político sobre a situação de direitos humanos em diferentes países. As decisões do Conselho de Direitos Humanos, é verdade, jamais poderão abstrair totalmente o elemento político, mas é possível circunscrevê-lo e, em alguma medida, orientá-lo, criando condicionantes concretos para as decisões relativas aos países em vez de deixar sua iniciativa no âmbito do livre arbítrio de quaisquer delegações que se considerem acima do bem e do mal. Afinal, a politização excessiva em relação a certos países não impediu que, em relação a outros, a CDH tivesse papel construtivo em momentos críticos e ajudasse a mudar situações graves. Deve-se investir em propostas inovadoras capazes de diminuir o grau de politização e de seletividade, que estimulem o diálogo e a cooperação, mas que incluam a possibilidade de alguma manifestação política ou condenação moral para os casos mais graves.

Essas propostas devem ser cuidadosamente calibradas para se diferenciar dos que se opõem às resoluções de países por motivos que pouco ou nada têm a ver com o objetivo de aperfeiçoar o sistema de direitos humanos. Um princípio norteador básico é o fortalecimento do princípio da legitimidade da preocupação internacional com os direitos humanos em qualquer país, tal como consagrado na Conferência de Viena. Para tanto, deve-se evitar que o novo Conselho se torne refém tanto da politização que se expressa na busca de condenações rotineiras de inimigos e adversários políticos quanto a que se traduz na neutralização de qualquer monitoramento capaz de singularizar os casos mais graves e constranger moralmente seus responsáveis nas altas esferas dos Estados. Uma vez aceita a premissa de que as resoluções sobre países podem ser úteis para os casos mais graves, é possível pensar em reformas que, se não acabarão com a seletividade e a politização, ao menos poderão limitá-las a grau "administrável". Em que pese o fato

CONCLUSÕES E PROPOSTAS 221

de que a seletividade se dê na maioria das vezes por "subtração", a injustiça inerente à prática dos dois pesos e duas medidas solapou a autoridade da CDH. Por isso, faz-se necessário lançar propostas para aperfeiçoar os métodos de supervisão, de modo a garantir-lhes alto grau de legitimidade.

O presente capítulo estará centrado na viabilização prática da ideia defendida ao longo deste livro, em particular no capítulo anterior, quanto à necessidade de uma reforma do sistema que seja capaz de criar parâmetros para a adoção de resoluções sobre países, reduzindo tanto quanto possível o arbítrio dos patrocinadores tradicionais ou as manobras e eventuais chantagens no nível bilateral (por parte tanto de patrocinadores quanto dos países que são normalmente os alvos de projetos de resolução). A criação de sistema mais objetivo para a adoção de resoluções e a nomeação de relatores especiais por países poderia passar pela melhor integração das distintas vertentes do monitoramento dos direitos humanos: a elaboração de um relatório global no contexto do mecanismo de revisão periódica universal (UPR), os informes e conclusões dos relatores temáticos e o procedimento para o recebimento de queixas de violações graves e sistemáticas de direitos humanos. Sempre da ótica brasileira, este capítulo apresentará propostas para a integração dessas vertentes e sugerirá os contornos gerais que cada uma deveria assumir para garantir maior eficácia e objetividade no exame da situação dos direitos humanos em países.

Embora a questão seja delicada e envolva negociações complexas, o capítulo pressupõe que o descrédito da antiga CDH deve servir de estímulo para realizar revisão ambiciosa do exame de situações de países, a fonte mais importante de tensão e de disputas que tendem a semear o ceticismo quanto à capacidade da ONU de dar respostas satisfatórias aos dilemas da politização e da seletividade. O capítulo conterá, ademais, reflexão final sobre as credenciais do Brasil para aportar contribuição fundamental à reforma do sistema, exercendo uma liderança pelo exemplo, baseada na coincidência, no campo dos direitos humanos, entre os valores professados pelo Estado e a sociedade brasileiros e os interesses perseguidos pela política externa brasileira na cena internacional. Enquanto as propostas concretas em relação às vertentes de monitoramento se enquadram na primeira ordem de mudanças institucionais, as referências à necessidade de adoção de novas práticas na abordagem da questão das resoluções sobre países por parte de diferentes atores e o exemplo que o Brasil pode dar, pela coerência e consistência de suas posições, se enquadram na segunda ordem de reformas, que podem ser qualificadas de "culturais". As reformas institucionais exigirão negociações contínuas durante ainda muito tempo, de modo a implementar e aperfeiçoar as decisões tomadas no primeiro ano do Conselho. As reformas de ordem cultural, por sua vez, requerem articulação entre países com posições semelhantes às do Brasil, fortalecimento de diálogo com ONGs nacionais e internacionais e amplo esforço de convencimento quanto aos ganhos em termos de previsibilidade e autoridade de um sistema que responda menos às iniciativas individuais, tanto de apresentação quanto de resistência à apresentação de resoluções sobre países, e mais a uma lógica balizada por critérios aceitos por todos.

Nesse contexto, examinar-se-á a necessidade de forjar novas parcerias e métodos de trabalho, tanto com países afins quanto com a sociedade civil (interna e externamente), para viabilizar diferente desenho institucional e a mudança da cultura negociadora que permitam dar novas feições ao tratamento reservado à questão das resoluções sobre direitos humanos em países no Conselho de Direitos Humanos.

RELATÓRIO GLOBAL, RELATORES
TEMÁTICOS E NOVO PROCEDIMENTO 1503:
INTEGRAÇÃO DAS DISTINTAS VERTENTES
DE MONITORAMENTO

Para evitar que os projetos de resolução sobre países sejam submetidos de forma errática, seria importante que as distintas vertentes de monitoramento possam eventualmente desembocar na apresentação de evidências e recomendações claras e objetivas para a tomada de decisões do Conselho de Direitos Humanos. Em outras palavras, antes de ser possível a aceitação de critérios que de certa forma limitarão a arbitra-

CONCLUSÕES E PROPOSTAS

riedade de delegações individuais na apresentação de projetos de resoluções, é preciso que os instrumentos de monitoramento instituídos pelo Conselho se provem capazes de responder eficazmente às distintas situações e de distinguir aquelas que por sua gravidade exigem tratamento urgente.

É comum confundir os termos "objetividade" e "não seletividade" com a igualdade absoluta dos resultados dos exames das diferentes situações. Todos os países do mundo possuem problemas de direitos humanos e alguns calcanhares de aquiles nessa esfera, mas isso não significa que não haja questões urgentes a exigir pronunciamentos mais incisivos e ação imediata dos órgãos de direitos humanos. A dificuldade de se alcançar objetivo totalizador e perfeito não pode ser escusa para a inação pura e simples. A igualdade que se busca, na verdade, é aquela que reserva o mesmo tratamento para questões semelhantes, mas não a que, sob pretexto de ser equânime, perde de vista o sentido de prioridade e a importância de saber identificar os casos cuja gravidade, em função de violações sistemáticas e abusos generalizados, requerem atenção prioritária. As distintas vertentes do monitoramento – o mecanismo de revisão universal (UPR) baseado ou não em um relatório global, os procedimentos especiais temáticos e o procedimento de queixas – devem convergir para uma revisão universal dos direitos humanos, sem esquecer a necessidade de formular recomendações adaptadas a cada caso[1].

Se as distintas vertentes de monitoramento se provarem eficazes no diagnóstico e na formulação de recomendações, inclusive no tocante a eventual necessidade de adoção de

---

1 Não se deve estranhar a ausência de referência aqui aos órgãos convencionais de monitoramento instituídos por tratados (*treaty bodies*). Esses órgãos emitem opiniões e conclusões que também devem ser levadas em conta, mas não constituem uma vertente de monitoramento do próprio Conselho e, por isso, não caberia incorporá-los de maneira orgânica à nova prática de adoção de resoluções sobre países. Os trabalhos dos comitês de tratados serão, de qualquer forma, incluídos no informe preparado pelo Secretariado como um dos documentos de base para a revisão periódica universal. Não seria recomendável, contudo, duplicar a supervisão que é feita por esses órgãos ou abrir a possibilidade de revisão de suas conclusões, mas potencializá-la por meio de uma análise mais ampla que é feita normalmente pelos mecanismos extraconvencinais, cuja base jurídica é constituída pela própria Carta da ONU e pela Declaração Universal dos Direitos Humanos.

resoluções sobre situações específicas, torna-se insustentável a defesa da manutenção da condenação de países por intermédio de iniciativas exclusivamente individuais, cujas referências às conclusões das vertentes de monitoramento e ao trabalho de peritos independentes são feitas apenas quando servem aos propósitos e interesses dos patrocinadores. Antes de se pensar em instituir formalmente a recomendação de se vincularem os projetos sobre países ao exame prévio pelas distintas vertentes de monitoramento, deve-se pensar em desenhos institucionais ou papéis específicos, para cada uma dessas vertentes principais, que garantam perfil mais alto para o trabalho dos peritos independentes e fortaleçam sua capacidade de provocar decisões por parte dos Estados membros. A grande inovação introduzida pelo Conselho de Direitos Humanos é o UPR, que deveria assegurar a universalidade no exame das situações e a não seletividade. Mas também o UPR, para ser eficaz e provar-se, no longo prazo, fator de fortalecimento da credibilidade no exame da situação dos direitos humanos em países, deverá ter a faculdade de diferenciar entre distintos contextos e assegurar papel mais importante para os peritos independentes[2].

Conforme visto no capítulo 4, a revisão será baseada sobretudo em documento a ser elaborado pelo próprio Estado membro e em compilações produzidas pelo Secretariado e não em análise nova especialmente elaborada por peritos independentes. A revisão propriamente dita ficará a cargo dos Estados membros, em sessão que deve durar cerca de três horas. O Conselho elaborará orientações para as informações a serem fornecidas pelos Estados com vistas ao UPR, mas não haverá critérios mais claros para medir o desempenho nas mais

---

2 Conforme nota Felice Gaer: "Se o propósito do UPR é simplesmente fazer com que cada Estado receba do mesmo órgão igual tratamento, então os tópicos examinados têm de abarcar todo o espectro dos direitos humanos e todos os Estados irão sem dúvida provar-se deficientes em alguma área. Mas se o propósito é aumentar a credibilidade das Nações Unidas em sua proteção intergovernamental dos direitos humanos, então é necessário examinar o desempenho dos Estados com base num conjunto de variáveis mensuráveis. Para livrar os órgãos de direitos humanos da ONU de sua falta de credibilidade, não se pode permitir que responsáveis por violações graves definam, avaliem e concluam que a proteção aos direitos humanos em seus países é adequada", A Voice Not An Echo: Universal Periodic Review and the UN Treaty Bodies, *Human Rights Law Review*, v. 7, n. 1, 109-139, aqui especificamente, p. 138.

CONCLUSÕES E PROPOSTAS 225

diversas áreas. Em suma, os Estados serão analisados pelos seus pares, ainda que se tenha encorajado a incorporação de especialistas nas delegações oficiais. O risco de descarrilamento do UPR reside no papel relativamente secundário reservado aos peritos independentes, cujo trabalho estará refletido na compilação do Secretariado, mas que não serão os responsáveis pela análise da situação e pela formulação de recomendações. Ao contrário, caberá aos Estados membros do Conselho efetuar a análise da documentação e das informações, bem como plasmar o documento final, que será um informe ou relatório contendo o apanhado geral das discussões e eventuais recomendações. Corre-se o risco, portanto, de que alguns Estados membros reproduzam, no âmbito do UPR, a politização que caracteriza a apresentação de projetos de resolução e que se traduz na leniência com aliados estratégicos e no rigor com adversários e com aqueles cujo nível das relações bilaterais não imponha custos de monta a uma abordagem mais incisiva. Para minimizar esse risco, os Estados deveriam tomar decisão com base em evidências, análise e recomendações submetidas por peritos. Desse modo, a interferência política, inevitável em qualquer decisão de órgão intergovernamental, seria circunscrita à derradeira fase da revisão periódica, no momento em que os Estados, diante do juízo emitido por especialistas e após o diálogo interativo com o Estado examinado, decidiriam endossar, rejeitar ou modificar as recomendações a eles submetidas. Com a visibilidade que a revisão independente ganharia, certamente seria mais difícil ser rigoroso ou leniente com o Estado examinado em função de interesses estranhos ao domínio dos direitos humanos.

No capítulo 5, ao tratar da proposta brasileira de relatório global de direitos humanos, mencionou-se a impossibilidade, até o momento, de se implementar essa ideia no Conselho de Direitos Humanos. Mencionou-se também que, ao final de quatro anos do primeiro ciclo do UPR, os documentos finais de cada revisão constituirão provavelmente, na prática, um relatório global. No entanto, a ideia original brasileira não era tornar o relatório ponto de chegada de um processo de avaliação e decisão, mas tomá-lo como ponto de partida ou instrumento adicional para a tomada de decisões. Pelo que se depreende dos discursos oficiais, apesar do nível necessariamente ainda genérico em que a proposta foi apresentada em diferentes ocasiões, o objetivo era, entre outros, o de se dispor de valiosa fonte de informações e de análise para avaliar se determinados projetos de resolução se justificam e quais as situações que têm sido negligenciadas. Tendo em vista a necessidade de dotar o UPR de base mais sólida para a revisão dos Estados, a proposta brasileira poderia ser resgatada no processo de aperfeiçoamento das instituições do Conselho. Dentro de quatro anos, será necessário fazer ajustes no UPR. Até lá, seria importante amadurecer a proposta brasileira como alternativa à atual compilação do Secretariado, que serve como um dos documentos de base para a revisão.

O relatório, para ser útil, não deve duplicar os esforços e mandatos de relatores temáticos e de países, mas pode, a exemplo da compilação prevista atualmente, consolidar a informação disponível no sistema da ONU (inclusive o rico material produzido pelos *treaty bodies*, os órgãos de monitoramento instituídos por tratados). Diferentemente da compilação, porém, o relatório deverá ser elaborado por peritos independentes e não por funcionários do Alto Comissariado para os Direitos Humanos, para evitar ou minimizar pressões políticas sobre os encarregados de redigi-lo. Para que o relatório contribua de maneira significativa para monitorar a situação dos direitos humanos, deve-se fugir de estrutura que, a pretexto de assegurar tratamento igualitário aos Estados membros, acabe diluindo o impacto e o efeito mobilizador da denúncia das situações mais graves e urgentes. É verdade que violações de direitos humanos existem em todos os países, em maior ou menor grau, mas essa constatação não deve servir de justificativa para que o relatório se abstenha de ressaltar aqueles casos que, pela sua gravidade intrínseca, merecem atenção especial e requerem ação prioritária por parte do Conselho de Direitos Humanos. Afinal, se todas ou número excessivo de situações forem consideradas igualmente prioritárias, sem qualquer distinção, nenhuma realmente o será.

Para ter esse efeito, contudo, talvez o relatório tivesse de ser elaborado sobre todos os países antes do início de cada ciclo anual da revisão periódica universal. Além do relatório

CONCLUSÕES E PROPOSTAS 227

global, as informações a serem oferecidas pelos Estados examinados continuariam a ser importantes para a revisão. Caso adquira esse formato, o relatório global, além de se integrar ao UPR, seria fonte importante para a identificação dos casos urgentes que precisam ser examinados fora do contexto da revisão periódica universal (que obedece a critérios mais rígidos em relação à ordem dos Estados a serem examinados). O relatório que se aventa não deve se resumir a uma perspectiva de denúncia, mas identificar também aspectos positivos e propor, para cada situação, soluções adequadas, que podem ir desde a cooperação técnica à adoção de decisões ou resoluções mais incisivas. Seria crucial, ademais, aproveitar a existência do Comitê Assessor, o substituto da antiga Subcomissão de Promoção e Proteção dos Direitos Humanos, que foi esvaziado de competências relativas ao exame de situações – guardando apenas sua função no âmbito do procedimento de queixas – e explorar a possibilidade de dotá-lo de recursos para que se encarregue da elaboração do relatório global.

Outra vertente importante do monitoramento é a representada pelos procedimentos especiais temáticos. Nos discursos brasileiros na CDH, sempre se procurou pôr em relevo o papel dos relatores temáticos, cujos mandatos de escopo universal constituem importante escudo contra a seletividade. Esses procedimentos temáticos cobrem praticamente todos os direitos civis e políticos e os direitos econômicos, sociais e culturais. Seus titulares, que exercem a função em sua capacidade pessoal, têm procurado na prática identificar os casos mais graves e muitas vezes lançam apelos urgentes de maneira coordenada, independentemente da existência ou não de procedimento específico para o país em questão[3]. Os relatores

3 A título de exemplo, em maio de 2007 vários relatores e peritos titulares de mandatos solicitaram conjuntamente a libertação da líder do movimento pela democracia no Mianmar, Daw Aung San Suu Kyi. O apelo foi endossado pelo relator especial para os Direitos Humanos no Mianmar, Paulo Sérgio Pinheiro; o representante especial do secretário-geral para os Defensores de Direitos Humanos, Hina Julani; o GT sobre detenção arbitrária; o relator especial sobre a promoção e proteção do direito à liberdade de opinião e expressão, Ambeyi Ligabo; o relator especial sobre a independência de juízes e advogados, Leandro Despouy; o relator especial sobre Tortura, Manfred Nowak; a relatora especial sobre violência contra a mulher, Yakin Ertürk; a relatora especial sobre liberdade de religião e crença, Asma Jahangir; o rela-

228   A POLITIZAÇÃO DOS DIREITOS HUMANOS

temáticos, para exercer seus mandatos, precisam manter diálogo com governos e ONGS, realizar missões a diferentes países e apresentar informes regulares ao Conselho de Direitos Humanos. Apesar do escopo universal do mandato dos relatores temáticos, não é possível analisar todos os países indistintamente. Na prática, os titulares desses mandatos são obrigados a fazer escolhas, mas buscam, em geral, realizar missões e dirigir a atenção para países de todas as regiões, incluindo sempre países desenvolvidos e em desenvolvimento.

Os informes e iniciativas dos relatores temáticos suscitam frequentemente reações negativas. Os EUA, por exemplo, não aceitaram que o relator sobre tortura tivesse acesso desimpedido à base militar de Guantánamo e pudesse entrevistar-se de maneira privada com os detentos, o que impediu a realização de uma missão àquela base[4]. Muitos países se recusam a receber visitas de relatores, minando parte da eficácia do mandato outorgado pela antiga CDH e pelo Conselho a esses peritos independentes. Não obstante, apesar das recusas de cooperação, os procedimentos especiais temáticos têm logrado ouvir testemunhas fora do território dos países analisados, estabelecer contatos por diversas vias com pessoas que vivem naqueles países, obter evidências e documentos, receber dados e informações relevantes de organismos nacionais e internacionais independentes ou ligados ao governo, entre outras fontes para elaboração de informes e formulação de propostas e recomendações. Com ou sem a cooperação direta dos governos, os relatores temáticos têm tido êxito em chamar a atenção para situações graves de abusos de direitos humanos praticados em todo o mundo. Apesar disso, o trabalho dos relatores não tem garantia de se refletir nas decisões e resoluções

> tor especial sobre a situação dos direitos humanos e liberdades fundamentais dos povos indígenas, Rodolfo Stavenhagen; o relator especial sobre habitação adequada, Miloon Kothari; o relator especial sobre o direito a desfrutar do mais alto padrão possível de saúde física e mental, Paul Hunt; o relator especial sobre o direito à alimentação, Jean Ziegler; a relatora especial sobre tráfico de pessoas, especialmente mulheres e crianças, Sigma Huda; e o relator especial sobre venda de crianças, prostituição infantil e pornografia infantil, Juan Miguel Petit.

4   Ver comunicado de imprensa conjunto de vários relatores temáticos sobre a prisão de Guantánamo, disponível em: <http://www.unhchr.ch/huricane/huricane.nsf/0/52E94FB9CBC7DA10C1257117003517B3?opendocument>.

CONCLUSÕES E PROPOSTAS

do Conselho, muito menos de constituír subsídio obrigatório para a apresentação de resoluções sobre países específicos.

Para aproveitar o trabalho potencialmente mais equilibrado e não seletivo desenvolvido pelos relatores temáticos, não basta refletir suas conclusões na compilação do Secretariado que servirá de base para o mecanismo de revisão periódica universal. Seria também importante encontrar uma fórmula que permita a esses relatores e peritos independentes provocarem o exame de situações graves e urgentes nas sessões do Conselho de Direitos Humanos. Isso pode ser feito por intermédio do Comitê Coordenador de Procedimentos Especiais, criado em 2005 durante a 12ª reunião anual de titulares de mandatos de procedimentos especiais. O comitê, que é iniciativa dos próprios peritos, tem desenvolvido trabalho de identificar questões que interessam de maneira transversal a grupos de mandatos, facilitando ações conjuntas e coordenadas. O órgão também serve para manter todos os titulares informados dos trabalhos de seus colegas e para o intercâmbio de informações, experiências e opiniões entre os distintos procedimentos[5]. O Conselho poderia aproveitar essa experiência, endossando formalmente o papel relevante do Comitê Coordenador. Um caminho a ser explorado e testado nos contatos com delegações seria o de instar a reunião anual a decidir sobre os casos mais urgentes, que seriam submetidos por intermédio do Comitê Coordenador à atenção do Conselho de Direitos Humanos acompanhado de arrazoado com análise sucinta da situação, propostas e recomendações. Para tanto, poder-se-ia, por exemplo, prever um subitem no ponto 4 da agenda – "Human rights situations that require the Council's attention" – intitulado "situações de direitos humanos trazidas à consideração do Conselho de Direitos Humanos pela reunião anual dos titulares de mandatos de procedimentos especiais". Essa seria uma maneira de obrigar os Estados a deixarem de levar em conta somente objetivos individuais no exame de situações, passando também a confrontar obri-

---

5 Informações sobre as atividades do Comitê Coordenador de Procedimentos Especiais estão disponíveis na página do Escritório do Alto Comissariado para os Direitos Humanos no seguinte endereço na Internet: <http://ohchr. org/english/bodies/chr/special/ccspecialprocedures.htm>.

gatoriamente sua agenda particular com as prioridades que surgem do trabalho de peritos independentes, o que poderá tornar mais complexa e politicamente desgastante a apresentação de iniciativas que desconsiderem o exame relativamente mais objetivo realizado por tais peritos.

Além de criar essa base mais sólida para o exame de situações específicas por meio do relatório global, com critérios que abarquem todos os conjuntos de direitos, e o papel proeminente para os procedimentos especiais no exame de situações pelo Conselho, seria desejável fortalecer o mecanismo para recebimento e tramitação de queixas e denúncias sobre violações de direitos humanos. Dito de outro modo, deve-se procurar restabelecer a importância do mecanismo da resolução 1503 (procedimento confidencial) reformado para o exame das violações sistemáticas de direitos humanos. Com o tempo, a CDH começou a adotar resoluções sobre países que passaram ao largo do procedimento confidencial. Esse procedimento fora concebido para permitir eventual adoção de resolução sobre países específicos, após a tramitação da denúncia pelas diversas fases desde o Grupo de Comunicações da Subcomissão, passando pelo Grupo de Situações da CDH e culminando na decisão *in camera* pela CDH. Houve claro "descolamento" entre a decisão de submeter projetos sobre países e a tramitação no procedimento confidencial, de tal forma que não é necessário esgotar o processo previsto na resolução 1503 para que países sejam condenados por meio de resoluções. Pode-se ver por trás dessa prática a atitude deliberada de adquirir maior liberdade para escolher seletivamente os países que serão objeto de resoluções, mas essa explicação seria no mínimo parcial. A tendência de passar ao largo do procedimento confidencial se deve não tanto à busca de maior margem de manobra para exercer a seletividade, mas sobretudo à percepção de que esse procedimento é largamente ineficaz.

O procedimento da resolução 1503, revisado pela resolução 2000/3 do ECOSOC, é considerado por muitos observadores uma espécie de "buraco negro" e estaria ultrapassado como mecanismo de monitoramento dos direitos humanos. Os problemas do procedimento confidencial, portanto, estimulariam

CONCLUSÕES E PROPOSTAS 231

a utilização de expedientes mais ágeis e rápidos para responder às situações críticas. Eventual reforma do procedimento confidencial, capaz de garantir confiança em sua capacidade de examinar situações, poderia facilitar negociação visando a priorizar, nas resoluções sobre países, os casos tramitados previamente. A reforma realizada pelo Conselho de Direitos Humanos, conforme analisado no capítulo 4, foi superficial e se defrontou apenas parcialmente com certas deficiências do procedimento. É possível identificar três áreas cruciais em que melhoras são necessárias com vistas a dotar o procedimento de maior eficácia e credibilidade. A primeira diz respeito à característica da tramitação, considerada demasiado complicada e demorada. A segunda concerne a confidencialidade do procedimento, que, de acordo com algumas correntes de pensamento, não se justificaria na maioria das queixas de violações de direitos humanos. A terceira refere-se aos requisitos de admissibilidade, ou seja, o procedimento não examina violações isoladas e individuais, estabelecendo que uma comunicação somente será admitida se houver evidências razoáveis que levem a crer que exista um padrão consistente de violações graves e comprovadas dos direitos humanos e liberdades fundamentais e observado o esgotamento dos recursos internos.

Todas essas áreas envolvem questões delicadas e certamente os obstáculos às reformas são importantes em cada uma delas. Daí talvez a reforma pouco ambiciosa empreendida pelo Conselho, que procurou atuar no sentido de diminuir o tempo de tramitação e dar maior acesso a informações aos peticionários. A reforma real e significativa do procedimento confidencial passaria, portanto, pelos seguintes aspectos: a. simplificação da tramitação, de modo a encurtar o tempo para processar as comunicações, podendo envolver inclusive a diminuição do número de instâncias em que as queixas são analisadas; b. a confidencialidade poderia ser limitada em alguma medida, talvez à fase inicial da tramitação da comunicação e aos casos em que a divulgação possa afetar negativamente a segurança da vítima ou do denunciante (a confidencialidade como garantia total ao Estado é considerada anacrônica da perspectiva da doutrina do direito internacional dos direitos humanos, já que nesse campo, tendo em vista a desigualdade

232 A POLITIZAÇÃO DOS DIREITOS HUMANOS

das "partes", cabe ao acusado – o Estado – o ônus da prova); c. a flexibilização dos requisitos de admissibilidade evitaria a virtual obrigação que existe atualmente de se ter de provar a existência de violações generalizadas e o esgotamento de recursos e remédios internos.

O novo Comitê Assessor do Conselho desempenhará a função que era da antiga Subcomissão no que se refere ao Grupo de Trabalho sobre Comunicações. A simplificação da tramitação – que teria também o efeito de encurtar o tempo entre a apresentação da comunicação e o resultado final – poderia tomar a forma da simples eliminação do Grupo de Trabalho sobre Situações formado por cinco Estados membros do Conselho. Essa instância é polêmica porque pode decidir não submeter determinados casos ao exame do Conselho por decisão de grupo muito reduzido de países. O Conselho manteve papel menor para os peritos do Grupo de Trabalho sobre Comunicações, ao passo que garantiu a manutenção do poder dos Estados integrantes do GT sobre Situações, a exemplo da minirreforma realizada em 2000. Persiste, portanto, o problema identificado por Claude Zoller:

> Não somente a Subcomissão não intervém mais no procedimento, mas sobretudo o grupo de trabalho da Comissão, composto de cinco Estados membros, tem seu poder aumentado. Em sua origem, ele unicamente preparava as propostas sobre os casos transmitidos pela Subcomissão. Agora, ele decide igualmente os casos que serão transmitidos à Comissão, podendo até mesmo eliminá-los, e dessa prerrogativa ele não vai se privar[6].

Ao eliminar a instância do GT de Situações, o Conselho terá de examinar os casos submetidos diretamente pelo GT de Comunicações e tomar decisão sobre o mérito da denúncia. Além de encurtar a tramitação, essa reforma diminuiria as chances de que o Conselho tenha de tomar decisões sobre base já politizada de antemão, na instância prévia formada por grupo reduzido de Estados. Essa mudança também elevaria o peso do trabalho realizado pelos peritos independentes

---

6 La Procédure 1503 em E. Decaux (org.), *Les Nations Unies et les droits de l'homme...*, p. 153.

CONCLUSÕES E PROPOSTAS 233

do Comitê Assessor, garantindo a prevalência do pilar técnico como a base para a tomada de decisões políticas. As outras duas mudanças advogadas são mais óbvias, porém não menos importantes para dar credibilidade ao procedimento de comunicações. A confidencialidade deve ser abolida como regra geral e reservada apenas para os casos excepcionais em que a publicidade possa ser fator negativo para as vítimas. Se uma petição é julgada admissível, os peticionários devem ser consultados sobre se autorizam a tramitação pública ou se preferem, por razões fundadas, mantê-la confidencial. A confidencialidade, é preciso ressaltar, foi a maneira de evitar constrangimentos para os Estados em um período em que o exame de situações pela ONU era ainda quase um tabu. Nos dias de hoje, apenas no Conselho o procedimento de queixas é confidencial, enquanto todos os demais procedimentos assemelhados, como os existentes do sistema interamericano e europeu, são públicos. A manutenção da confidencialidade ajuda a minar a credibilidade do sistema, aumentando a sensação de que os Estados, em sessões secretas, terão a tendência natural de priorizar suas relações recíprocas e relegar ao segundo plano os interesses das vítimas – a confidencialidade protegeria não apenas os Estados acusados, mas os que com eles interagem de forma cooperativa, em nome de interesses alheios à causa dos direitos humanos.

O terceiro aspecto a merecer ajustes diz respeito aos requisitos de admissibilidade das comunicações. Uma das exigências é de que a comunicação se refira a um caso que "parece revelar um padrão consistente de graves e seguramente comprovadas violações dos direitos humanos e das liberdades fundamentais"[7]. Não seria útil questionar a característica própria desse sistema de recebimento de petições, que não se confunde com sistemas "quase judiciais" relativos a casos individuais. De fato, o objetivo do procedimento de queixas do Conselho de Direitos Humanos não é o de fornecer remédio para casos individuais de violações, mas o de servir de canal para o exame de casos que revelem um padrão consistente e generalizado de violações graves. Nesse sentido, sua vantagem

---

7 Parágrafo 87, letra "f", do anexo à resolução 5/1 do Conselho de Direitos Humanos (Institution-building of the United Nations Human Rights Council).

234 A POLITIZAÇÃO DOS DIREITOS HUMANOS

está em abrir a possibilidade de que indivíduos e grupos de indivíduos tenham acesso direto à ONU e que possam alegar violações de direitos e obrigações derivados não somente de tratados ratificados pelo Estado em questão, mas também os que emanam da Declaração Universal e da própria Carta das Nações Unidas. O problema maior está na expressão "seguramente comprovadas", que pode ser um contrassenso. Se o próprio objetivo do sistema é atestar a existência ou não do padrão de violações, não se pode exigir que a denúncia diga respeito a casos que pareçam revelar violações "seguramente comprovadas". Trata-se, obviamente, a exemplo da exigência de confidencialidade, de mais um aspecto oriundo de uma época já ultrapassada, em que as denúncias não eram encaradas com naturalidade pelos Estados. A eliminação desse requisito tornaria o sistema mais coerente, além de colocá-lo em consonância com a tendência mais recente em relação a procedimentos de queixas, especialmente no que tange à busca de canais que não sejam demasiado burocráticos e forneçam aos indivíduos instrumento acessível para se fazer ouvir.

Há um segundo aspecto que deve ser corrigido no contexto dos requisitos de admissibilidade. A exigência do esgotamento prévio de recursos internos é exigência que se encontra em todos os procedimentos de queixas, ainda que possa ser dispensada quando há demora injustificada na prestação jurisdicional. No entanto, diferentemente dos demais procedimentos de queixas previstos em tratados de direitos humanos e nos sistemas regionais, o procedimento oriundo da resolução 1503 não visa determinar a responsabilidade do Estado por violação de direitos humanos em um caso concreto. Não se busca, no procedimento de queixas da ONU, encontrar remédios para um caso individual e específico, e sim verificar a existência de um padrão consistente de violações graves de direitos humanos, ou seja, uma situação de violações generalizadas. Conforme nota Cançado Trindade:

é realmente surpreendente continuar encontrando como condição de admissibilidade de comunicações sobre direitos humanos enviadas às Nações Unidas sob o sistema da resolução 1503 do ECOSOC o requisito do prévio esgotamento dos recursos internos, dado que o sistema em questão volta-se a situações que revelam um

CONCLUSÕES E PROPOSTAS

padrão consistente de violações flagrantes de direitos humanos, em que bem se pode sustentar a presunção da ineficácia dos recursos internos, perdendo aquele requisito sua razão de ser[8].

Se o foco não é o caso individual, mas determinar se a denúncia revela esse padrão generalizado de abusos, não faz sentido exigir o esgotamento de recursos internos ao Estado em questão. A eliminação desse requisito certamente tornaria o procedimento de queixas mais coerente e evitaria o risco de se rejeitarem petições que não demonstrem o esgotamento prévio de recursos internos. Afinal, o padrão consistente de abusos flagrantes, por definição, pressupõe a ineficácia dos recursos internos. Em situações de violações generalizadas, cuja gravidade requer a atenção prioritária das Nações Unidas e de seu órgão principal encarregado da proteção e promoção dos direitos humanos, torna-se potencialmente "kafkiana" a posição do peticionário diante da exigência de passar previamente pelos canais e recursos internos, muitas vezes cerceados em sua independência ou diretamente controlados pelos mesmos agentes responsáveis pelas violações que se denunciam.

PARÂMETROS PARA RESOLUÇÕES SOBRE PAÍSES: AUTOCONTENÇÃO DOS PATROCINADORES E COOPERAÇÃO DOS PAÍSES-ALVO

As reformas acima sugeridas – cujo sentido é tornar os mecanismos de monitoramento mais eficazes e elevar a importância atribuída à participação de peritos independentes na consolidação de base mais estável e previsível para decisões políticas – abririam a possibilidade de se criarem parâmetros relativamente mais claros e objetivos para a apresentação de resoluções sobre países. Os projetos de resolução teriam de se pautar, preferencialmente, pela análise prévia e pelas recomendações que emanam das três vertentes de monitoramento acima indicadas (relatório global/UPR, coordenação de procedimentos especiais e procedimento de queixas). Como regra

---

8 *Tratado Internacional dos Direitos Humanos*, v. I, p. 79.

geral, o projeto de resolução sobre país refletiria o exame do caso em pelo menos uma das três vertentes. A forma de institucionalizar essa recomendação, que embute a importância renovada dos aspectos mais técnicos de aferição do cumprimento de obrigações dos Estados, seria a de incluí-la como parte da "cultura de trabalho" do Conselho de Direitos Humanos, no que hoje seria o parágrafo 117 do anexo da resolução 5/1 daquele órgão. Não seria desejável engessar essa recomendação na forma de uma regra de procedimento absoluta, uma vez que casos graves e urgentes podem surgir a qualquer momento e o Conselho deve estar preparado para dar resposta mesmo se as distintas vertentes de monitoramento não tiverem tempo hábil para o exame prévio da situação. De qualquer forma, esses seriam casos realmente excepcionais para os quais poderiam ser convocadas sessões especiais do Conselho, de acordo com o que já está previsto na resolução 60/251 da Assembleia Geral das Nações Unidas.

Para que essas reformas propostas tenham chances de êxito, devem conformar verdadeiro pacote que buscará mudar a cultura e a atmosfera negociadora no âmbito do Conselho de Direitos Humanos. O "pacote" se faz necessário porque, sem uma perspectiva integrada das reformas das três vertentes de monitoramento, será difícil tanto convencer os principais protagonistas a aceitarem as mudanças quanto obter maioria clara que viabilize a empreitada. Não se trata de um pacote no sentido de "pegar ou largar", mas no sentido de uma proposta global que ataque simultaneamente todas as fontes de preocupação que impediriam, se tomadas separadamente, reformas mais abrangentes. O intuito é superar o temor dos protagonistas da polarização em ceder em determinados aspectos sem saber ao certo se esse esforço de flexibilização será reciprocado em outros pontos que lhes são particularmente caros.

Da perspectiva dos patrocinadores tradicionais de resoluções sobre países, o estabelecimento de uma recomendação de limitar, sempre que possível, a decisão de apresentar projetos ao exame prévio por uma das vertentes acima referidas significa, à primeira vista, perda líquida de poder, já que implicará clara redução da sua margem de manobra para singularizar os países que bem entender. Para os que se opõem à

CONCLUSÕES E PROPOSTAS

própria ideia de resoluções sobre países, as reformas podem parecer exageradamente ambiciosas, uma vez que limitariam a capacidade dos Estados de evitar, por meio de alianças e solidariedade de grupo, conclusões e recomendações que lhes causem constrangimentos. Ambos os grupos teriam razão se não houvesse ganhos, para todos, de um sistema capaz de singularizar casos mais graves sem resvalar para o automatismo das condenações.

Para que os patrocinadores tradicionais aceitem limitar em alguma medida a arbitrariedade na apresentação de resoluções, precisam ter certeza que as diferentes vertentes de monitoramento serão capazes de analisar as situações de países e colocar o Conselho diante de recomendações claras e objetivas, inclusive no tocante à possível adoção de resolução para casos mais graves. Para que os Estados que se opõem às resoluções sobre países possam aceitar reformas que tornem as três vertentes de monitoramento eficazes, precisam ter a certeza de que essa é a maneira de abrir a via para a limitação da arbitrariedade dos patrocinadores de projetos de resolução sobre países, tornando o sistema mais previsível.

As reformas institucionais podem ajudar a impedir que o Conselho se torne refém da politização extrema, mas certamente não constituem condição suficiente. Conforme notam Patrizia Scannella e Peter Splinter, nova cultura de trabalho será necessária no Conselho de Direitos Humanos para que um salto de qualidade seja possível:

Será um triste dia para os direitos humanos se governos responsáveis por violá-los não forem repreendidos por sua falha em protegê-los ou pelo deliberado desrespeito face a suas obrigações internacionais. Entretanto, o Conselho precisa encontrar meios mais maduros que os da Comissão para lidar com a discordância e a confrontação. É preciso rever a prática desenvolvida na Comissão de abordar as questões através de grupos regionais e outros blocos. Essa prática leva a situações em que posições são trabalhadas com base num mínimo denominador comum, dentro de cada bloco regional ou outro grupo, e então negociadas entre os grupos com base em outro denominador comum ainda menor[9].

9 The United Nations Human Rights Council: A Promise to be Fulfilled, *Human Rights Law Review*, v. 7, n. 1, p. 41-72, aqui especificamente, p. 50.

238   A POLITIZAÇÃO DOS DIREITOS HUMANOS

De fato, um dos grandes obstáculos para reformas mais consistentes e um pacote conforme aqui sugerido é a polarização entre blocos de países, que pode opor os ocidentais contra os *like-minded*; europeus contra o Grupo Africano; norte-americanos e canadenses contra os membros da Organização da Conferência Islâmica. Essas, entre outras dualidades possíveis, colocam em campos opostos praticamente os mesmos protagonistas. Nesse clima de polarização, certamente as posições se enrijecem, aumentam-se as demandas no processo negociador para que o "mínimo denominador comum" seja o mais próximo possível da posição maximalista defendida. A diferença de posições, natural em qualquer ambiente intergovernamental, torna-se assim obstáculo à busca de soluções razoáveis e eficazes, fazendo com que as decisões consensuais, quando são alcançadas, não ofereçam ameaça ao *status quo*. Essa situação de polarização e o temor de mudanças mais profundas são fatores que aparentemente explicam a tendência natural ao conservadorismo, mesmo sob roupagens supostamente inovadoras fornecidas pela decisão de se criar o Conselho de Direitos Humanos e dotá-lo de instituições para o exercício de seu mandato. Talvez nesse ponto resida a explicação para as dificuldades encontradas para a viabilização da proposta brasileira de relatório global de direitos humanos, a resistência a conceder papel mais importante aos peritos independentes no âmbito do UPR e a reforma apenas perfunctória do procedimento 1503.

Essa dinâmica torna os patrocinadores tradicionais menos propensos a exercer a autocontenção na apresentação de projetos de resolução ou aceitar parâmetros multilateralmente acordados para pautar sua conduta nesse campo. Dessa forma, reforçam a politização pela via da reprodução do papel missionário que se autoatribuem. A perspectiva abrangente aqui proposta para a reforma de procedimentos do Conselho e para a prática de apresentação de resoluções dependeria de nova atitude, da disposição de autoconter-se, na esperança de que os custos de curto prazo representarão ganhos no longo prazo em termos de autoridade e eficácia das decisões tomadas. Pode-se argumentar que essa autocontenção não é possível, sobretudo porque os patrocinadores não possuem

CONCLUSÕES E PROPOSTAS

outra intenção senão condenar adversários e admoestar os que contrariam seus interesses. Mesmo que isso fosse verdade (e certamente não é sempre verdade, ainda que possa adquirir esses contornos em certos casos), ou seja, que os patrocinadores tradicionais não tivessem preocupações com os direitos humanos, mas agissem tão-somente por razões de outra natureza, na busca da maximização de vantagens políticas, econômicas e estratégicas, tampouco seria de seu interesse manter um sistema que continuará condenando países, mas cujas decisões, por serem evidentemente seletivas, tendem a perder legitimidade e eficácia. Haveria, portanto, mesmo desse ponto de vista reducionista das motivações dos patrocinadores, incentivos para mudar a atitude e aceitar determinados limites à arbitrariedade, não apenas no tocante à decisão de apresentar projetos de resolução sobre países, mas também na maior transparência e abertura na sua negociação, submetendo os projetos ao "controle de qualidade" do debate público, com participação de delegações, ONGs e, sobretudo, com claras referências às conclusões e recomendações emanadas das distintas vertentes de monitoramento.

Se os patrocinadores precisam exercer autocontrole, os Estados que se opõem frontalmente às resoluções sobre países devem estar dispostos a aprender a cooperar de maneira mais ativa com os mecanismos de monitoramento. O cenário ideal, todos concordam, seria a adoção de resoluções sobre países que contem com o beneplácito do país visado pela iniciativa. Essa hipótese, no entanto, somente se concretizaria caso se revertesse não somente o etnocentrismo e a tendência de obter vantagens políticas por meio de condenações de adversários, que muitas vezes constituem a força motriz dos que patrocinam determinadas iniciativas, mas também o apego à soberania e aos particularismos históricos e culturais como forma de evitar o escrutínio internacional sobre a situação doméstica de direitos humanos. Quando países que apresentam quadros geralmente admitidos como negativos procuram, durante consultas informais, comprometer mandatos de relatores temáticos, como o relator sobre tortura, é de politização e seletividade que se trata. Em outras palavras, de nada adiantaria instituir a obrigatoriedade dos que formulam projetos sobre países de procurarem maneiras cooperativas de lidar com o problema se não houver, em contrapartida, disposição de cooperação por parte dos que apresentam quadro de violações graves e sistemáticas dos direitos humanos. A cooperação deve ser o foco principal dos direitos humanos, mas para que haja cooperação é preciso, antes de tudo, um governo disposto a cooperar. Na ausência dessa disposição, o estabelecimento do requisito do consenso para a adoção de projeto de resolução equivaleria a abrir mão de instrumento útil de pressão nos casos mais graves.

A busca do consenso, do diálogo aberto e da cooperação multilateral constituem objetivos essenciais de que não se pode abrir mão sob pena de transformar as atividades do sistema de direitos humanos em exercício estéril ou de reduzi-las à pura política de poder. No entanto, o consenso não deve ser critério absoluto, sob pena de inviabilizar o pronunciamento do Conselho de Direitos Humanos, por meio de sólidas maiorias, sobre casos graves de violações sistemáticas dos direitos humanos. Esse raciocínio vale tanto para os países que propõem geralmente projetos de resolução sobre países quanto para os que se opõem a essas iniciativas. A construção de maiorias pode ser alternativa, em determinados momentos, não apenas para projetos sobre países, mas também para levar adiante mudanças estruturais no próprio sistema. O consenso deve ser perseguido sempre, mas não deve ser o fetiche da diplomacia multilateral, ao atribuir-lhe poder que na realidade não possui. A mudança de cultura de trabalho e de práticas arraigadas pode ter como ponto de partida não o consenso, mas decisões tomadas por maiorias amplas, que evitem a armadilha do "mínimo denominador comum".

O fortalecimento dos mecanismos extraconvencionais de promoção e proteção dos direitos humanos é objetivo cuja realização envolve esforços em múltiplas frentes e exigirá mudança da cultura e da prática de negociação no âmbito do Conselho de Direitos Humanos. O enrijecimento e a polarização entre grupos de países são fatores inibidores de mudanças mais abrangentes, como as que se propõem neste capítulo. Ainda que, do ponto de vista lógico, haja incentivos para que os dois extremos desse embate adotem postura mais

CONCLUSÕES E PROPOSTAS   241

flexível, talvez nenhum deles esteja disposto a dar o primeiro passo. Por isso, o esforço de convencimento dos principais protagonistas e dos que possuem posições mais cristalizadas não prescinde da tentativa paralela e simultânea de romper a lógica de blocos. Entre os ocidentais, sabe-se que as posições dos Países Baixos ou dos nórdicos (em determinados casos, também do Reino Unido), por exemplo, são menos flexíveis que as de países como Portugal e Espanha. Da mesma forma, as posições radicais defendidas por Sudão, Paquistão e Cuba não são idênticas às que caracterizam outros países em desenvolvimento mais abertos e democráticos, como a África do Sul, por exemplo. A chave para ajudar a romper a solidariedade de grupo que impede avanços talvez resida numa coalizão transversal, baseada no interesse em fundar sistema legítimo e eficaz, que aproxime os países que mais claramente não ganham com a reprodução *ad aeternum* da politização excessiva e da seletividade.

Longe de advogar a constituição de mais um bloco fechado de países, o que se sugere aqui é a consolidação de aliança informal e aberta em torno de uma agenda positiva. Nesse espaço de articulação, provavelmente os países latino-americanos mais comprometidos com a democracia e com os direitos humanos teriam lugar de destaque, mas seria contraproducente forjar essa aliança como um bloco latino-americano. A única forma de romper com a lógica reducionista de blocos é pela constituição de aliança baseada única e exclusivamente nas afinidades em torno de um salto de qualidade no sistema, o que significa igualmente a rejeição das duas alternativas excludentes oferecidas pelos protagonistas ocidentais e *like-minded* em relação ao exame das situações dos direitos humanos em países. O primeiro objetivo dessa aliança é o de contribuir para mudanças consensuais, na linha das reformas institucionais sugeridas acima, mas eventuais barreiras impostas pela incapacidade dos principais protagonistas da polarização de adotar visão estratégica podem e devem ser superadas pela progressiva formação de maioria sólida capaz de contribuir para o salto de qualidade que se faz imperativo. A mudança cultural que se preconiza – a autocontenção dos patrocinadores e a cooperação dos países hoje mais sujeitos às resoluções

242   A POLITIZAÇÃO DOS DIREITOS HUMANOS

sobre países – complementará as reformas institucionais e permitirá que surtam o efeito desejado. Essa mudança, porém, muito provavelmente não será o resultado puro de uma vontade autônoma, mas processo de aprendizado árduo imposto pelas circunstâncias e pela nova realidade política a ser criada por uma ampla articulação ou aliança que rompa com a lógica de blocos. Ao romper com essa lógica da inércia conservadora, projetos mais abrangentes de reforma, desde que bem definidos e planejados, podem se tornar perfeitamente exequíveis.

Quem já participou de sessões da CDH ou do Conselho talvez tome com certo ceticismo a possibilidade de romper com a lógica de blocos por meio de uma articulação que retira sua força de argumentos racionais e do compromisso real de tornar o sistema de direitos humanos mais profissional e legítimo. Os obstáculos não devem ser subestimados, mas tampouco seria prudente, por parte de países como o Brasil e pelas razões expostas no capítulo anterior, favorecer o imobilismo. Esse não é um processo que se completará rapidamente, mas um projeto a ser perseguido com afinco e, sobretudo, com a paciência necessária para o manejo do "tempo multilateral", que por vezes pode ser frustrante[10]. O aperfeiçoamento do sistema não requer mudanças tecnicamente complicadas do ponto de vista de quem não é especialista em direitos humanos; exige combinação de um conjunto de propostas razoáveis e lógicas no quadro de uma visão global e estratégica sobre onde estamos e aonde queremos chegar com a necessária vontade política de mobilizar os atores potencialmente mais afins a esse projeto[11].

10   É interessante observar como propostas consideradas revolucionárias e inviáveis em um primeiro momento acabam sendo implementadas muitos anos depois. O primeiro diretor da Divisão de Direitos Humanos do Secretariado das Nações Unidas, John Humphrey, relata em seu livro de memórias como sua proposta, formulada no início dos anos de 1960, de criação de um Alto Comissário das Nações Unidas para os Direitos Humanos foi recebida com indiferença, descaso ou firme oposição de diferentes delegações. Humphrey se aposentou em 1966, foi membro da subcomissão e retomou atividades acadêmicas até o final de sua vida. A ideia, que parecia ter morrido com ele, no entanto, foi endossada em novo contexto internacional durante a Conferência de Viena de 1993 e implementada em 1994. Ver J. P. Humphrey, op. cit., p. 296-301.

11   Nesse contexto, aplica-se a observação de Kant retomada por Norberto Bobbio: "O progresso, para ele, não era necessário. Era apenas possível. Ele criticava os 'políticos' por não terem confiança na virtude e na força da motivação

PAPEL DO BRASIL NA REFORMA DO SISTEMA: LIDERANÇA PELO EXEMPLO

O ângulo da correlação de forças internacional vê o mundo através da lente realista: o Estado é ator racional redutível ao modelo do *homo economicus*. Esse modelo encara o "interesse nacional" não como variável problemática, mas como pressuposto sobre o qual não pairam dúvidas. Embora essa perspectiva não possa ser descartada, precisa ser complementada por análise que leve em conta a dinâmica interna que define o chamado interesse nacional.

No caso do Brasil, como visto no capítulo anterior, a consolidação da democracia a partir de meados da década de 1980 é essencial para entender por que a política externa do país passou a projetar internacionalmente os valores dos direitos humanos. A luta pela democratização galvanizou amplo espectro de forças políticas e sociais em torno dos direitos humanos, o que se refletiu na Constituição de 1988. Aos poucos, as instituições do Estado incorporaram a preocupação com os direitos humanos como parte de seu dia a dia. Os três Poderes do Estado nos diferentes níveis da administração pública tiveram de adaptar-se à gramática dos direitos humanos. Embora estejamos conscientes de que o compromisso com os direitos humanos é credencial importante nas negociações internacionais, tal compromisso deriva, sobretudo, da própria configuração adquirida pela sociedade brasileira. As organizações da sociedade civil, as ONGs, as Comissões parlamentares de direitos humanos, o mundo acadêmico, a imprensa, a Igreja, entre outros atores, são hoje os pilares da política de direitos humanos que os governos federal e estaduais têm colocado em prática e, portanto, é natural que a política externa também reflita essa realidade na dimensão externa do país.

O interesse nacional na área de direitos humanos não é o resultado de um Estado autônomo que toma decisões sem

moral, bem como por viverem repetindo que 'o mundo sempre foi assim como o vemos hoje'. Kant comentava que, com essa atitude, tais 'políticos' faziam com que o objeto de sua previsão – ou seja, a imobilidade e a monótona repetitividade da história – se realizasse efetivamente. Desse modo, retardavam propositalmente os meios que poderiam assegurar o progresso para o melhor", *A Era dos Direitos*, p. 80-81.

conexão com o mundo real. Trata-se de interesse que se forma de baixo para cima, ou seja, *ex parte populi*. A defesa desses direitos no campo internacional é a outra face da moeda de sua defesa no âmbito doméstico. Sem esta última, a primeira não conseguiria subsistir ou perderia completamente sua credibilidade. A inserção brasileira no sistema internacional de direitos humanos é vista como auxílio aos esforços nacionais. A inserção crescente do Brasil em tal sistema serve assim a um duplo objetivo. A aceitação de obrigações derivadas de tratados internacionais representa, em primeiro lugar, importante ferramenta de fortalecimento dos compromissos já assumidos internamente. Os mecanismos de monitoramento dos direitos humanos examinam a realidade brasileira, interagem com o país, especialmente por meio das visitas de relatores, e emitem recomendações que são utilizadas internamente para superar os entraves que ainda permanecem nesse campo. Nossa participação ativa no sistema internacional de direitos humanos serve a um segundo objetivo, derivado do primeiro, que se consubstancia na busca de mecanismos multilaterais capazes de auxiliar não apenas o Brasil, mas todos os países.

Por essa razão, o Brasil possui credenciais, derivadas de seu exemplo de país genuinamente comprometido com os direitos humanos, para propor mudanças e reformas no sistema internacional. A liderança pelo exemplo impõe-se naturalmente e deve ser reconhecida em função da consistência e coerência entre os compromissos internos e internacionais de direitos humanos. Constituiria a expressão de um poder suave (*soft power*) cuja eficácia emana da persuasão e da credibilidade do discurso e da prática diplomáticos. Para que essa liderança se exerça no plano internacional, precisa estar alicerçada no plano interno, ou não subsistirá. Para que os objetivos de articular mudanças e mobilizar vontades no plano internacional possam ser levados a efeito, é preciso contar com o apoio ativo e engajado da sociedade, o que pressupõe o diálogo constante com as organizações não governamentais, a imprensa, a academia, parlamentares e demais setores diretamente interessados no tema. A política externa para os direitos humanos, especialmente se quiser adotar atitude cada vez mais ativa e propositiva, como tem tido nos últimos anos, e

CONCLUSÕES E PROPOSTAS 245

assim exercer naturalmente uma liderança pelo exemplo, não pode prescindir de uma diplomacia pública. O caráter aberto e participativo da formação da vontade coletiva é também exemplo que ajuda a projetar a visão brasileira da democracia e dos direitos humanos nos foros multilaterais. O Brasil pretende ser exemplo vivo da sobreposição dos critérios internos e externos de legitimidade, demonstrando na prática que a força de seus argumentos não deriva apenas de sua racionalidade intrínseca, mas representa também a projeção externa da *praxis* democrática incorporada internamente pelo Estado e pela sociedade. O exemplo brasileiro, para ser convincente, não deve limitar-se ao diálogo do Brasil com os mecanismos de monitoramento, mas também incluir a busca de sistema eficaz e independente que seja capaz de levar os países menos propensos ao diálogo a adotarem atitude mais cooperativa[12].

A capacidade de manter uma postura cada vez mais ativa dependerá da exata compreensão, por diversos atores internos e internacionais, de que as posições defendidas no Conselho de Direitos Humanos correspondem a uma visão essencialmente democrática e consistente dos interesses nacionais, que inclui a busca de sistema de direitos humanos capaz de tomar decisões legítimas e justas. Essa compreensão pode ser alcançada com o reforço de instrumentos de diplomacia pública, entendida não somente como estratégia de imagem e comunicação, mas também como abertura e fortalecimento de canais de diálogo e consulta com a sociedade. A liderança pelo exemplo, para ser eficaz, precisará ser capaz de galvanizar amplo leque de atores internos e internacionais para os objetivos perseguidos no âmbito do Conselho de Direitos Humanos,

---

12 A "liderança pelo exemplo" não pressupõe, de imediato, uma situação perfeita de implementação dos direitos humanos, o que, de resto, nenhum país do mundo ostenta. Ela se assenta antes no engajamento para mudar situações de abusos com o aporte e a contribuição dos mecanismos do Conselho. É inegável, contudo, que essa liderança benigna, derivada de uma concepção de ordem internacional justa e democrática, ganharia em consistência e em eficácia com a superação dos graves problemas de direitos humanos que ainda caracterizam a sociedade brasileira. Esse seria um passo essencial, que consistiria em agregar, de forma mais evidente, à legitimidade processual ou de meios (o diálogo e o engajamento no sistema de direitos humanos) a legitimidade de resultados (a melhoria da fruição dos direitos humanos da população).

246 A POLITIZAÇÃO DOS DIREITOS HUMANOS

especialmente quando se pretende ter uma postura ativa e sugerir caminhos e alternativas para superar impasses e avançar em reformas importantes. O fortalecimento da confiança que resulta de uma melhor compreensão do sentido das propostas formuladas e dos interesses defendidos é essencial para tecer vínculos e forjar uma aliança transversal com distintos governos e ONGs nacionais e internacionais, mantendo forte base de apoio aos objetivos perseguidos.

Um exemplo negativo pode ajudar a entender a importância dessa diplomacia pública. A representante de uma das ONGs mais ativas e tradicionais em Genebra e conhecida especialista no tema dos direitos humanos, Rachel Brett, confessou ao autor, em entrevista durante o processo de elaboração deste trabalho, ter dificuldade de entender o sentido de determinadas posições adotadas pelo Brasil em relação a projetos de resolução sobre países. Nas palavras da representante da ONG Quaker United Nations Office:

O Brasil tem sido percebido como posicionado no campo dos que se opõem a todas as resoluções sobre países, em vez de exercer um julgamento independente em relação ao que considera ser a real situação dos direitos humanos no país em questão. Eu não disponho do material comigo neste momento, mas me lembro que pela checagem do registro de votos atual do Brasil em resoluções sobre países, pode-se sugerir que, em comparação com outros países latino-americanos, como, por exemplo, o México, o Brasil é brando quanto às em resoluções sobre países e não as apoia fortemente[13].

Ainda que a visão própria de ONG possa ter influenciado esse depoimento, uma vez que o papel dessas organizações certamente não se confunde com o dos Estados[14], parece haver por trás dessa impressão do real interesse do Brasil no sistema um problema de comunicação e compreensão. Para que a liderança pelo exemplo do Brasil no sistema seja efetiva e

13 Entrevista realizada por escrito em 27 ago. 2007.
14 A mesma percepção foi confirmada ao autor por membros de outras ONGs (Sébastien Gillioz, da Human Rights Watch em Genebra, entrevista realizada por escrito em 26 nov. 2007; Camila Lissa Asano, da Conectas Direitos Humanos, em entrevista realizada pessoalmente em Brasília em 23 dez. 2007).

CONCLUSÕES E PROPOSTAS   247

leve ao avanço na busca de nossos objetivos diplomáticos, será importante dar a conhecer a diferentes atores e organizações não governamentais – que, na realidade, são potenciais aliados importantes na configuração de sistema de adoção de resoluções mais objetivo e técnico – a verdadeira dimensão e o alcance das propostas e posições adotadas pelo Brasil. Mais do que isso, é preciso estabelecer canal regular e pró-ativo de contatos com essas organizações, não para expor de maneira formal a posição brasileira, mas para criar vínculos de confiança, identificar pontos de convergência e até mesmo para fazer consultas.

O diálogo e não o monólogo de parte a parte deve ser a regra nos contatos regulares com essas organizações. Nesse sentido, pode-se utilizar por analogia o papel que as ONGs internacionais, como a Oxfam, por exemplo, desempenharam no *lobby* positivo em favor da política brasileira de medicamentos para o tratamento de portadores do HIV/AIDS. Para se alcançar nível semelhante de convergência com as ONGS mais importantes no campo dos direitos humanos, é preciso esforço contínuo para desfazer a imagem equivocada de associação com um dos campos da polarização que tem impedido o necessário salto de qualidade no sistema de direitos humanos da ONU. E isso se faz com uma diplomacia sempre disposta a conversar e expor a lógica das posições adotadas e a trocar ideias para aperfeiçoar o sistema, bem como pronta a examinar a possibilidade de levar em conta fatores de interesse desses interlocutores na formulação de posições da política externa em geral e da política de direitos humanos em particular.

O que vale para os contatos com as ONGs internacionais é ainda mais válido para o diálogo com as ONGs nacionais e outras organizações da sociedade civil. A existência do Comitê Brasileiro de Direitos Humanos e Política Externa, baseado na Câmara dos Deputados, que reúne instituições do governo e da sociedade interessadas no tema, constitui importante potencial que deve ser explorado em sua plenitude. Representantes do Itamaraty têm participado de encontros e proferido conferências a convite desse comitê, bem como de outros atores não governamentais. No entanto, seria útil e recomendável aprofundar o diálogo, por meio de alguns ajustes no formato dos encontros.

As posições brasileiras no campo dos direitos humanos, em particular no tocante ao sistema de adoção de resoluções sobre países, não são passíveis de serem explicadas de maneira totalmente franca e desimpedida em seminários ou apresentações formais. Para que a relação de confiança se estabeleça, será importante explicar abertamente e sem rodeios que as decisões na matéria precisam levar em conta suas consequências para as relações do país com seus parceiros, sob pena de fazer recair injustamente sobre o Brasil um custo que outros, mais poderosos, conseguem evitar com relativa facilidade e desembaraço.

O desafio é fazer a sociedade civil compreender que se deve buscar um sistema que evite esses custos como parte de uma visão global da inserção do Brasil no mundo, o que se alcançaria com um Conselho eficaz e não seletivo. Eventuais divergências, portanto, podem ser produto da falta de compreensão do caráter estratégico das mudanças defendidas pelo Brasil no sistema, cujo ponto de chegada certamente corresponde aos interesses de todos os setores da sociedade brasileira. Além da participação em seminários, será preciso agregar reuniões frequentes de caráter mais informal, em grupo ou separadamente, com atores selecionados por sua projeção e representatividade, para a explicação da *rationale* das posições brasileiras e para ouvi-los acerca de suas prioridades. A incorporação sistemática de membros do Comitê Brasileiro de Direitos Humanos e Política Externa e de organismos de grande capacidade técnica na delegação brasileira, na qualidade de "assessores" ou "peritos", seria gesto igualmente importante para fortalecer os vínculos, criar relação de confiança e, sobretudo, dar a esses atores a possibilidade de serem partícipes e contribuírem mais diretamente com a política externa brasileira para os direitos humanos. Parlamentares, acadêmicos e integrantes de ONGs já participaram no passado de delegações oficiais. Trata-se, portanto, de fazer disso prática corrente, que certamente propiciará intercâmbio mutuamente vantajoso e aprendizado recíproco, especialmente ao expor esses atores à realidade das negociações internacionais e aumentar sua consciência da necessidade de se encontrarem soluções possíveis diante das limitações e constrangimentos políticos que se apresentam em diferentes momentos.

CONCLUSÕES E PROPOSTAS 249

A diplomacia pública certamente não se resume a uma estratégia de comunicação, mas tampouco pode prescindir dela. Os comunicados de imprensa, explicando posições adotadas e dando satisfações à sociedade, devem ser emitidos regularmente, como parte de uma rotina com o intuito de manter o público informado e esclarecido. Deve-se lançar mão, ademais, das modernas técnicas de relacionamento com formadores de opinião, que envolvem não apenas a divulgação impessoal das posições em formato de comunicados de imprensa, mas também contatos com jornalistas, articulistas e editorialistas dos principais veículos de comunicação, especialmente os de alcance nacional. O interesse crescente que o tema dos direitos humanos desperta, sobretudo quando envolve resoluções sobre países, gera a necessidade de que os veículos de comunicação emitam opiniões, ofereçam análises e deem sua interpretação dos fatos. Não é raro que os profissionais e formadores de opinião tenham dificuldades de entender posições e votos brasileiros em determinados casos, tendendo a interpretá-los através das lentes da imprensa internacional, que oferecem explicações nem sempre totalmente equilibradas e refletindo a polarização no seio do próprio órgão de direitos humanos. É plenamente possível atuar para reduzir a difusão de uma visão simplificadora, cujo efeito mais imediato é o de questionar a justeza e a legitimidade de posições adotadas pelo país nos foros multilaterais.

O esforço de aproximação com formadores de opinião é exigência, portanto, para evitar prejuízos à política externa de direitos humanos derivados de equívocos de interpretação ou da incompreensão. A arma contra a incompreensão é mais e melhor informação e análise, a serem colocadas à disposição de maneira regular e permanente por meio de contatos e reuniões que podem ser oferecidos a jornalistas e correspondentes, tanto no Brasil quanto em Genebra e em Nova York. Essa estratégia de comunicação serve ao duplo propósito de evitar matérias e artigos desprovidos de fundamento, que possam enfraquecer a posição da diplomacia brasileira diante de sua própria sociedade ou externamente, e de prestar contas, de forma transparente, das decisões tomadas em nome do país. Dessa maneira, a divulgação da informação contribuiria de maneira mais direta para cimentar a coalizão ou aliança transversal em torno de um projeto de reformas do sistema de direitos humanos de acordo com os valores e interesses do Brasil.

A lógica dessa aproximação com os formadores de opinião é relativamente simples: não basta ter bons argumentos, é preciso saber apresentá-los corretamente e explicá-los ao grande público. A lógica não é complexa, mas sua execução está longe de ser óbvia e demanda grande esforço para minimizar a tendência natural da mídia de apegar-se às fórmulas sintéticas, mais facilmente vendáveis, no que se poderia apelidar de conceitos *prêt-à-porter*. A mídia em geral vive sob a pressão do tempo e, premida também pela concorrência, inclina-se facilmente para a utilização de lugares-comuns, adota frequentemente discurso homogeneizante e "pré-digerido" ou "pré-pensado"[15]. O tema da política externa de direitos humanos não é exceção, mas talvez, por ser assunto ainda relativamente pouco explorado e conhecido no país, presta-se mais facilmente à simplificação. Se não é possível superar as características estruturais da mídia, pode-se ao menos minimizar seu efeito simplificador por meio de ação mais focada de aproximação com seus principais responsáveis.

A capacidade brasileira de exercer liderança pelo exemplo seria ampliada por meio da defesa de projeto global e coerente de reforma do sistema de apresentação de resoluções sobre países e de monitoramento dos casos mais graves e urgentes, para cuja consecução o esforço de convencimento de parceiros e a participação de organizações não governamentais são fatores fundamentais. Essa seria uma liderança verdadeiramente benigna, exercida não como vontade de poder assentada em suposta razão de Estado autônoma, mas como a consequência da força de argumentos racionais, da atração e do poder de persuasão que emergem da tradução, para a prática diplomática no campo dos direitos humanos, da formação democrática da vontade no plano nacional. É projeto, sem dúvida alguma, utópico, mas não no sentido de quimérico e irrealizável. É utópico no sentido etimológico da palavra,

---

15 Para uma análise pormenorizada dessa característica estrutural da mídia, ver P. Bourdieu, *Sobre a Televisão*, passim.

CONCLUSÕES E PROPOSTAS   251

como projeto ainda sem lugar no mundo. Haverá que se criar
as condições objetivas para que se caminhe em sua direção,
com a consciência de que a humanidade, também nesse aspecto, continuará muito longe da clarividência que garanta de
antemão o progresso que se almeja[16].

*   *   *

A pergunta fundamental que este trabalho formulou é se o
Conselho de Direitos Humanos representaria o fim da politização e da seletividade. Trata-se de pergunta ainda em busca de resposta definitiva e que traz embutidas várias questões
adicionais. Se o Conselho de Direitos Humanos poderá ultra-
passar velhos e carcomidos conceitos, superar o imobilismo e
o conservadorismo de delegações, deixar de lado a polarização que alimenta a seletividade e a politização excessiva, isso
tudo em um contexto ainda sob o impacto das consequências
negativas para a proteção dos direitos humanos da chamada
guerra global contra o terrorismo, não se sabe ao certo. Do que
se tem certeza, entretanto, é que o Conselho de Direitos Humanos oferece uma janela de oportunidade para que se intro-
duzam mudanças nos próximos anos. Trata-se de uma janela
aberta pelo consenso negativo em torno do déficit de credibilidade da antiga CDH; não representa, portanto, a garantia
de um mapa seguro do caminho a seguir, sobretudo porque
os distintos atores no sistema têm visões díspares acerca dos
acertos e erros do passado. Mas ainda assim é uma oportunidade que não deve ser desaproveitada para dar um salto de
qualidade, que requer como um de seus ingredientes principais o rompimento com a nefasta polarização entre ocidentais
e *like-minded,* equivocadamente vista muitas vezes como um
embate Norte-Sul. Essa polarização torna o ambiente negociador

16 Vale a observação de Todorov a respeito: "A era de maturidade, que alguns
    autores do passado reivindicavam, não parece fazer parte do destino da hu-
    manidade: ela está condenada a procurar a verdade em vez de possuí-la.
    Quando se perguntava a Kant se já vivíamos a época das Luzes, uma época
    verdadeiramente esclarecida, ele respondia: 'Não, mas uma época em vias
    de esclarecimento'. Essa seria a vocação da nossa espécie: recomeçar todos
    os dias este trabalho, sabendo que ele é interminável", *L'Esprit des Lumières*,
    p. 126.

252 A POLITIZAÇÃO DOS DIREITOS HUMANOS

cada vez mais rarefeito, asfixia a criatividade na apresentação de propostas consideradas viáveis e limita as escolhas a exercício de preferência entre um dos dois campos, prejudicando os interesses de países legitimamente preocupados com a eficácia do sistema internacional de proteção e promoção dos direitos humanos, como é inegavelmente o caso do Brasil. Não é desejável contentar-se com a inércia que esse ambiente e essa cultura negociadora, herdados da CDH, tendem a engendrar, salvo se nada tivéssemos a perder com a manutenção do *status quo*, o que não é o caso.

Continua a ser pertinente a avaliação de Richard Falk quanto às tarefas mais urgentes para assegurar a credibilidade do sistema de direitos humanos:

Entre os principais desafios está o aprimoramento do processo de implementação, separando a prática geopolítica do domínio dos direitos humanos e incentivando a visão de que os Estados mais poderosos estão sujeitos a critérios de avaliação comparáveis aos dos Estados fracos e vulneráveis[17].

Os interesses e valores incorporados na política externa brasileira constituem a um só tempo ativo e incentivo para buscar caminho alternativo, que sirva verdadeiramente ao fortalecimento da proteção dos direitos humanos em todo o mundo, atacando esses desafios. A tensão que se procurou evidenciar desde o início deste livro e que se expressa na fórmula dos direitos humanos entre a política e o direito internacional não será superada definitivamente, impondo em determinados momentos escolhas dilacerantes. No entanto, se a política, que se expressa em posições governamentais e decisões de organismos intergovernamentais, pautar-se de forma mais clara pelo direito, o jogo de recriminações mútuas e as decisões claramente politizadas podem dar lugar, de forma menos casual e fortuita, à geração de decisões legítimas e objetivas, em que a autoridade emana da observação de processo decisório pautado por parâmetros acordados e compartilhados, com referência obrigatória à opinião de peritos independentes. Trata-se de uma aposta na geração de um poder legítimo, derivado da

17 *Human Rights Horizons*, p. 9.

CONCLUSÕES E PROPOSTAS   253

deliberação democrática em órgãos multilaterais, que não deixam de representar, na cena internacional, o papel que o espaço público ou a ágora normalmente desempenha na teoria política. Dito de outro modo, tal como a política no âmbito do espaço público nacional, a geração do poder no cenário internacional deveria submeter-se idealmente a um conjunto de acordos básicos sobre o processo deliberativo, cuja observação garante às decisões maior legitimidade e eficácia.

Nesse sentido, o interesse brasileiro certamente se afasta do realismo que encara as relações internacionais por meio da analogia com o estado de natureza. De acordo com Charles Beitz, essa analogia não é acurada:

É incorreta porque falha em capturar seja o progressivamente complexo padrão de características de interação social que caracteriza as relações internacionais, seja a diversidade de expectativas, práticas e instituições que ordenam essas interações. De fato, nesse aspecto, as relações internacionais se tornam mais e mais parecidas com as sociedades domésticas, inclusive porque possuem princípios normativos cuja justificação é análoga à das sociedades nacionais[18].

É possível que ainda falte longo caminho para que essa nova analogia seja plenamente aplicável nas relações internacionais. Por enquanto, o mundo realista se mescla com a tendência normativa nas relações internacionais, gerando realidade híbrida cuja complexidade os teóricos e especialistas procuram decifrar. De qualquer forma, a analogia que representa melhor os interesses brasileiros é a sugerida por Beitz, mas não se trata de hipostasiá-la ou confundi-la com a essência da realidade, mas como "tipo ideal" em direção ao qual deveria, do nosso ponto de vista, caminhar o sistema de direitos humanos e o sistema internacional como um todo. Dessa ótica, mesmo uma perspectiva realista esclarecida poderia aceitar a visão de que, para países como o Brasil, não resta outra opção a não ser lutar por uma ordem baseada sobretudo no direito, e não apenas no direito como formulação, mas no direito como instrumento de efetiva transformação da realidade

18 *Political Theory and International Relations*, p. 179.

254 A POLITIZAÇÃO DOS DIREITOS HUMANOS

internacional em direção a algo melhor, mais estável e seguro. Conforme nota Lindgren Alves:

Nós, por outro lado, não temos alternativa à cooperação e ao direito, até porque, como dizia nosso Chanceler Saraiva Guerreiro, da década de 1980, em explicação que permanece válida, não dispomos de um "excedente de poder". Mas contamos com um "poder suave" e capacidade de ação diplomática. O realismo nos dirige para a visão kantiana, ainda que a ordem internacional se apresente hobbesiana. É para lutar pela justiça em seu sentido mais amplo que o Brasil deve inserir-se nos órgãos mais importantes da ONU, no Conselho de Direitos Humanos, no ECOSOC e no Conselho de Segurança, como membro permanente ou rotativo[19].

A configuração mundial do poder recomendaria, a países com as características do Brasil, a busca do fortalecimento de um sistema de direitos humanos capaz de singularizar casos graves por meio de decisões dotadas de autoridade e legitimidade, minimizando os custos de eventuais votos de resoluções sem esquecer o papel crescente da sociedade civil no acompanhamento das posições internacionais adotadas pelo país. Ou seja, se não fosse por convicção genuína nas virtudes de um poder gerado como ação concertada, essa visão teria de prevalecer diante da evidência de que a força desabrida como princípio regulador da ordem internacional (e da ordem interna dos países) não interessa ao Brasil em função de suas convicções e de sua posição no mundo, que não é a de uma potência capaz de impor sua vontade nos diferentes tabuleiros das relações internacionais. Além disso, a própria experiência do unilateralismo dos Estados Unidos sob o governo Bush demonstra o caráter ilusório da busca da estabilidade ao arrepio do direito internacional, em um mundo em que o poder entendido como força militar e econômica não garante por si só solução para problemas que, por sua natureza, estariam mais bem tratados no âmbito multilateral. Isso se aplica não apenas ao combate global contra o terrorismo (no Iraque, no Afeganistão e no resto do mundo), à mudança

19 Entrevista realizada por escrito em 17 maio 2007.

CONCLUSÕES E PROPOSTAS   255

climática, aos esforços pela não proliferação e o desarmamento, mas também, como se procurou demonstrar, à seara dos direitos humanos.

Para que a lógica multilateral se imponha, não basta criticar o unilateralismo, a politização excessiva e a seletividade desavergonhada de quem quer usar os direitos humanos para avançar outros interesses ou de quem quer garantir a sua impunidade diante de violações sistemáticas desses direitos. É preciso que a crítica seja veículo para a construção do novo, de um sistema capaz de fazer diferença e cumprir sua função. O que se busca, afinal de contas, é proteger as vítimas reais e potenciais de abusos dos direitos humanos, onde quer que se encontrem. E se busca isso não por qualquer mandamento divino ou porque se trata de um imperativo categórico kantiano. Busca-se esse objetivo para afastar a possibilidade do colapso moral da humanidade e da repetição da tragédia totalitária ou de outros horrores assemelhados. E porque existe um paralelismo evidente entre um sistema internacional que se quer mais estável e seguro – porque mais equitativo, democrático e justo – e a existência, dentro dele, de um subsistema que garanta o mesmo quando se trata não dos direitos e aspirações dos Estados (em particular em desenvolvimento), mas dos indivíduos e comunidades dentro desses Estados.

Os direitos humanos são produto histórico capaz de sofrer reveses e não um conjunto de postulados metafísicos que os Estados deveriam incorporar em suas políticas externas. Os direitos humanos devem ser incorporados na agenda de política externa por outra razão, por pragmatismo, coerência e sabedoria histórica. Conforme nota o filósofo pragmático Richard Rorty, os direitos humanos, para justificar-se, prescindem de considerações sobre uma natureza humana a-histórica e de outros princípios transcendentais. É suficiente que saibamos que vivemos em uma era em que os seres humanos podem melhorar muito as coisas para si próprios. Não precisamos desenterrar, atrás desse fato histórico, fatos não históricos sobre o que realmente somos[20].

20 R. Rorty, Human Rights, Rationality and Sentimentality, em S. Shute e S. Hurley (eds.), *On Human Rights*, p. 121.

O sistema internacional de proteção dos direitos humanos poderia ser considerado elemento adicional na luta pela utopia iluminista mencionada por Rorty, o que certamente não significa endossar a ideia de que a humanidade caminha necessariamente na direção do fortalecimento dos direitos humanos. O problema hoje é que há um ceticismo enorme no que diz respeito a qualquer postura filosófica que defenda alguma forma de utopia. A antiga razão iluminista parece ter dado lugar, ao menos na prática, à razão instrumental, como tão bem demonstra a volta da tortura como meio tolerado para obter confissões e informações valiosas para o combate ao terrorismo. A consequência mais imediata do abandono dos direitos humanos é a renúncia à experiência histórica que demonstrou ser esta a via mais rápida para o colapso moral das sociedades. Em meio à polarização e ao jogo de soma zero a que muitas vezes parece se reduzir o debate sobre direitos humanos na ONU, perde-se de vista com frequência o sentido histórico desses direitos. A miopia das delegações, a instrumentalização dos direitos humanos para fins puramente egoístas, a desconsideração do objetivo de proteção das vítimas e a visão dos direitos humanos nas relações internacionais como perfumaria ou elemento invariavelmente sobredeterminado pela luta em torno do poder político e econômico (no que tende a se tornar uma profecia que se autocumpre) surgem, não raras vezes, do olvido da razão histórica para a edificação do sistema de direitos humanos das Nações Unidas. Nascem em larga medida do esquecimento, ao menos na prática diplomática de muitos protagonistas, do sofrimento humano produzido em escala industrial que deu origem ao edifício multilateral dos direitos humanos.

Ao concluir este trabalho sobre direitos humanos na ONU e identificar no esquecimento histórico e na incapacidade de ver traços de antigas práticas nos abusos hodiernos faltas graves que podem inviabilizar avanços nesse campo e até acarretar retrocessos, vêm necessariamente à lembrança a experiência de Primo Levi e uma citação sua que, muito embora não possa substituir as instruções, deveria ainda assim constituir uma das fontes obrigatórias de inspiração para qualquer delegado ao Conselho de Direitos Humanos:

CONCLUSÕES E PROPOSTAS

Vocês que vivem seguros
em suas cálidas casas,
vocês que, voltando à noite,
encontram comida quente e rostos amigos,
pensem bem se isto é um homem
que trabalha no meio do barro,
que não conhece a paz,
que luta por um pedaço de pão,
que morre por um sim por um não.
Pensem bem se isto é uma mulher,
sem cabelos e sem nome,
sem mais força para lembrar,
vazios os olhos, frio o ventre,
como um sapo no inverno.
Pensem que isto aconteceu:
eu lhes mando estas palavras.
Gravem-nas em seus corações,
Estando em casa, andando na rua,
ao deitar, ao levantar;
repitam-nas a seus filhos.
Ou, senão, desmorone-se a sua casa,
a doença os torne inválidos,
os seus filhos virem o rosto para não vê-los[21].

21 *É Isto Um Homem?*, p. 9.

Anexos

I.
RESOLUÇÃO 60/251 DA ASSEMBLEIA GERAL DAS
NAÇÕES UNIDAS

60/251. Conselho de Direitos Humanos
A Assembleia Geral,
Reafirmando os propósitos e princípios da Carta das Nações Unidas, em particular o desenvolvimento de relações amistosas entre as nações baseadas no respeito aos princípios da igualdade de direitos e da autodeterminação dos povos, e a realização da cooperação internacional para resolver problemas internacionais de caráter econômico, social, cultural ou humanitário e para promover e estimular o respeito aos direitos humanos e liberdades fundamentais para todos,
Reafirmando também a Declaração Universal dos Direitos Humanos e a Declaração e Programa de Ação de Viena, e recordando o Pacto Internacional de Direitos Civis e Políticos, o Pacto Internacional de Direitos Econômicos, Sociais e Culturais e outros instrumentos de direitos humanos,
Reafirmando ademais que todos os direitos humanos são universais e indivisíveis, estão relacionados entre si, são interde-

260 A POLITIZAÇÃO DOS DIREITOS HUMANOS

pendentes e se reforçam mutuamente, e que todos os direitos humanos devem ser tratados de maneira justa e equitativa, em pé de igualdade e com a mesma ênfase,

Reafirmando que, ainda que seja necessário levar em conta a importâncias das peculiaridades nacionais e regionais e dos diversos antecedentes históricos, culturais e religiosos, todos os Estados, independentemente de seus sistemas político, econômico e cultural, têm a obrigação de promover e proteger todos os direitos humanos e as liberdades fundamentais,

Ressaltando a responsabilidade de todos os Estados, de acordo com a Carta, de respeitar os direitos humanos e as liberdades fundamentais para todos, sem distinção de nenhum tipo por motivos de raça, cor, sexo, idioma, religião, opinião política ou de outra índole, origem nacional ou social, posição econômica, nascimento ou outra condição,

Reconhecendo que a paz e a segurança, o desenvolvimento e os direitos humanos são os pilares do sistema das Nações Unidas e os alicerces da segurança e do bem-estar coletivos, e que o desenvolvimento, a paz e a segurança e os direitos humanos estão vinculados e se reforçam mutuamente,

Afirmando a necessidade de que todos os Estados mantenham os esforços internacionais para melhorar o diálogo e ampliar o entendimento entre as civilizações, as culturas e as religiões, e enfatizando que os Estados, as organizações regionais, as organizações não governamentais, os órgãos religiosos e os meios de difusão têm um papel importante a desempenhar na promoção da tolerância, da liberdade e do respeito às religiões e às crenças,

Reconhecendo o trabalho realizado pela Comissão de Direitos Humanos e a necessidade preservar seus êxitos e seguir avançando, bem como a necessidade de remediar suas deficiências,

Reconhecendo também a importância de garantir a universalidade, objetividade e não seletividade no exame das questões de direitos humanos e de eliminar a aplicação de dois pesos e duas medidas e a politização,

Reconhecendo ademais que a promoção e proteção dos direitos humanos deve basear-se nos princípios de cooperação e diálogo genuíno e obedecer ao propósito de fortalecer a capacidade dos Estados Membros de cumprir suas obrigações em matéria de direitos humanos em benefício de toda a humanidade,

ANEXOS

Reconhecendo que as organizações não governamentais desempenham uma importante função na promoção e proteção dos direitos humanos nos planos nacional, regional e internacional,

Reafirmando o compromisso de reforçar o sistema de direitos humanos das Nações Unidas a fim de assegurar o exercício efetivo por todas as pessoas de todos os direitos humanos, civis, políticos, econômicos, sociais e culturais, incluindo o direito ao desenvolvimento e, com esse objetivo, a determinação de criar um Conselho de Direitos Humanos,

1. *Decide* estabelecer o Conselho de Direitos Humanos, com sede em Genebra, em substituição à Comissão de Direitos Humanos, como um órgão subsidiário da Assembleia Geral; a Assembleia revisará o *status* do Conselho no prazo de cinco anos;

2. *Decide* que o Conselho será responsável por fomentar o respeito universal à proteção de todos os direitos humanos e liberdades fundamentais para todos, sem qualquer distinção e de uma maneira justa e equitativa;

3. *Decide também* que o Conselho deverá ocupar-se das situações de violações de direitos humanos, inclusive de violações graves e sistemáticas, e fazer recomendações a respeito. Também deverá promover a coordenação efetiva e a incorporação dos direitos humanos na atividade geral do sistema das Nações Unidas;

4. *Decide ademais* que o trabalho do Conselho será guiado pelos princípios da universalidade, imparcialidade, objetividade e não seletividade, diálogo internacional construtivo e cooperação com o intuito de impulsionar a promoção e proteção de todos os direitos humanos, civis, políticos, econômicos, sociais e culturais, incluindo o direito ao desenvolvimento;

5. *Decide* que, entre outras tarefas, o Conselho:

(*a*) Promoverá a educação e a aprendizagem sobre os direitos humanos, assim como a prestação de assistência técnica e o fomento da capacitação, em consulta com os Estados Membros interessados e com seu consentimento;

(*b*) Servirá de foro para o diálogo sobre questões temáticas relativas a todos os direitos humanos;

262 A POLITIZAÇÃO DOS DIREITOS HUMANOS

(*c*) Formulará recomendações à Assembleia Geral para seguir desenvolvendo o direito internacional no campo dos direitos humanos;

(*d*) Promoverá o pleno cumprimento das obrigações em matéria de direitos humanos contraídas pelos Estados e o seguimento dos objetivos e compromissos relativos à promoção e proteção dos direitos humanos emanados das conferências e cúpulas das Nações Unidas;

(*e*) Realizará uma revisão periódica universal, baseada em informação objetiva e fidedigna, sobre o cumprimento por cada Estado de suas obrigações e compromissos em matéria de direitos humanos de uma forma que garanta a universalidade da revisão e a igualdade de tratamento em relação a todos os Estados; a revisão será um mecanismo cooperativo, baseado no diálogo interativo, com a participação plena do país de que se trate e tendo em conta suas necessidades de capacitação; tal mecanismo complementará e não duplicará o trabalho dos órgãos criados em virtude de tratados; o Conselho determinará, no prazo de um ano após sua primeira sessão, as modalidades do mecanismo de revisão periódica universal e o tempo necessário para sua realização;

(*f*) Contribuirá, por meio do diálogo e da cooperação, para prevenir as violações dos direitos humanos e responderá imediatamente diante de situações de emergência em matéria de direitos humanos;

(*g*) Assumirá a função e as atribuições da Comissão de Direitos Humanos no tocante ao trabalho do Escritório do Alto Comissário das Nações Unidas para os Direitos Humanos, conforme decidido pela Assembleia Geral em sua resolução 48/141 de 20 de dezembro de 1993;

(*h*) Trabalhará em estreita cooperação na esfera dos direitos humanos com os governos, organizações regionais, instituições nacionais de direitos humanos e sociedade civil;

(*i*) Formulará recomendações para a promoção e proteção dos direitos humanos;

(*j*) Apresentará um relatório anual à Assembleia Geral;

6. *Decide também* que o Conselho assumirá, revisará e, no que for necessário, aprimorará e racionalizará todos os mandatos, mecanismos, funções e responsabilidades da Comissão

ANEXOS 263

de Direitos Humanos visando manter um sistema de procedimentos especiais, recomendações de peritos e um procedimento de denúncia; o Conselho concluirá esta revisão no prazo de um ano de sua primeira sessão;

7. *Decide ademais* que o Conselho será integrado por quarenta e sete Estados Membros eleitos de forma direta e individual em votação secreta pela maioria dos membros da Assembleia Geral; a composição será baseada em uma distribuição geográfica equitativa e os assentos serão distribuídos entre os grupos regionais da seguinte maneira: Grupo dos Estados da África, treze; Grupo dos Estados da Ásia, treze; Grupo dos Estados da Europa oriental, seis; Grupo dos Estados da América Latina e do Caribe, oito; e Grupo de Estados da Europa ocidental e outros Estados, sete; os membros do Conselho desempenharão suas funções durante um período de três anos e não poderão candidatar-se à reeleição imediata depois de dois períodos consecutivos;

8. *Decide* que a participação no Conselho estará aberta a todos os Estados Membros das Nações Unidas; ao eleger os membros do Conselho, os Estados Membros deverão levar em conta a contribuição dos candidatos para a promoção e proteção dos direitos humanos e as promessas e compromissos voluntários que tenham feito a respeito; a Assembleia Geral, por maioria de dois terços dos membros presentes e votantes, poderá suspender os direitos de participação no Conselho de todo membro que cometa violações graves e sistemáticas dos direitos humanos;

9. *Decide também* que os membros eleitos ao Conselho deverão aplicar as normas mais rigorosas na promoção e proteção dos direitos humanos, cooperar plenamente com o Conselho e estarão sujeitos ao mecanismo de revisão periódica universal durante o seu mandato no Conselho;

10. *Decide ademais* que o Conselho reunir-se-á periodicamente ao longo do ano e manterá no mínimo três períodos de sessões por ano, incluindo um período de sessões principal, que terão uma duração total não inferior a dez semanas, e poderá manter períodos extraordinários de sessões, quando seja necessário, por solicitação de um membro do Conselho com o apoio de um terço dos seus membros;

264 A POLITIZAÇÃO DOS DIREITOS HUMANOS

11. *Decide* que o Conselho aplicará o regulamento estabelecido para as comissões da Assembleia Geral, sempre que seja aplicável, a não ser que a Assembleia ou o Conselho decidam de maneira diferente posteriormente, e que a participação de observadores e a realização de consultas com observadores, incluindo Estados que não sejam membros do Conselho, organismos especializados, outras organizações intergovernamentais, instituições nacionais de direitos humanos, assim como as organizações não governamentais, deverá basear-se nas disposições, em particular a resolução 1996/31 do Conselho Econômico e Social, de 25 de julho de 1996, e as práticas observadas pela Comissão de Direitos Humanos, ao mesmo tempo que se assegura a contribuição mais efetiva possível dessas entidades;

12. *Decide também* que os métodos de trabalho do Conselho deverão ser transparentes, justos e imparciais e possibilitar um diálogo genuíno, estar orientados para obtenção de resultados, permitir debates ulteriores de seguimento das recomendações e de seu cumprimento, assim como uma interação substantiva com procedimentos e mecanismos especiais;

13. *Recomenda* que o Conselho Econômico e Social solicite à Comissão de Direitos Humanos que conclua seus trabalhos em seu sexagésimo segundo período de sessões e que dissolva a Comissão no dia 16 de junho de 2006;

14. *Decide* eleger os novos membros do Conselho, cujos mandatos serão escalonados, e que a decisão pertinente será adotada para a primeira eleição por sorteio, levando em conta a distribuição geográfica equitativa;

15. *Decide também* que as eleições dos primeiros membros do Conselho ocorrerão no dia 9 de maio de 2006 e que a primeira sessão do Conselho acontecerá no dia 19 de junho de 2006;

16. *Decide ademais* que o Conselho revisará seu trabalho e seu funcionamento cinco anos após seu estabelecimento e informará a Assembleia Geral a respeito.

72ª sessão plenária
15 de março de 2006

ANEXOS 265

II.
PROJETOS DE RESOLUÇÃO SOBRE PAÍSES NA CDH (1967-2005)[1]

África

PAÍS OU TERRITÓRIO	ANO DO PROJETO	ADOÇÃO
Angola	1994	Sim
Burundi	1994-2005	Sim
República Centro-Africana	1981	Sim
Tchade	2003-2005	Sim
	2003	Sim
	1999	Sim
Rep. Democ. do Congo	2000-2005	Sim
	1998	Não
	1998	Sim
Zaire	1993-1997	Sim
Guiné Equatorial	1979-2002	Não
Etiópia	1986	Não
Libéria	2003-2005	Sim
Malawi	1984	Sim
Mauritânia	1985	Sim
Namíbia	1985-1990	Sim
	1982	Sim
	1979	Sim
	1978	Sim
Nigéria	1996-1999	Sim
	1995	Não
Ruanda	1994-2001	Sim
Serra Leoa	1999-2005	Sim
Somália	1993-2005	Sim
África do Sul	1978-1995	Sim
	1967-1974	Sim
Sudão	2005	Sim
	2003-2004	Não
	1993-2002	Sim
Togo	1993-1996	Sim
Uganda	1998-2002	Sim
	1981-1985	Sim
	1977	Não
Saara Ocidental	2005	Não
	1981-2004	Sim
	1980	Não
	1980	Sim
	1979	Não
Zimbábue	2004	Sim
	2002-2003	Não
	1978-1979	Sim
Rodésia do Sul	1975	Sim
	1970	Sim

1 Fonte: M. Abraham, *A New Chapter for Human Rights: A Handbook on Issues of Transition from the Commission on Human Rights to the Human Rights Council*, Geneva: International Service for Human Rights/Friedrich Ebert Stiftung, 2006 (Anexo 6.2 em CD-Rom).

Ásia

PAÍS OU TERRITÓRIO	ANO DO PROJETO	ADOÇÃO
Afeganistão	1980-2003	Sim
Camboja	1981-2005	Sim
	1979	Não
	1978	Sim
China	2004	Não
	1999-2001	Não
	1992-1997	Não
	1990	Não
Chipre	1994-2005	Sim
	1993	Não
	1989-1992	Sim
	1988	Não
	1987	Sim
	1985	Sim
	1979-1984	Não
	1978	Sim
	1977	Não
	1976	Sim
	1975	Sim
República Democrática da Coreia	2002-2005	Sim
Timor Leste	1999	Sim
	1997	Sim
	1993	Sim
	1983	Sim
Irã	2002	Não
	1992-2001	Sim
	1991	Não
	1982-1990	Sim
Iraque	1992-2003	Sim
	1990	Não
	1989	Não
Jammu e Cachemira	1994	Não
Jordânia	1981	Não
Kuaite (ocupado)	1991-1992	Sim
Líbano	1985-2000	Sim
Mianmar	1992-2005	Sim
Birmânia	1989	Sim
Nepal	2005	Sim
Papua Nova Guiné	1993-1995	Sim
Sri Lanka	1987	Sim
Síria	1981	Não
Turcomenistão	2003-2004	Sim

ANEXOS 267

Europa Oriental

PAÍS OU TERRITÓRIO	ANO DO PROJETO	ADOÇÃO
Albânia	1988-1994	Sim
Belarus	2003-2005	Sim
Geórgia	1993-1994	Sim
Latvia	1998	Sim
Polônia	1985	Não
	1982-1983	Sim
Romênia	1989-1993	Sim
Rússia	2002-2004 (Chechênia)	Não
	2000-2001 (Chechênia)	Sim
URSS	1980-1981	Não
Sudeste da Europa	2001-2002	Sim
Ex-Iugoslávia	1996-2000	Sim
	1995	Não
	1992-1994	Sim
Iugoslávia (Rep. Fed.)	1999	Não
Kosovo	1999	Sim
	1994	Sim
Bósnia e Herzegovina	1994	Sim

América Latina e Caribe

PAÍS OU TERRITÓRIO	ANO DO PROJETO	ADOÇÃO
Argentina	1979	Não
Bolívia	1981-1985	Sim
Chile	1987-1990	Sim
	1986	Não
	1975-1986	Sim
Cuba	1999-2005	Sim
	1998	Não
	1990-1997	Sim
	1987-1989	Não
El Salvador	1985-1995	Sim
	1985	Não
	1981-1983	Sim
Granada	1984	Sim
Guatemala	1980-1998	Sim
Haiti	1987-2000	Sim
Nicarágua	1979	Sim
Panamá	1990	Sim
Paraguai	2004	Sim
	1990	Sim

Europa Ocidental e Outros

PAÍS OU TERRITÓRIO	ANO DO PROJETO	ADOÇÃO
Israel		
- territórios palestinos ocup.	1989, 1990, 2002, 2005	Sim
- Golã sírio ocupado	1985-2005	Sim
- detentos libaneses	2004-2005	Não
- detentos libaneses	2001-2003	Sim
- assentamentos israelenses	1990-2004	Sim
- territórios árabes ocupados	1991-2005	Sim
- territórios árabes ocupados	1968-1988	Sim
- autodeterm. para Palestina	1978-2004	Sim
- agressão inst. nucl. Iraque	1982	Sim
- tortura, detidos palestinos	1979	Sim
- morte, detidos palestinos	1977	Sim
- derrubada avião líbio	1973	Sim
Portugal	1973	Sim
Reino Unido	1980 (Irlanda do Norte)	Não
Estados Unidos		
- Guantánamo	2004-2005	Não
- racismo	1995	Não
- ação militar Panamá e ajuda		
à Nicarágua	1990	Não
	1987	Não
	1981	Não

III.
MANDATOS RELATIVOS A PAÍSES (1967-2007)[2]

PAÍS OU TERRITÓRIO	VALIDADE	OBSERVAÇÕES
Afeganistão	1984-2005	Assist. técnica, 2003-2005
Azerbaijão	1994-1996	Estabelecido pelo proc. 1503
Belarus	2004-2007	
Bolívia	1981-1985	Assist. técnica 1984-1985
Burundi	1995-	Atualmente assist. técnica
Camboja	1993-	Atualmente assist. técnica
Chile	1975-1990	
Cuba	1991-1998, 2002-2007	
Rep. Dem. Coreia	2004-	
Rep. Dem. do Congo	1994-	
El Salvador	1981-1995	
Guiné Equatorial	1971-1982	Estab. Pelo proc. 1503 em 1971; assist. Técnica, 1985-2002
Ex-Iugoslávia	1992-2002	
Ex-Iugoslávia (pessoas desaparecidas)	1994-1997	
Guatemala	1982-1998	Assist. técnica, 1987-1998
Haiti	1987-	Assist. técnica, 1988-
Irã	1984-2002	
Iraque	1991-2004	
Israel/Palestina ocupada – comissão de investigação	2000	
Libéria	2003-	Atualmente assist. técnica
Mianmar	1992-	
Nigéria	1997-1999	
Kuaite ocupado	1991-1992	
Territórios palestinos ocup. Desde 1967	1993-	
Polônia	1982-1985	
Romênia	1989-1992	
Ruanda	1994-2001	
Somália	1993-	Atualmente assist. técnica
África do Sul	1967-1995	
Sudão	1993-	
Tchade	2004-2005	Assistência técnica
Uzbequistão	2005	Estab. pelo proc. 1503

2 Fontes: M. Abraham, *A New Chapter for Human Rights: A Handbook on Issues of Transition from the Commission on Human Rights to the Human Rights Council*, Geneva: International Service for Human Rights/Friedrich Ebert Stiffung, 2006 (Anexo 3.3 em CD-Rom) e sítio do Alto Comissariado das Nações Unidas para os Direitos Humanos <http://www2.ohchr.org/english/bodies/chr/special/countries.htm> (acesso em 23 dez. 2007).

IV.
POSIÇÃO DO BRASIL EM VOTAÇÕES DE PROJETOS SOBRE PAÍSES NA CDH (2001-2005)

ITEM 9.
QUESTÃO DE VIOLAÇÕES DE DIREITOS HUMANOS E LIBERDADES FUNDAMENTAIS EM QUALQUER PARTE DO MUNDO[3]

PROJETO	2001	2002	2003	2004	2005
Israel (detentos libaneses)	Sim	Sim	Sim	Votação adiada	-
China (moção não ação chinesa)	Abstenção	-	-	Sim	-
Sudeste europeu	Sim	Consenso	-	-	-
Iraque	Sim	Sim	Sim	-	-
Cuba	Abstenção	Abstenção	Abstenção	Abstenção	Abstenção
Irã	Abstenção	Abstenção	-	-	-
Rússia (Chechênia)	Abstenção	Abstenção	Não	Não	-
Sudão	Sim	Sim	Sim	Projeto retirado	Projeto retirado
Guiné Equatorial	Consenso	Sim	-	-	-
Ruanda	Abstenção	-	-	-	-
Zimbábue (moção não ação)	-	Abstenção	Abstenção	Abstenção	-
Turcomenistão	-	-	Abstenção	Sim	-
Belarus	-	-	Sim	Sim	Abstenção
RD Coreia	-	-	Sim	Sim	Sim

3 Fontes: a) Conectas Direitos Humanos, *Política Externa e Direitos Humanos: O Brasil na Comissão de Direitos Humanos da* onu. São Paulo: Conectas – Programa de Acompanhamento de Política Externa em Direitos Humanos, abril de 2005; b) Relatórios da cdh (Documentos e/cn.4/2001/167, e/cn.4/2002/200, e/cn.4/2003/135, e/cn.4/2004/127 e e/cn.4/2005/135).

Bibliografia e Fontes

1. LIVROS, ARTIGOS, INFORMES E DISCURSOS

ABRAHAM, Meghna. *A New Chapter for Human Rights: A Handbook on Issues of Transition from the Commission on Human Rights to the Human Rights Council.* Geneva: International Service for Human Rights/Friedrich Ebert Stiffung, 2006.

ALFREDSSON, Gudmundur; EIDE, Asbjorn (eds.). *The Universal Declaration of Human Rights: A Common Standard of Achievement.* The Hague: Martinus Nijhoff, 1999.

ALMQUIST, Jessica; ISA, Felipe Gómez (eds.). *The Human Rights Council: Challenges and Opportunities.* Madrid: FRIDE, 2006.

ALSTON, Philip. *Reconceiving the UN Human Rights Regime: Challenges Confronting the New UN Human Rights Council.* New York: Center for Human Rights and Global Justice/New York University, 2006. (Working Paper n. 4).

_____. The UN's Human Rights Record: from San Francisco to Vienna and beyond. *Human Rights Quarterly,* v.16, n.2, may, 1994.

ALTO COMISSARIADO DAS NAÇÕES UNIDAS PARA OS DIREITOS HUMANOS (do inglês United Nations High Commissioner for Human Rights ou Office of the High Commissioner for Human Rights). Documentos disponíveis na Internet em: <http://www.ohchr.org/english/bodies/chr/stat1.htm>. Acesso em 25 maio 2007; <www.ohchr.org/english/bodies/chr/docs/Membership1947-2005.doc>. Acesso em 11 ago. 2007; <http://www.ohchr.org/english/bodies/docs/status. pdf>. Acesso em 13 set. 2007; <http://www.ohchr.org/english/bodies/chr/special/countryvisitsa-e.htm#brazil>. Acesso em 20 nov. 2007; <http://www.unhchr.ch/huricane/huricane.nsf/view01/7F0F08340A3

1AC6FC1257394003B5D47?opendocument>. Acesso em 24 nov. 2007; <http://www.unhchr.ch/huricane/huricane.nsf/0/52E94FB9CBC7DA10C12 57117003517B3?opendocument>. Acesso em 20 set 2007; <http://ohchr. org/english/bodies/chr/special/ccspecialprocedures.htm>. Acesso em 19 set. 2007.

ALVES, José Augusto Lindgren. *Os Direitos Humanos na Pós-modernidade.* São Paulo: Perspectiva, 2005.

_____. *Relações Internacionais e Temas Sociais: A Década das Conferências.* Brasília: Funag/Ibri, 2001.

_____. *A Arquitetura Internacional dos Direitos Humanos.* São Paulo: FTD, 1997.

_____. *Os Direitos Humanos como Tema Global.* São Paulo: Perspectiva, 1994.

_____. *As Nações Unidas e os Direitos Humanos: A Operacionalidade de um Sistema em Crise.* Brasília: Instituto Rio Branco, 1989 (Tese apresentada ao XVIII CAE).

AMORIM, Celso. Discurso do Ministro de Estado das Relações Exteriores, Embaixador Celso Amorim, no Segmento de Alto Nível da Primeira Sessão do Conselho de Direitos Humanos, Genebra, 19/06/2006. Disponível em < http://www.mre.gov.br/portugues/politica_externa/discurso_detalhe. asp?ID_DISCURSO=2859 >. Acesso em 20 maio 2007.

_____. A ONU aos 60. *Política Externa.* São Paulo: Paz e Terra, v.14, n. 2: 17-24, set./out./ nov., 2005.

_____. Multilateralismo acessório. *Política Externa.* São Paulo: Paz e Terra, v. 11, n. 3, dez./jan./fev. 2002/2003.

_____. *Missão em Genebra.* Brasília: Funag, 1994.

ANISTIA INTERNACIONAL (AMNESTY INTERNATIONAL). *Conclusion of the United Nations Human Rights Council's Institution Building: has the spirit of General Assembly resolution 60/251 been honoured?* AI Index IOR 41/015/2007, 20 june 2007. Disponível em <http://web.amnesty.org/library/print/ENGIOR 410152007>. Acesso em 10 ago. 2007.

_____. *United Kingdom, Human Rights: a broken promise.* AI Index: EUR 45/ 004/2006. Disponível em <http://www.amnesty.org/en/report/info/EUR 45/004/2006>. Acesso em 24 dez 2007.

_____. *USA: Close Guantánamo – symbol of injustice.* AI Index: AMR51/001/2007. Disponível em <http://www.amnesty.org/en/report/info/AMR51/001/2007>. Acesso em 24 dez. 2007.

_____. *Pakistan: working to stop human rights violations in the "war on terror".* AI Index: ASA 33/051/2006. Disponível no sítio < http://www.amnesty.org/ en/report/info/ASA33/051/2006>. Acesso em 24 dez. 2007.

_____. *Amnesty International's Ten-point Program for the Creation of an Authoritative and Effective Human Rights Council.* AI Index: IOR 41/068/2005. Mimeo.

ANNAN, Kofi. The Secretary-General's Address to the Human Rights Council – Geneva, Switzerland, 19 June 2006. Disponível em <www.un.org/ apps/sg/printsgstats.asp?nid=2090>. Acesso em 1 jul. 2006.

ARENDT, Hannah. *Sobre a Violência.* Rio de Janeiro: Relume Dumará, 1994.

_____. *Homens em Tempos Sombrios.* São Paulo: Companhia das Letras, 1987.

_____. *O Sistema Totalitário.* Lisboa: Publicações Dom Quixote, 1978.

ARON, Raymond. *Paz e Guerra entre as Nações.* Brasília: Editora UnB, 1986.

BIBLIOGRAFIA E FONTES 273

_____. Introduction. In: WEBER, Max. *Le Savant et le politique*. Paris: Librairie Plon, 1974.

BADIE, Bertrand. *La Diplomatie des Droits de l'Homme: entre éthique et volonté politique*. Paris: Fayard, 2002.

BATTISTELLA, Dario. *Théories des Relations Internationales*. Paris: Presses de la Fondation Nationale des Sciences Politiques, 2006.

BAUDRILLARD, Jean. *Power Inferno*. Paris: Galilée, 2002.

BAUMAN, Zygmunt. *Liquid Fear*. Cambridge: Polity Press, 2006.

BEITZ, Charles R. *Political Theory and International Relations*. Princeton: Princeton University Press, 1979.

BELL, Daniel. The East Asian Challenge to Human Rights: Reflections on an East – West Dialogue. *Human Rights Quarterly*, v. 18, n. 3, August, 1996.

BELLI, Benoni. Direitos Humanos e Dominação nas Relações Internacionais contemporâneas. *Política Externa*, 14 (2): set./out./nov., 2005.

_____. Direitos Humanos e a Governabilidade: O Papel das Nações Unidas. *Política Externa*, 9 (4):120-131, mar./abr./maio., 2001.

BERNSTEIN, Richard J. *El Abuso del Mal: la Corrupción de la Política y la Religión desde el 11/9*. Buenos Aires: Katz Editores, 2006.

BEST, Geoffrey. Justice, International Relations and Human Rights. *International Affairs*, 71 (4): october, 1995.

BIRMINGHAM, Peg. *Hannah Arendt and Human Rights: The Predicament of Common Responsibility*. Bloomington: Indiana University Press, 2006.

BOBBIO, Norberto. *A Era dos Direitos*. Rio de Janeiro: Editora Campus, 2004.

BORGWARDT, Elizabeth. *A New Deal for the World: America's Vision for Human Rights*. Cambridge: Harvard University Press, 2005.

BOSSUYT, Marc; DECAUX, Emmanuel. De la "Commission" au "Conseil' des droits de l'homme: un nom pour un autre? *Droits Fondamentaux*, n. 5, 2005. Disponível em <www.droits.fondamentaux.org> Acesso em 16 abr. 2009.

BOURDIEU, Pierre. *Méditations Pascaliennes*. Paris: Seuil, 1997.

_____. *Sobre a Televisão*. Rio de Janeiro: Jorge Zahar Editor, 1997.

BOUTROS-GHALI, Boutros. Introduction. In: *The United Nations and Human Rights: 1945-1995*. New York: UN Department of Public Information, 1995.

BRETT, Rachel. *Neither Mountain nor Molehill, UN Human Rights Council: One Year On*. Geneva: The Quaker United Nations Office, august, 2007.

BRIMMER, Esther. *The United States, the European Union, and International Human Rights Issues*. Washington: Center for Transatlantic Relations, 2002.

BROWN, Chris. International Political Theory and the Idea of World Community. In: BOOTH, Ken; SMITH, Steve (eds.). *International Relations Theory Today*. Pennsylvania: The Pennsylvania State University Press, 1995.

BUERGENTHAL, Thomas. The Normative and Institutional Evolution of International Human Rights. *Human Rights Quarterly*, v.19, n.4, november, 1997.

BUHRER, Jean-Claude; LEVENSON, Claude B. *Sergio Vieira de Mello: un espoir foudroyé*. Paris: Mille et Une Nuits, 2004.

_____. *L'ONU contre les Droits de l'Homme?* Paris: Mille et Une Nuits, 2003.

CANÇADO TRINDADE, Antônio Augusto. *A Humanização do Direito Internacional*. Belo Horizonte: Del Rey, 2006.

_____. *Tratado de Direito Internacional dos Direitos Humanos*. Porto Alegre: Sergio Antonio Fabris Editor, 1999, v.1 (1997), v. 2 (1999).

274   A POLITIZAÇÃO DOS DIREITOS HUMANOS

_____. A II Conferência Mundial de Direitos Humanos (1993): O Legado de Viena. In: CANÇADO TRINDADE, Antônio Augusto (org.). *A Incorporação das Normas Internacionais de Proteção dos Direitos Humanos no Direito Brasileiro*. Brasília: CICV/ACNUR, 1996.

_____. A Proteção Internacional dos Direitos Humanos no Limiar do Novo Século e as Perspectivas Brasileiras". In: FONSECA JR., Gelson; CASTRO, Sérgio Henrique Nabuco (orgs.). *Temas de Política Externa Brasileira II* – v. I. São Paulo: Paz e Terra/Ipri, 1994.

CASSIN, René. *La Pensée et l'action*. Boulogne-sur-Seine: F. Lalou, 1972.

CARDIA, Nancy. Direitos Humanos e Exclusão Moral. *Sociedade e Estado*, v. X, n. 2, jul./dez., 1995.

COHEN, Jean L. Whose Sovereignty? Empire Versus International Law. *Ethics & International Affairs*, v. 18, n. 3, 2004.

CONECTAS DIREITOS HUMANOS. *Política Externa e Direitos Humanos: o Brasil na Comissão de Direitos Humanos da ONU*. São Paulo: Conectas – Programa de Acompanhamento de Política Externa em Direitos Humanos, abr. 2005 (Disponível em <http://www.conectas.org/arquivospublicados/docspe/PAPEDH-Informe1eax.pdf>. Acesso em 5 jul. 2007.

CONSTANT, Benjamin. The Liberty of the Ancients Compared with that of the Moderns. In: CONSTANT, Benjamin. *Political Writings*. Cambridge: Cambridge University Press, 1995.

CORM, Georges. *Orient-Occident: la fracture imaginaire*. Paris: La Découverte, 2005.

DEBRAY, Régis. *Chroniques de l'idiotie triomphante, 1990-2003: Terrorisme, Guerres, Diplomatie*. Paris: Fayard, 2004.

DONNELLY, Jack. *International Human Rights*. Cambridge: Cambridge University Press, 2007.

_____. *Universal Human Rights in Theory and Practice*. Ithaca: Cornell University Press, 1989.

_____. Human rights at the United Nations 1955-85: The Question of Bias. *International Studies Quarterly*, v. 32, n. 3, sep. 1988.

_____. International Human Rights: A Regime Analysis. International Organization, v. 40, n. 3, summer, 1986.

DANNER, Mark. *A Lógica da Tortura. Política Externa*. São Paulo: Paz e Terra, v. 13, n. 2, set./ out./nov., 2004.

FALK, Richard. Human Rights: A Descending Spiral. In: WILSON, Richard Ashby (ed.). *Human Rights in the "War on Terror"*. Cambridge: Cambridge University Press, 2005.

FALK, Richard A. *Human Rights Horizons: The Pursuit of Justice in a Globalizing World*. New York: Routledge, 2000.

FARER, Tom J. The United Nations and Human Rights: More than a Whimper, Less than a Roar. In: CLAUDE, Richard Pierre; WESTON, Burns H. *Human Rights in the World Community: Issues and Action*. Philadelphia: University of Pennsylvania Press, 1992.

FIGUERÔA, Christiano Sávio. *A Política Externa de Direitos Humanos no 1º Governo Lula*. Mimeo.

FITZPATRICK, Joan. Speaking Law to Power: The War against Terrorism and Human Rights. *European Journal of International Law*, v. 14, n. 2, 2003.

BIBLIOGRAFIA E FONTES

FLOOD, Patrick James. *The Effectiveness of* UN *Human Rights Institutions.* Westport: Praeger Publishers, 1998.

FONSECA JR., Gelson; BELLI, Benoni. Política e Direito nas Relações Internacionais: A Consolidação da Justiça Internacional. *Política Externa.* São Paulo: Paz e Terra, v. 10, n. 4, mar./abr./maio, 2002.

FONSECA JR., Gelson. *A Legitimidade e outras Questões Internacionais: Poder e Ética entre as Nações.* São Paulo: Paz e Terra, 1998.

FOSYTHE, David P. *Human Rights in International Relations.* Cambridge: Cambridge University Press, 2007.

FOUREST, Caroline. *La Tentation obscurantiste.* Paris: Éditions Grasset & Fasquelle, 2005.

FRANCK, Thomas M. Are Human Rights universal? *Foreign Affairs,* v.80, n. 1, jan./feb., 2001.

FUKUYAMA, Francis. *O Fim da História e o Último Homem.* Rio de Janeiro: Rocco, 1992.

GAER, Felice. A Voice not an Echo: Universal Periodic Review and the UN Treaty Bodies. *Human Rights Law Review,* v. 7, n. 1, 2007.

GLENDON, Mary Ann. *A World Made New: Eleanor Roosevelt and the Universal Declaration of Human Rights.* New York: Random House, 2001.

GOFFREDO JUNIOR, Gustavo Sénéchal. *Entre Poder e Direito: A Tradição Grotiana na Política Externa Brasileira.* Brasília: Instituto Rio Branco/Funag, 2005.

GREGORI, José. Discurso de S.E. Sr. José Gregori, Secretario Nacional de Derechos Humanos de Brasil, 54º período de sesiones Comisión de Derechos Humanos, Ginebra, 17 de marzo de 1998. (Disponível em <http://www.unhchr.ch/huricane/huricane.nsf/view01/6A0D71C5CF5D0F5780256831 004EE864?opendocument>. Acesso em 15/09/2007.

GUTTER, Jeroen. Special Procedures and the Human Rights Council: Achievements and Challenges Ahead. *Human Rights Law Review,* v. 7, n. 1, 2007.

HABERMAS, Jürgen. *A Constelação Pós-Nacional: Ensaios Políticos.* São Paulo: Littera Mundi, 2001.

HAMPSON, Françoise. An Overview of the Reform of the UN Human Rights Machinery. *Human Rights Law Review,* v. 7, n. 1, 2007.

HAWKINS, Darren G. Domestic Responses to International Pressure: Human Rights in Authoritarian Chile. *European Journal of International Relations,* 3 (4): 1997.

HICKS, Neil. The Impact of Counter Terror on the Promotion and Protection of Human Rights: A Global Perspective. In: WILSON, Richard Ashby (ed.). *Human Rights in the "War on Terror".* Cambridge : Cambridge University Press, 2005.

HOBSBAWM, Eric. *A Era dos Extremos: O Breve Século* XX, *1914-1991.* São Paulo: Companhia das Letras, 1995.

HOCHSCHILD, Adam. *King Leopold's Ghost: A Study of Greed, Terror, and Heroism in Colonial Africa.* New York: Houghton Mifflin Company, 2005.

HUMAN RIGHTS WATCH. *Dawn of a New Era? Assessment of the United Nations Human Rights Council and its Year of Reform.* New York: Human Rights Watch, 2007.

HUMPHREY, John P. *Human Rights and the United Nations: A Great Adventure.* Dobbs Ferry/NY: Transnational Publishers, 1984.

276 A POLITIZAÇÃO DOS DIREITOS HUMANOS

HUNTINGTON, Samuel P. Choque das Civilizações. *Política Externa*. São Paulo: Paz e Terra, v. 2, n. 4, abr. 2004.

HURRELL, Andrew. Power, Principles and Prudence: Protecting Human Rights in a Deeply Divided World". In: DUNNE, Tim; WHEELER, Nicholas. *Human Rights in Global Politics*. Cambridge: Cambridge University Press, 1999.

IGNATIEFF, Michael. *Human Rights as Politics and Idolatry*. Princeton: Princeton University Press, 2001.

_____. The Attack on Human Rights. *Foreign Affairs*, v. 80, n. 6, Nov./Dec. 2001.

IKENBERRY, G. John. A Ambição Imperial. *Política Externa*. São Paulo: Paz e Terra, v. 11, n. 3, dez./jan./fev. 2002/2003.

INTERNATIONAL COMMISSION OF JURISTS. Reforming the Human Rights System: A chance for the United Nations to fulfill its promise. Geneva: ICJ, june 2005. Disponível em <http://www.icj.org/IMG/pdf/ICJUNreform05.pdf>. Acesso em 23 ago. 2007.

HUMAN RIGHTS MONITOR. *Geneva: International Service for Human Rights,* n. 64 (2006); 63 (2005); 62 (2004); 61(2003).

ISHAY, Micheline R. *The History of Human Rights: from Ancient Times to the Globalization Era*. Berkeley: University of California Press, 2004.

JACKSON, Robert H. The political theory of international society. In: BOOTH, Ken; SMITH, Steve (eds.). *International Relations Theory Today*. Pennsylvania: The Pennsylvania State University Press, 1995.

KÄLIN, Water et allii. *The Human Rights Council and Country Situations: Framework, Challenges and Models*. Bern: Institute of Public Law/University of Bern, 7 june 2006 (Study of Behalf of the Swiss Ministry of Foreign Affairs – Political Division IV).

KENNEDY, Paul. *The Parliament of Man: The Past, Present and Future of the United Nations*. New York: Random House, 2006.

KRASNER, Stephen D. *Soberanía: Hipocresía Organizada*. Barcelona: Paidós, 2001.

LAFER, Celso. *A Identidade Internacional do Brasil e a Política Externa Brasileira: Passado, Presente e Futuro*. São Paulo: Perspectiva, 2004.

_____. Brazilian International Identity and Foreign Policy: Past, Present, and Future. *Daedalus – Journal of the American Academy of Arts and Sciences*, v. 129, n.2,: spring, 2000.

_____. *Comércio, Desarmamento, Direitos Humanos: Reflexões sobre uma Experiência Diplomática*. São Paulo: Paz e Terra, 1999.

_____. Direitos Humanos e Democracia no Plano Interno e Internacional. *Política Externa*. São Paulo: Paz e Terra, v. 3, n. 2, set./out./nov., 1994.

_____. *A Reconstrução dos Direitos Humanos: Um Diálogo com o Pensamento de Hannah Arendt*. São Paulo: Companhia das Letras, 1988.

LAMPREIA, Luiz Felipe. Os Direitos Humanos e a Inserção Internacional do Brasil. In: LAMPREIA, Luiz Felipe. *Diplomacia Brasileira: Palavras, Contextos e Razões*. Rio de Janeiro: Lacerda Editores, 1999.

LAUREN, Paul Gordon. "To Preserve and Build on its Achievements and to Redress its Shortcomings": The Journey from the Commission on Human Rights to the Human Rights Council. *Human Rights Quarterly*, v. 29, n. 2, 2007.

LEBOVIC, James H.; VOETEN, Erik. The Politics of Shame: The Condemnation of Country Human Rights Practices in the UNCHR. *International Studies Quarterly*, v. 50, n. 4, dec. 2006.

BIBLIOGRAFIA E FONTES

LEFORT, Claude. *Pensando o Político: Ensaios sobre Democracia, Revolução e Liberdade.* São Paulo: Paz e Terra, 1991.

LEMPINEN, Miko. The United Nations Commission on Human Rights and the Different Treatment of Governments: An Inseparable Part of Promoting and Encouraging Respect for Human Rights? Åbo (Turku): Åbo Akademi University Press, 2005.

LEVI, Primo. *É Isto Um homem?* Tradução de Luigi Del Re. Rio de Janeiro: Rocco, 2000.

LUARD, Evan. Human Rights and Foreign Policy. In: CLAUDE, Richard Pierre; WESTON, Burns H. (eds.). *Human Rights in the World Community: Issues and Actions.* Philadelphia: University of Pennsylvania Press, 1992.

MERON, Theodore. *Human Rights and Humanitarian Norms as Customary Law.* Oxford: Clarendon Press, 1991.

MERTIUS, Julie A. *The United Nations and Human Rights: A Guide for a New Era.* London: Routledge, 2005.

MEYER, Frederico. Statement by the Brazilian Delegation on Human Rights Questions – LVIII General Assembly, Third Committee – New York, 17 Nov. 2003" (Disponível em <www.un.int/brazil/speech/003d-fdem-HumanR3Comm-1711.htm>. Acesso em 25 abr. 2007.

MINISTÉRIO DAS RELAÇÕES EXTERIORES (MRE). Nota à Imprensa 680 13 dez. 2006. Disponível na Internet em: <http://www.mre.gov.br/portugues/imprensa/nota_detalhe3.asp?ID_RELEASE=4138>. Acesso em 14 set. 2007.

MORGENTHAU, Hans J. *Politics among Nations: The Struggle for Power and Peace.* New York: McGraw-Hill, 1993.

MOTILLA, Agustín (ed.). *Islam y Derechos Humanos.* Madrid: Trotta, 2006.

MURTHY, C. S. R. New Phase in UN reforms: Establishment of the Peacebuiling Commission and the Human Rights Council. *International Studies,* v. 44, n. 1, 2007.

NADER, Lucia. O Papel das ONGs no Conselho de Direitos Humanos da ONU. *Sur – Revista Internacional de Direitos Humanos,* v. 4 , n.7, 2007.

NEUER, Hillel and CASSIDY, Elizabeth. *Dawn of a New Era? Assessment of the United Nations Human Rights Council and its First Year of Reform.* Geneva: United Nations Watch, 2007.

PAREKH, Bhikhu. Non-Ethnocentric Universalism. In: DUNNE, Tim; WHEELER, Nicholas J. *Human Rights in Global Politics.* Cambridge: Cambridge University Press, 1999.

PAROLA, Alexandre Guido Lopes. *Crítica da Ordem Injusta. Dimensões Normativas e Desafios Práticos na Busca da Ordem e Justiça nas Relações Internacionais. Uma Visão Brasileira.* Brasília: Instituto Rio Branco, 2007 (Tese apresentada ao LI CAE).

PATRICK, Steward; FORMAN, Shepard (eds.). *Multilateralism & U.S. Foreign Policy: Ambivalent Engagement.* Boulder: Lynne Rienner Publishers, 2002.

PEREZ, Ana Candida. *Evolução da Política Externa de Direitos Humanos – Conceitos e Discurso.* Brasília: Instituto Rio Branco, 2003 (Tese apresentada ao XLIV CAE).

PIERUCCI, Antônio Flávio. *Ciladas da Diferença.* São Paulo: Editora 34, 1999.

PINHEIRO, Paulo Sérgio. Les Etats au sein de la Commission des Droits de l'Homme: la politisation des groupes. In: DECAUX, Emmanuel (dir.). *Les*

278 A POLITIZAÇÃO DOS DIREITOS HUMANOS

Nations Unies et les Droits de l'Homme: enjeux et défis d'une réforme. Paris: A. Pedone, 2006.

_____. Monitorando para a ONU. *Política Externa*. São Paulo: Paz e Terra, v.13, n. 2, set./out./nov., 2004.

_____. Democratic Governance, Violence, and the (Un)Rule of Law. *Daedalus*, v. 129, n.2, spring, 2000.

PIOVESAN, Flávia. *Direitos Humanos e o Direito Constitucional Internacional*. São Paulo: Max Limonad, 1996.

POLLIS, Adamantia. Cultural Relativism Revisited: Through a State Prism. *Human Rights Quarterly*, v. 18, n. 2, may, 1996.

RAHMANI-OCORA, Ladan. Giving the Emperor Real Clothes: The UN Human Rights Council. Global Governance, n. 12, 2006.

RANCIÈRE, Jacques. La Haine de la Démocratie. Paris: La Fabrique, 2005.

RORTY, Richard. Human Rights, Rationality and Sentimentality. In: SHUTE, Stephen; HURLEY, Susan (eds.). *On Human Rights*. New York: Basic Books, 1993.

SABOIA, Gilberto Vergne. Direitos Humanos, Evolução Institucional Brasileira e Política Externa: Perspectivas e Desafios. In: FONSECA JR., Gelson; castro, Sérgio Henrique Nabuco. *Temas de Política Externa Brasileira II*. São Paulo: Paz e Terra/Ipri, 1994, v. 1.

_____. Um Improvável Consenso: A Conferência Mundial de Direitos Humanos e o Brasil. *Política Externa*. São Paulo: Paz e Terra, v. 2, n. 3, dez. 1993.

_____. *A Proteção Internacional dos Direitos Humanos: Evolução e Perspectivas das Atividades Normativas Internacionais e do Direito Internacional*. Brasília: Instituto Rio Branco, 1982 (Tese apresentada ao V CAE).

SARNEY, José. Discurso na Abertura da XL Sessão Ordinária da Assembleia Geral das Nações Unidas. In: CORRÊA, Luiz Felipe de Seixas (org.). *O Brasil nas Nações Unidas: 1946-2006*. Brasília: Funag, 2007.

SCANNELLA, Patrizia; SPLINTER, Peter. The United Nations Human Rights Council: A Promise to be Fulfilled. *Human Rights Law Review*, v. 7, n.1, 2007.

SCHLESINGER, Stephen C. *Act of Creation: The Founding of the United Nations*. Boulder: Westview Press, 2003.

SEN, Amartya. *Identity and Violence: The Illusion of Destiny*. New York: W. W. Norton, 2006.

_____. *La Démocratie des autres: pourquoi la liberté n'est pas une invention de l'Occident*. Paris: Éditions Manuels Payot, 2005.

TERLINGEN, Yvonne. The Human Rights Council: A New Era in the UN Human Rights Work? *Ethics & International Affairs*, v. 21, n. 2, summer, 2007.

TEXIER, Philippe. Droits de l'homme, une réforme en demi-teinte. *Le Monde Diplomatique*, oct. 2006,

TODOROV, Tzvetan. *L'Esprit des Lumières*. Paris: Robert Laffont, 2006.

_____. *Mémoire du Mal, tentation du Bien: enquête sur le siècle*. Paris: Robert Laffont, 2000.

TOMUSCHAT, Christian. *Human Rights: Between Idealism and Realism*. Oxford: Oxford University Press, 2003.

UNITED NATIONS (NAÇÕES UNIDAS, ONU). *Basic Human Rights Instruments*. Geneva: High Commissioner for Human Rights/ILO, 1998.

_____. *Charter of the United Nations and Statute of the International Court of Justice*. New York: UN Department of Public Information, 1945.

BIBLIOGRAFIA E FONTES 279

_____. Departamento de Informação Pública. Documentos disponíveis em: <www.un.org/News/Press/docs/2006/ga10449.doc.htm>. Acesso em 12 ago. 2007; <http://www.un.org/ga/60/elect/hrc/brazil.pdf>. Acesso em 14 set. 2007.

VIEIRA DE MELLO, Sérgio. Statement of the High Commissioner for Human Rights Sergio Vieira De Mello to the closing meeting of the fifty-ninth Session of the Commission on Human Rights on 25 April 2003. Disponível em <www.unhchr.ch/huricane/huricane.nsf/(Symbol)/OHCHR. STM.03.26.En?OpenDocument>. Acesso em 17 ago. 2007.

VINCENT, R. J. The Idea of Rights in International Ethics. In: NARDIN, Terry; MAPEL, David (eds.). *Traditions of International Ethics*. Cambridge: Cambridge University Press, 1992.

_____. *Human Rights and International Relations*. Cambridge: Cambridge University Press, 1991.

WEBER, Max. A Política como Vocação. In: WEBER, Max. *Ensaios de Sociologia*. Rio de Janeiro: Guanabara, 1982.

WENDT, Alexander. Anarchy is What States Make of it: The Social Construction of Power Politics. In: DERIAN, James Der (ed.). *International Theory: Critical Investigations*. New York: New York University Press, 1995.

WHEELER, Ron. The United Nations Commission on Human Rights, 1982-1997: A Study of "Targeted" Resolutions. *Canadian Journal of Political Science*, v. 32, n. 1, mar. 1999.

WINSTON, Morton E. *The Philosophy of Human Rights*. Belmont: Wadsworth, 1989.

YACOUB, Joseph. *Les Droits de l'Homme sont-ils exportables? Géopolitique d'un universalisme*. Paris: Ellipses Marketing, 2004.

ZOLLER, Adrien-Claude. La procedure 1503. In: DECAUX, Emmanuel (org.). *Les Nations Unies et les Droits de l'Homme: enjeux et défis d'une reforme*. Paris: Pedone, 2006.

ZUKANG, Sha. Statement on Country Mandates by H. E. Ambassador Sha Zukang on behalf of the LMG on October 3, 2006. (Disponível em: <www.china-un.ch/eng/xwdt/t275792.htm>. Acesso em 12 ago. 2007.

2. DOCUMENTOS E RESOLUÇÕES DA ONU CITADOS

Resolução E/RES/9 (II), de 21 de junho de 1946.
Decisão E/1371 (1949).
Resolução E/RES/11 (II), de 21 de junho de 1946.
Resolução A/RES/96 (I), de 11 de dezembro de 1946
Resolução 260 A (III), de 9 de dezembro de 1948.
Relatório da primeira sessão da CDH, documento E/259.
Resolução A/RES/2144 (XXI), de 26 de outubro de 1966.
Resolução E/RES/1235 (XLII), de 6 de junho de 1967.
Resolução E/RES/1503 (XLVIII), de 27 de maio de 1970.
Resolução 1 (XXIV) da Subcomissão de Prevenção da Discriminação e Proteção de Minorias, de 13 de agosto de 1971.

280 A POLITIZAÇÃO DOS DIREITOS HUMANOS

Resolução A/RES/3219 (XXIX), de 6 de novembro de 1974.
Documento A/59/565.
Documento A/59/2005.
Resolução A/RES/60/1.
Resolução A/RES/60/251.
Resolução 5/1 do Conselho de Direitos Humanos.
Resolução 5/2 do Conselho de Direitos Humanos.
Relatórios da Comissão de Direitos Humanos, documentos E/CN.4/1993/122, E/CN.4/1994/132, E/CN.4/1995/176, E/CN.4/1996/177, E/CN.4/1997/150, E/CN.4/1998/177, E/CN.4/2000/167, E/CN.4/2001/167, E/CN.4/2002/200, E/CN.4/2003/135, E/CN.4/2004/127 e E/CN.4/2005/135.

3. ENTREVISTAS

EMBAIXADOR JOSÉ AUGUSTO LINDGREN ALVES, ex-diretor geral do Departamento de Direitos Humanos e Temas Sociais do Ministério das Relações Exteriores e ex-membro da Subcomissão de Prevenção da Discriminação e Proteção de Minorias, membro do Comitê para a Eliminação da Discriminação Racial (entrevista realizada por escrito em 17 maio 2007).

EMBAIXADOR GILBERTO VERGNE SABOIA, ex-presidente do Comitê de Redação da Conferência Mundial de Direitos Humanos (Viena, 1993), ex-presidente da Comissão de Direitos Humanos ds Nações Unidas, ex-secretário de Estado para os Direitos Humanos e membro da Comissão de Direito Internacional (entrevista realizada por escrito em 13 jun. 2007).

PROFESSOR PAULO SÉRGIO PINHEIRO, ex-secretário de Estado para os Direitos Humanos, ex-membro da Subcomissão de Promoção e Proteção dos Direitos Humanos, ex-relator especial da CDH para o Burundi, ex-relator especial do Conselho de Direitos Humanos para o Mianmar (entrevista realizada por escrito em 12 ago. 2007).

EMBAIXADOR SÉRGIO A. DE ABREU E LIMA FLORENCIO SOBRINHO, ex-representante permanente alterno na Missão do Brasil junto à ONU e outros organismos internacionais sediados em Genebra (Delbrasgen), principal negociador brasileiro no Conselho de Direitos Humanos (entrevista realizada por escrito em 9 set. 2007).

EMBAIXADORA ANA LUCY GENTIL CABRAL PETERSEN, ex-diretora do Departamento de Direitos Humanos e Temas Sociais do Ministério das Relações Exteriores (entrevista realizada pessoalmente, em Brasília, em 29 nov. 2007).

RACHEL BRETT, diretora da ONG Quaker United Nations Office em Genebra (entrevista realizada por escrito em 27 ago. 2007).

SÉBASTIEN GILLIOZ, advogado da ONG Human Rights Watch em Genebra (entrevista realizada por escrito em 26 nov. 2007).

LUCIA NADER, coordenadora de Mobilização e Relações Internacionais da ONG Conectas Direitos Humanos (entrevista concedida por telefone, de São Paulo, em 3 out. 2007).

CAMILA LISSA ASANO, assistente de projeto (Programa Sul Global) da ONG Conectas Direitos Humanos (entrevista realizada pessoalmente, em Brasília, em 23 nov. 2007).

POLÍTICA NA PERSPECTIVA

Peru: da Oligarquia Econômica à Militar
Arnaldo Pedroso D'horta (D029)

Entre o Passado e o Futuro
Hannah Arendt (D064)

Crises da República
Hannah Arendt (D085)

O Sistema Político Brasileiro
Celso Lafer (D118)

Poder e Legitimidade
José Eduardo Faria (D148)

O Brasil e a Crise Mundial
Celso Lafer (D188)

Do Anti-Sionismo ao Anti-Semitismo
Léon Poliakov (D208)

Eu Não Disse?
Mauro Chaves (D300)

Sociedade, Mudança e Política
Hélio Jaguaribe (E038)

Desenvolvimento Político
Hélio Jaguaribe (E039)

Crises e Alternativas da América Latina
Hélio Jaguaribe (E040)

Os Direitos Humanos como Tema Global
José Augusto Lindgren Alves (E144)

Norbert Elias: A Política e a História
Alain Garrigou e Bernard Lacroix (orgs.) (E167)

O Legado de Violações dos Direitos Humanos
Luis Roniger e Mário Sznajder (E208)

Os Direitos Humanos na Pós-modernidade
José Augusto Lindgren Alves (E212)

A Esquerda Difícil
Ruy Fausto (E239)

Introdução às Linguagens Totalitárias
Jean-Pierre Faye (E261)

A Politização dos Direitos Humanos
Benoni Belli (E270)

A Identidade Internacional do Brasil e a Política Externa Brasileira
Celso Lafer (LSC)

Joaquim Nabuco
Paula Beiguelman (LSC)

Este livro foi impresso em setembro de 2009,
na cidade de São Paulo, nas oficinas
da Cherma Indústria da Arte Gráfica Ltda.,
para a editora Perspectiva S.A.